钻石版

HR 人力资源转型

为组织创造价值和达成成果

Human Resource Champions

The Next Agenda for Adding Value and Delivering Results

[美] 戴维·尤里奇（Dave Ulrich） 著
李祖滨 孙晓平 译
王骏声 康至军 审校

電子工業出版社
Publishing House of Electronics Industry
北京·BEIJING

Dave Ulrich: Human Resource Champions：The Next Agenda for Adding Value and Delivering Results
ISBN: 978-0875847191

版权贸易合同登记号　图字：01-2014-8536

图书在版编目（CIP）数据

人力资源转型：为组织创造价值和达成成果：钻石版 /（美）戴维•尤里奇（Dave Ulrich）著；李祖滨，孙晓平译. —北京：电子工业出版社，2019.7

书名原文：Human Resource Champions：The Next Agenda for Adding Value and Delivering Results

ISBN 978-7-121-36754-0

Ⅰ. ①人… Ⅱ. ①戴… ②李… ③孙… Ⅲ. ①人力资源管理－研究 Ⅳ. ①F243

中国版本图书馆 CIP 数据核字(2019)第 111969 号

责任编辑：刘淑敏
印　　刷：天津千鹤文化传播有限公司
装　　订：天津千鹤文化传播有限公司
出版发行：电子工业出版社
　　　　　北京市海淀区万寿路 173 信箱　邮编：100036
开　　本：720×1000　1/16　印张：16.5　字数：254 千字
版　　次：2019 年 7 月第 1 版
印　　次：2023 年 5 月第 13 次印刷
定　　价：68.00 元

凡所购买电子工业出版社图书有缺损问题，请向购买书店调换。若书店售缺，请与本社发行部联系，联系及邮购电话：（010）88254888，88258888。

质量投诉请发邮件至 zlts@phei.com.cn，盗版侵权举报请发邮件至 dbqq@phei.com.cn。

本书咨询联系方式：（010）88254199，sjb@phei.com.cn。

目　录

推荐序一

人力资源转型的奠基之作

南京大学商学院名誉院长
特聘教授和博士研究生导师

记得我在 2001 年撰写《人力资源管理研究》一书（该书由中国人民大学出版社出版，于 2003 年获得第十三届中国国家图书奖，2006 年获得教育部第四届人文社科优秀成果一等奖）时，阐述“人力资源管理的挑战”和“人力资源职能的变化”时，曾经引用戴维·尤里奇在本书中的不少观点。在该书出版 14 年后，我的学生李祖滨先生重译了这本著作。手捧译著初稿，重温这部经典，更深感大师戴维·尤里奇先生的精深与务实，任凭岁月流逝也难掩其对人力资源管理论述的真知灼见与智慧洞见。

戴维·尤里奇是近 20 年来世界范围内推动人力资源管理转型和提升人力资源价值之执牛耳者，而奠定其人力资源管理大师地位的，正是这本《人力资源转型》(*Human Resource Champions*)。从这个意义上讲，本书可谓人力资源管理研究领域中一部里程碑式的作品。该书自面市以来，世界 500 强公司（如微软、思科、沃尔玛、飞利浦、西门子等）纷纷按其建议对人力资源管理体系进行了重新设计，并实现了商业价值的巨大攀升。在中国，以华为、联想、美的、万科为代表的一些国内知名企业也纷纷效仿，在企业内部实践了人力资源的重构和转型。仅此即可表明该书的出版不仅实现了人力资源管理理论的重大突破，更为广大的人力资源管理实践者带来了福音。

自彼得·德鲁克先生提出“人力资源”概念以来，每隔几年就会出现类似“人力资源管理部门应不应该取消”“人力资源管理部门能不能创造价值”等方面的质疑，从而引发来自理论派和实践派的大讨论，特别是2014 年拉姆·查兰发表了《是时候分析人力资源部了》一文，更是引起轩然大波。很多人力资源管理界的研究者和实践者也加入了这场激辩，当然也包括本书的作者戴维·尤里奇。在我看来，这些质疑声往往聚焦于人力资源管理部门或人力资源管理工作者是否能为企业创造价值、推动企业业务目标的实现。不过，对于上述问题，我认为戴维·尤里奇在本书中已经给出了很好的解决方案，那就是人力资源管理人员必须成为“业务伙伴”，而要成为“业务伙伴”，他们必须扮演好四大角色：战略合作伙伴、人力资源（Human Resource，HR）效率专家、员工支持者和变革推动者。同时，人力资源管理部门也应该进行相应的组织调整和流程设计，以更好地履行这四大角色。这四大角色和“业务伙伴”的定位将会使人力资源管理部门及人力资源管理人员高效地建立和塑造组织能力，从而使企业持续获得竞争优势。换言之，如何识别和打造能够驱动公司赢得竞争的组织能力，将是人力资源管理部门及人力资源管理人员最为关键的价值所在，也是人力资源未来的发展方向。

近几年来，国内实务界和学术界关于人力资源管理转型的讨论越发热烈，我认为这是中国经济在由“非常态”转型到“新常态”的过程中，企业界对人力资源管理部门及人力资源管理人员提出的新诉求。在这种转型过程中，国内企业发展主要面临着六大挑战：全球化的挑战、持续竞争力的挑战、增长的挑战、变革的挑战、技术的挑战和人才的挑战，这几乎全部印证了戴维·尤里奇 18 年前在《人力资源转型》中提到的 21 世纪企业将面临八大挑战的预见。2014 年 12 月，中央经济工作会议的相关议题也强调了人力资源发展的重要性，并正式宣告中国由人力资源管理阶段向人力资本管理阶段转型。此外，随着移动互联网经济对传统商业模式的冲击，人力资源的管理理念和方式也面临着一系列转变和创新。“去中心化”“无边界”“用户体验”“人才自治”等新思潮的不断涌现，对人力资源管理实践者也提出了许多新的挑战和命题。在这样的时代背景下，李祖滨先生重译戴维·尤里奇的这本经典之作，就更具有现实意义。

作为一位将人力资源理论研究和管理实践作为毕生事业的资深专业人士，李祖滨先生对此书的翻译投入了巨大的热情和精力。可以说，在本译作中，融入了译者十几年从事人力资源管理实践、咨询服务和教学研究的诸多体验和深刻理解。李祖滨先生告诉我，他的理想是推动人力资源在中国企业的应用发展和成功转型，提升人力资源对企业的价值。我为中国拥有一批像李祖滨先生这样在人力资源管理领域矢志不渝的才俊之士感到欣慰。希望戴维·尤里奇这本大作的重译出版，能为中国人力资源管理的转型实践提供指导，也能为企业家和人力资源管理工作者提供思考的新视角，更希望有更多的人投身于人力资源管理研究和实践，共同推进中国人力资源管理的发展与转型。

推荐序二

企业不可或缺的事业伙伴

楊國安

中欧国际工商学院飞利浦人力资源教席教授

组织能力建设学习联盟会长

原宏碁集团首席人力资源官

从我 1986 年到美国密西根大学攻读博士学位开始，本书的作者戴维·尤里奇一直是我的良师挚友。在他的指导下，我们共同进行了几次人力资源大型研究，并共同完成了十多篇文章和书籍的撰写。戴维的研究与一般学者教授不同之处在于：第一，非常具有前瞻性，能对人力资源的未来提出具体方向及建议；第二，他所做的研究与企业界实务紧密结合，绝非凭空杜撰。《人力资源转型》这本著作充分反映了他这两个研究风格，也再度展现他在人力资源界的巨大贡献及深远影响。2000 年，我曾为本书在台湾的翻译本《人力资源最佳实务》作序，14 年后，这本书由李祖滨先生在大陆重译出版，我再为这本书的翻译本《人力资源转型》作序，因为我认为这本著作是戴维·尤里奇人力资源管理思想的奠基之作，本书中的思想至今还在引领着全球人力资源管理的发展，还有很大的指导价值。

在这本被人力资源界誉为“宝典”的著作中，戴维其实只探讨一个问题：“人力资源如何为股东、顾客和员工创造更多的附加价值？”与传统人力资源管理思考不同的是，戴维率先提出人力资源部门的四大角色：战略合作伙伴、HR 效率专家、员工支持者和变革推动者。在这四大角色的定位下，他再提出三大观点：第一，四大角色对创造企业价值同样重要，而不是厚此薄彼。假如人力资源部门连 HR 效率专家和员工支持者的基本层面角色都不能做好，便不能空谈如何扮演好其他两个策略面角色（战略合作伙伴和变革推动者）；第二，人力资源为企业带来的成果（deliverables）远比人力资源所做的事情重要。不管一家企业的招募、培训、绩效管理或薪资福利制度做得有多好，如果人力资源不能协助公司执行策略、协助企业再造、提高员工忠诚度、改善人力资源作业的成本或时效，则这一切的人力资源作业都是没价值的；第三，虽然确保这些成果达成是人力资源部门的责任，但并不代表所有的工作都要由人力资源部门的人自己来做。聪明的人力资源专家应该学会协助直线经理（line managers）做好人才管理，适时将烦琐无价值的工作外包给厂商，策略性地运用外部顾问，或者借助其他部门专长（如 IT 部门），把人力资源基础事务 e 化或简化。虽然人力资源部门需要确保这些成果的实现，但并不代表所有工作都需要由人力资源人员执行。

个人而言，我对全书最感兴趣的部分，莫过于戴维所强调的人力资源是推动变革的角色。1998—2002 年我在宏碁集团任职的过程中，有幸参与宏碁的再造工程，因此对变革议题有深刻的体会。特别是在协助公司从产品导向的制造公司转型为顾客导向的服务公司时，当中所需要采取的步骤，本书提供了很多实用的系统性的工具，让我们能不断观察变革的进度、瓶颈，以及需要改善的地方。当然，戴维只差没有提及人力资源工作者还需要有好的体力和耐力来推动变革，相信这也是所有经理人共同的心声。

戴维也用一个有趣的比喻——“补鞋匠的赤足小孩”，来提醒人力资源从业人员往往忘记在自己身上实践人力资源，如同承办训练的人往往是最缺乏训练的人。戴维提到人力资源工作者必须在 3 项工作上彻底发挥，分别是战略性人力资源（strategic HR，将 HR 与事业策略结合）、人力资源策略（HR strategy，建立自己的使命、行动计划与目标等）和人力资源组织（HR organization，设计、诊断及改进服务流程或组织等活动），唯有这样才能将战略转化为成果，以达成经营计划的实现。唯有人力资源部率先做好人力资源管理，人力资源工作者以身作则、率先垂范所提倡的原则与方法，才能赢得企业与经理人的信赖，真正达成企业目标。我想这一点对人力资源从业人员，是很深刻的提醒。

本书最后一章提起一个有趣的问题。戴维在MBA期末考中曾问过他的学生下面这个问题："在公司中，谁是人力资源实务的主要负责者？是部门经理、人力资源专业人员，还是部门经理和人力资源专业人员两者一起，或者是顾问？"大多数人都说是部门经理和人力资源专业人员两者一起，然而戴维的答案是，只有部门经理是人力资源实务的主要负责人。部门经理应该要求人力资源部设定更高的目标，或者监督人力资源部门协助他达成企业目标。

服务标杆企业之一的诺德斯特姆公司（Nordstrom）就是最好的例子。诺德斯特姆善于鼓励部门主管，要他们对自己的部门培养出一种所有感，觉得那是他们自己的部门，因此部门经理必须负责招募人员、解聘不胜任的员工、培训指导员工、鼓舞员工士气、评估员工的表现等。因此也有诺德斯特姆的同事认为"部门经理可能是公司中最受重视的岗位，因为要有面面俱到的本领"。也许你会问：那些不都是人力资源部门的工作吗？你会看到戴维在本书中的回答，终极责任还是会在经理身上，如果你不能学会负起人力资源实务的责任，你永远无法掌握企业最有价值的无形资产，更无法通过无形资产的有效管理达成企业目标。因此除了人力资源专业人员应该成为人力资源高手（HR champions），直线经理也必须是人力资源高手。

因此本书不只是人力资源工作者难得的好书，对于直线经理而言，更是提升竞争力的启蒙金石。我热切期待本书为中国的人力资源界注入一股新力量，更期盼企业的直线经理因这本书而了解人力资源的真谛，与人力资源工作者一同创造永续企业的佳绩。

译者序

中国人力资源转型之道

李祖滨
上海德至锐泽企业管理咨询有限公司董事长

中国转型之年的 HR 迷思

2014 年被称为中国社会“全面深化改革”元年，这一年政府部门简政放权，国企改革进入深水区，工商登记制度改革配套推进，金融体制改革也持续深化，启动了“利率市场化”和“沪港通”等举措。这一系列成果显示中国政府深化改革的马蹄迅疾而步伐稳健。但是，我更愿意称 2014 年为中国社会的“转型”之年：从国家层面来说，中国社会从“非常态”转型至“新常态”；从企业层面来说，这一年无数“传统”企业摸索着转型“移动互联网”；从个体层面来说，各种因素促使以前的“打工者”主动或被动地逐步向“创客”转型。在这一年，中国大地处处呈现转型期的众生相：有对汹涌转型大势的无奈和彷徨，有对转型后前景的期待和兴奋，也有对转型之法苦思而不可得的困惑和苦恼。但谁都无法否认，无论是对国家、企业，以及我们个人而言，如今真的到了转型的时候。

对于 HR 工作者来说，2014 年也是一个动荡之年。这一年全球最有影响力的管理咨询大师拉姆·查兰在《哈佛商业评论》上发表的文章“是时候分拆人力资源部了”就像一篇申讨人力资源部的檄文，逼得各路HR专家、学者及从业人员不断追问“到底如何做才能体现我们的价值”——HR管理的“天问”。于是乎，这一年的中国HR界充斥着各种有关转型的讲座、培训和书籍，企业HR部门也纷纷开始大规模的转型运动。看起来景象热闹非凡，但据我们调查，绝大部分企业人力资源部在转型过程中不得其法，上得不到高层的支持，下得不到员工的理解，最终以失败告终。总体来看，企业转型失败的原因主要有4类：

第一，深陷“传统”窠臼，HR传统理念根深蒂固，无法在转型理念、方向和方法上形成突破和跨越，“型”没有转成，而只是原地打“转”，经过一番折腾又回到原点，弄得公司上下怨声载道。

第二，许多HR部门也接受了转型方法、转型案例的培训和教育，但在实操过程中陷入“工具论、方法论和标杆论”的泥潭，一味模仿标杆企业做法而没有考虑到各个企业的实际情况，造成徒有其形、形似而神不似的局面，导致转型无法落地，反而严重影响了原有各项HR功能的发挥，最后也只能是进行了一趟“折返跑”。

第三，许多公司对HR转型的目的、意义及转型的理念和方向理解不透彻，对转型需要实现的心智结构改造和目标铺陈不够，沦为“为转型而转型”，因而转型不彻底，高不成低不就，无法实现转型的目的。

第四，没有打造出各层级的人力资源高手。中国HR转型最艰巨的任务就是让企业高管、直线经理和HR人员成为HR高手，让他们去推动实施转型并实现其价值，没有这些高手的贡献就不可能有转型的成功。

人力资源的转型重生之道

其实美国早在20世纪90年代，依托第一代互联网信息技术革命，众多企业也经历了一波类似当前中国的大规模HR转型。通过对相关资料特别是戴维·尤里奇的《人力资源转型》一书和众多企业实践研究后，我们认为真正的HR转型一定要做到以下4个方面：

第一，HR 要成为企业的业务伙伴。成为业务伙伴的 HR 一般需要具备四大功能角色：战略合作伙伴（功能：推动组织战略目标的实现）、HR 效率专家（功能：高效的工作流程和结果输出）、员工支持者（功能：提高员工职业能力和敬业度）、变革推动者（功能：推动组织不断进化，增强组织能力，赢得竞争优势）。

第二，HR 要在企业内外部客户（员工、直线经理、高层管理者、企业的直接客户）心目中都树立起业务伙伴的形象。HR 转型是否成功不是 HR 部门自己去定义的，而是看内外部客户心中的形象定位有没有发生真正的改变。HR 转型的成功标志不是 HR 自己做了什么，而是 HR 在内外部客户心中的形象定位从“警察部门、监管部门、管控部门”真正成为战略合作伙伴、HR 效率专家、员工支持者和变革推动者这四个功能角色。只有这样才是 HR 转型真正的成功。

第三，HR 管理要打造和培养出高水平的“人力资源团体”。这一概念由戴维·尤里奇提出，内容包括企业高管、直线经理、HR 人员和 HR 外包机构。只有这些高水平 HR 高手的出现才能持续推动 HR 转型，保障转型的成功。

第四，HR 要为组织创造实实在在的显性价值并达成成果。例如，企业员工潜力有没有充分挖掘？组织能力的提升有没有让企业在竞争中获得胜利？企业的经营状况有没有得到显著提升？真正的转型不是简单地把人力资源部架构变成“三支柱”模式，不是人力资源部又上了几套管理系统，不是只停留在嘴上的说辞。转型不是目的，只有实现上述切实结果时，才称得上 HR 转型成功。

而对于 HR 部门来说，HR 转型成功要求他们的管理方式从粗放向精细转化；客户策略要从老板导向或员工导向向企业战略导向转化；功能和架构要从职能导向向业务导向转化；业务操作要从追求专业性向追求系统性转化。这才是中国 HR 的转型重生之道。

让企业家、经理人成为人力资源管理的高手

中国 HR 转型不仅需要 HR 自身转型为 HR 高手，还需要让直线经理成为 HR 高手，更要让企业家成为 HR 高手。

让 HR 人员成为创造价值和达成成果的 HR 高手，意味着 HR 不能再沉迷于自己的专业中，不是简单地招聘、培训、发工资和做考核，而是以更多的战略思维和业务视角来开展 HR 工作。HR 是否有勇气放下手中的权力，将自己投入经营单元中，成为 HRBP？管理层是否有魄力更多地从经营单元中选择具备 HR 素质的管理者成为 HR？这些问题的答案将决定是否能够产生足够的 HR 高手，未来的 HR 高手将更多是那些有一线工作经历的管理者。

让直线经理成为 HR 高手，意味着只会管事不会管人的管理者将是不合格的管理者，而能够有效选择、培养和激励下属的直线经理将是企业最高效的管理者。成为 HR 高手的直线经理将为企业创造更多的价值。戴维·尤里奇明确告诉大家，公司中人力资源管理应由直线经理来负主要责任。

让企业家成为 HR 高手，意味着企业一把手或二把手一定要是 HR 高手。我在 2014 年演讲中的一段话曾引发许多企业家的共鸣，更博得了众多 HR 的赞赏。这句话是："要成为成功的企业家，要么让自己成为 HR 高手，要么让 HR 高手成为企业的二把手。"如果中国有越来越多的企业家成为 HR 高手，那么中国将有更多的企业走向更高效率、更从容的境界。

翻译本书是我们的使命

本书是戴维·尤里奇先生 HR 管理思想的扛鼎之作，也是一举奠定其"现代人力资源管理之父"地位的里程碑之作。通过本书，戴维·尤里奇深入阐述了现代人力资源发展的方向，为当代 HR 转型提供了理念、方法及标准上的指导。在关于 HR 未来发展趋势的预见性、理念的先进性和方法

的系统性方面 20 年来无有出其右者。这本书集理论和应用实践于一体，在当时的 HR 理论界和企业界都引起了巨大反响。当前中国企业界最热的人力资源“三支柱模型”，其理论来源就是本书。以本书的理念和方法论为指导，国外众多知名企业完成了 HR 转型并由此走上快速发展的道路。在中国，华为、阿里巴巴、腾讯和京东等企业也是按照本书的思想来进行 HR 转型实践的。

过去 10 多年时间里，中国大多数 HR 对尤里奇的了解只停留在 HR 四大角色转型上。而本书对 HR 四大角色描述的细致程度和对 HR 转型方法介绍的详细程度都远远超出我们所了解的。

本书中还蕴藏着尤里奇的“由外到内（from outside in）”“客户感觉到的转型才是真正的转型”“人力资源管理团体”“直线经理是人力资源管理的第一负责人”等重要观点，这些观点能帮助组织培养正确的人力资源理念，但它们在中国受到的重视程度和传播有效性是不够的。尤里奇对 HR 如何为组织创造价值和达成成果这一问题总结出的有效方法，在中国企业中也鲜有应用。

作为一位有责任感和使命感的 HR 从业者，在中国这次 HR 转型的重要历史关口，我希望能够通过重译本书，使之重新焕发应有的光彩；我希望中国的企业家能更多领会到人力资源在企业中的引领作用和巨大价值；我希望 HR 工作者能够更清晰地理解、更直接地掌握本书中的思想、理念、方法和工具，为中国企业的 HR 转型提供追根溯源式的理论和方法指导。

怀着这种责任感和使命感，怀着对人力资源大师尤里奇的敬仰，在翻译过程中，我战战兢兢，唯恐不能精确地传递大师的思想和智慧。

翻译之初确定书名时，我就询问尤里奇教授书名“Human Resource Champions”的“Champions”最想表达的含义是什么？他的回答是“HR’s role in business success（业务成功中的 HR 角色）”。基于此意，我将本书的译名定为《人力资源转型》，用以强调“角色”的转变。2014 年 12 月 8 日我在香港中文大学与尤里奇见面时，他对本次重译表示出了很高的热情，虽然他现在已很少为自己著作的译作专门撰写序言，但他表示，这次重译他要写中文版序！

杨国安教授作为尤里奇先生的真传弟子，在任何场合只要介绍尤里奇先生就会同时介绍这本书，他希望这次翻译是对尤里奇思想在中国传播的一次有力推动。

我的老师赵曙明教授在20年前将“人力资源”的概念和理论引入中国，他认为本书的重译对当下中国转型之时的人力资源发展会有更重大的意义，并寄予厚望。

HR界的好朋友康至军、蒋天伦、严慧、聂晓红，他们既有HR实战的丰富经验，又有扎实的理论功底，对书名、关键概念和具体语句的翻译都提出了宝贵的建议。

我的同事孙晓平、王骏声、汤鹏、季阳、赵爱娟对本书翻译投入了大量的时间。他们白天忙碌于管理咨询项目，晚上承担着翻译和校对的工作。我们反复对关键概念翻译的准确性和统一性进行讨论，共同校对和分工校对累计达10次之多。可以说，这本译作是德至锐泽咨询团队共同努力的成果。

在翻译此书的半年时间里，越来越多的人给予关注和期待，这让我深深意识到，本书是中国HR转型和发展道路上的一盏明灯，我的工作是努力让这本书发出的光亮能照耀得更广、更远。

我一直坚信，在组织的各种资源当中，人力资源才是企业成功至关重要的因素，甚至是首要因素，这也是我们翻译本书的原动力。

中文版序

人力资源：成为企业持续成功的全面合作伙伴

（戴维·尤里奇）
密歇根大学罗斯商学院教授

1996 年，我写了《人力资源转型》一书来重新审视人力资源这个专业。我仍然记得当时有评论家说这本书卖不好，但幸运的是，有两位评论家对此书持赞赏的态度，而且书出版后很畅销。我通过这本书所传达的主要信息是，人力资源如何通过达成 4 种组织结果而成为业务伙伴。这 4 种结果分别对应了一个人力资源角色：经营战略（战略合作伙伴）、达成变革的能力（变革推动者）、人才（员工支持者）、效率或成本（HR 效率专家）。为了达成这些成果，扮演好这些角色，我也论述了如何使人力资源专业人士通过掌握关键能力获得成功。令人欣慰的是，这本书已经被大量人力资源专业人员阅读和使用，并被译成多种文字。

看到这本书正在被翻译成中文简体字版，我很激动，在此由衷地感谢李祖滨先生对本书的完美翻译。

我希望《人力资源转型》中的思想能够为中国的企业和人力资源领袖们提供一个机会，通过这个机会，使他们意识到人力资源在对组织内部（员工、直线经理）和组织外部（客户、投资者、社区）利益相关者传递价值方面存在的巨大潜能。

十分确定的是，在这 20 年里，人力资源一直在向前发展。在这个对于人力资源专业人员极为重要的时代，当人力资源工作者出色地完成工作时，就会对人员、组织和其他利益相关者创造价值。正是因为人力资源，使得：

- 员工在提高工作效率的同时提升了个人收益；
- 组织实现了业务目标，并且创造了可持续的文化；
- 客户得到了他们想要的产品和服务；
- 投资者（债权或股权）对未来的收益更加信心满满；
- 社区（城市、监管者、社会）满足了居民的需要。

在这个动荡并且充满不确定性、复杂性和模糊性的世界，人力资源问题的重要性达到了前所未有的程度。

人力资源的职能、实践和专业人员与利益相关者的关联日益加强，使得对于人力资源来说，这个时代既是机遇又是风险。好的消息是，人力资源问题与企业成功的相关性已很明确。2014 年“世界大企业联合会 CEO 挑战调查”显示：（1）人力资源问题是全球范围内的头号挑战；（2）成功 CEO 的领导形象必然对应着高效的首席人力资源官的形象；（3）考虑周全的投资者们不断地将人力资源问题列入企业价值评估的项目中。据估计，董事会讨论的议题中，1/3 都与人力资源相关（如接班人计划、人才盘点、高管薪酬、公司治理、战略执行、企业伦理与文化）。人力资源专业人员拥有前所未有的机遇去影响业务成功。

为了影响业务，《人力资源转型》中的基本思想逐渐发展了出来。战略专家不仅在内部通过人力资源实践来实施战略、制定战略性人力资源规划来实现人力资源增值，而且还在外部通过将人力资源与外部环境及利益相关者联系起来以实现人力资源的增值。随着变革步伐的加快，HR 的变革推动者角色在确保个人改变和组织敏捷上已经变得越发关键。随着人才争夺战对整个组织越来越具有决定性作用，HR 的员工支持者角色亦被呼吁参与来帮助赢得这场战争。另外，HR 效率专家的角色越来越多地利用技术性人力资源解决方案来降低人力资源成本，提高整个组织的效率。

在过去 20 年里，人力资源的功能和角色有了进一步发展与创新：为确保组织有能力高效协作，HR需具备系统集成者的角色，组织创新需要HR有创新者的角色，文化与转型变革需要HR具有文化管家的角色，领导力培养需要HR具备领导力培养者的角色，人力资源管理与业务达成的关联分析需要HR的信息支持者角色。随着这些新功能、新角色的出现，人力资源将为组织增加更多的价值。

在过去20年里，人力资源部门的组织也在演变发展。人力资源的组织架构逐步与业务部门的架构相匹配。集权式的企业组织有着功能化的人力资源组织；分权式企业组织的每个不同的业务单元都有各自的人力资源部门；矩阵式企业组织（集团、多元化业务联盟、跨区域公司）有着统治性的业务领域，其人力资源部门实践则对应着人力资源专业服务公司的逻辑。这些人力资源组织将人力资源专家聚集在专家中心，他们向扎根于具体业务操作中的多面手们分享他们的知识，并由一个监督性的企业人力资源团体和人力资源操作服务中心来对其进行管理。

在过去20年里，我们还发现，人力资源专业人员的能力也在变化发展，人力资源专业人员不仅必须懂业务，还需要作为战略定位者充分地参与业务问题的讨论。人力资源专业人员需要提供综合性的人力资源解决方案，而不是单一的人力资源方面的专业知识，人力资源专业人员需要不断地去构建组织能力和文化，以保证组织能力不仅仅是单个员工技能的简单相加。人力资源专业人员还必须管理信息流，以使组织决策能基于更多的严密性和更好的洞察力。

在中国，《人力资源转型》的基本思想及其演化的新思想都很重要，它们可以帮助国有企业改进企业文化，帮助私营企业实现其成长愿望，帮助跨国公司在中国更好地发展。

随着中国的人力资源专业人士逐步学习和应用《人力资源转型》中的思想，他们将成为帮助CEO实现企业持续成功的全面合作伙伴。直线经理是人力资源管理工作的首要负责人，但是人力资源专业人员可以为直线经理提供支持、指导和方向指引，为直线经理提供配置人才、提升领导力和提升组织能力方面的见解。

凭借辽阔的国土和丰富的劳动力资源，中国已经成为世界上最大的经济体。随着中国领导人意识到人才、领导力和文化对于企业长期发展的重大作用，他们将不断对人力资源专业人员提出越来越多的要求。

本书可以为这些日益增长的期望提供有益的指导。

前　言

（戴维·尤里奇）
密歇根大学罗斯商学院教授

过去几年，不少文章、专栏和书籍都在争论：“我们是否应该取消 HR 部门？”这真是愚蠢而且毫无意义的问题！如果 HR 无法增加价值和改善业绩，当然应该取消它；如果 HR 能够创造价值或达成成果，就得保留它。我们应该问一个更有意义的，同时也是本书要探讨的问题：“HR 如何才能创造价值和达成成果？”要回答这个问题，我们必须以全新的方式来思考 HR 工作。

对 HR 工作的常规思考可见于任何一本人力资源教科书，它们的书名和内容可能稍有不同，但几乎所有的章节标题都是关注 HR“做了什么”：人员配置、员工发展、薪酬福利、沟通机制、组织设计和高绩效团队等。这些章节标题反映了过去 40 年 HR 领域的主流范式，即确保 HR 工作能做得更有新意、更实用，甚至更得体。

我想颠覆这种思考范式，我想更多地强调 HR 工作“达成什么”，而不是“做了什么”。所谓“达成什么”，指的是 HR 工作的结果、保障和成效。本书主要聚焦于四大成果：战略执行、HR 效率、员工贡献和变革能力。一些创新性的人力资源书籍中，也会在类似“做什么”的标题下描述 HR 工作是如何在全球化、亲近客户、卓越运营和学习型文化几方面给组织带来成果的。而我希望本书能起到抛砖引玉的作用，使未来的人力资源书籍能以 HR 工作达成的成果作为章节标题。

把关注焦点从“做了什么”转移到“达成什么”，将对 HR 人员、HR

工作和 HR 部门的传统理念与假设产生冲击。HR 人员应该是伙伴、参与者和开拓者，而不只是恰巧进入 HR 部门工作的可有可无的闲人；他们应该是有理论、有能力的专家，他们能够基于一整套知识做出有见地的业务决策。我们对 HR 工作的设计在一开始就应以创造价值和达成成果为出发点，HR 工作应该是一个能够提升个人素质和组织能力的流程。HR 工作越能满足组织内外客户的需求，公司就越有可能成功。HR 部门必须拥有比迄今为止更高的工作标准，它们必须使 HR 人员从过去的政策执行者和规则守护者，变成实现价值的伙伴、参与者和开拓者。

通过持续推动 HR 转型，我对 HR 管理的未来比以前更加乐观。一些所谓的 HR“大师”会告诉 HR 人员，他们的不胜任会怎样毁掉他们，犹如迈入地狱般煎熬；我却想告诉他们如何迈向成功，犹如置身天堂般美妙。我之所以对 HR 感到乐观，不只是因为我喜欢那些 HR 人员（实际上我确实也很喜欢），还因为 HR 人员所从事的工作正是企业成败的核心。

我的同事和好友普拉哈拉德使我认识到了理论体系的重要性：它是一套清晰定义、具体阐明的理念。而我对 HR 已经形成了自己的理论体系。

我相信未来 10 年是 HR 的时代。技术发展、全球化、利润增长和客户需求等因素迫使企业变革脚步加快，组织能力和人员素质成了管理的中心课题。近年来，许多变革举措成了公司成败的关键影响因素，如质量管理、企业再造、流程优化、核心能力、学习成长、市场约束、有效领导等。而这些变革举措的基础，一个是企业如何完成工作，即组织能力；另一个是企业如何对待员工，这有关员工的胜任力。了解、善用和优化组织能力与员工素质这类 HR 课题，将为企业带来成功的组织和成功的领导者。

我相信“模式”的作用，“模式”代表着被人们广为接受的固有行事方式。但是，在过去几十年中，许多 HR 人员形成了不良的模式，他们在工作上运用那些以过时的工作假设为基础的技术。这些糟糕的模式让许多内部客户（直线经理和员工）只能感受到 HR 工作的事务性、执行性和政策性，让 HR 工作的模式已变得官僚化。

但我也相信模式是可以改变的。当新构想创造出新框架、新工作方式，以及HR人员与客户对HR工作共有的新期望时，新的模式就涌现出来了。我最近举办了一场研讨会，会议中40位企业CEO携其HR高管共同讨论了关于改变HR管理模式及期望的话题。我们发现，当CEO和HR高管发展出新框架、新构想和新的工作方式时，原先的官僚模式将会被创新的、价值驱动的和成果导向的工作方式取代。本书就是要探讨对内部客户和HR专业人员都产生影响的HR新模式。

我相信应该依据未来而不是过去来评判HR问题。HR管理的未来包括新行动、新方案和新议程。一位20世纪40年代的HR人员将很难辨识出2000年的HR职能，因为要关注全球化管理、组织能力、文化变革和智力资本等问题。当然，我也相信我们可以从过去经验中得到对未来的启示，HR过去关注的课题（如公平待遇、塑造价值观、人才搜寻）仍将是未来的核心课题。

我相信问对问题比找到答案更重要。

- HR如何创造价值？
- HR与谁一起工作？直线经理、员工、HR人员，还是外部顾问？
- 对成功HR人员的最佳比喻是什么？伙伴、参与者、开拓者、建筑师、设计师，还是领导者？
- HR的服务对象是谁？员工、客户，还是投资人？
- HR工作什么时候应该主动介入、被动反应和未雨绸缪？
- 衡量HR是否成功的标准有哪些？财务指标、员工士气，还是市场占有率？
- HR管理有哪些新的工具？

诸如以上问题的探讨能带给我们新的答案与视角，并引出更多尚未提及的议题。

我相信学习是重要的，但是我也相信忘却比学习更难。为使HR成功地扮演创造价值与达成成果的新角色，他们需要同时学习新方法和忘记旧模式，二者缺一不可。

我相信，当 HR 人员拥有新的机会与方向时，他们就能展现出专业水平；当他们理解了理论的时候，就会设定更高标准；当他们知道如何创造价值的时候，就会依此行动；当他们被给予机会的时候，就能善加把握。

现在，这个时机到了！

CHAPTER 1

第 1 章　21 世纪竞争的焦点：人力资源

“为提高竞争力，你们公司的高管必须关注的五大挑战是什么？”大多数时候我都以这个问题作为研讨会的开场。尽管与会人员在公司的层级有高有低，公司所属行业各不相同，但他们的回答都极为相似：竞争环境不断改变，需要新的竞争模式以应对当前挑战。这些回答表明，新的竞争环境需要公司具备更强的组织能力以更好地服务于客户，从而与竞争对手形成差异。

本书所要探讨的是如何建立能够为投资人、客户和员工创造价值的组织，并重点探讨了直线经理与 HR 如何共同创建应对未来竞争的组织。如果组织能力成为企业竞争力来源之一，同时直线经理与 HR 共同倡导组织能力提升，那么关于 HR 工作和 HR 专业人员的新篇章就必将开启。本书将帮助直线经理与 HR 人员共同达成这一目标。

本章将重点阐述这个观点：**面对未来的竞争，HR 在企业成功跨越** 8

个主要挑战的过程中，起着关键的作用。每个挑战都说明了 HR 的重要性，探讨了直线经理和 HR 如何合作，HR 专业人员和 HR 工作应该扮演何种角色，以及企业如何运用新方法提供 HR 服务。在这些挑战之下，HR 工作必须有效创造价值，HR 部门必须达成企业成果，HR 专业人员必须扮演新角色、展现新能力。在新的竞争环境下，企业必须以新的方式思考 HR 工作、HR 部门和 HR 专业人员。

企业面临的 8 项竞争挑战

挑战一：全球化

全球化主导了当代竞争。全球化并不是新概念，但是这个挑战越来越激烈，全球化趋势引发了新市场、新产品、新心态、新能力和对企业的新思考。在未来，HR 工作必须创造新模式与新流程，以维持企业的灵活度、效率和竞争力。正如摩托罗拉前人力资源副总裁乔伊·米拉格利亚所言："我们公司有 75%的利润和 6 万名员工来自美国以外，这意味着什么？"

通信、旅行、信息、意识形态和合作的发展让世界变得更小了，地球村不再是远在地平线的另一端，而是近在眼前。我们可以从产业的生命周期变化中看出全球化的特征：解除管制后，美国航空业很快从原先的 100 多家整合成 8 家（其中至少有 2 家正面临财务困境），这 8 家航空公司服务了全美 80%的旅客。这种程度的整合固然惊人，但下一阶段的产业演变——全球整合，可能更惊人：全美航空公司和英国航空公司结盟，西北航空公司和荷兰皇家航空公司结盟，美国大陆航空和北欧航空公司结盟，等等。我们似乎可以有把握地预测，再过 10 年左右，全世界 8 家航空公司就有可能占有全球 80%的航空运输市场。类似的发展也已经或即将出现在其他行业，包括汽车、酒店、金融、证券、制造和教育等。

有效的全球化竞争已经不仅是在国内市场制造一项产品，然后把它运送到新市场，而是进行复杂的全球网络运作，包括以某地为技术中心覆盖全球，将产品、人员、信息在全球快速流动以满足当地需要，平衡全球化规模经济与地区响应速度之间的矛盾等。要达到这样有效的全球化竞争，公司必须同时具备全球化思维和地区性保障。

全球化企业面临的另一个议题是全球市场环境中的政治不稳定性。在西方文化下成长的企业往往以它们的民主政治流程为标准，然而西方国家的规则未必适用于那些政治与经济权力受到宗教、革命、家族、集权甚至叛乱影响的国家。学习如何应付复杂多变的政治环境，是许多西方企业在全球化进程中面临的新挑战，例如，由于苏联政治环境的不稳定，石油行业开采西伯利亚大油田的投资风险大幅增加。

全球政治局势的不稳定性可能继续加剧。例如，20 世纪 90 年代早期，许多企业竞相抢占成长中的墨西哥市场，而到了 90 年代中期，墨西哥政局不稳、金融市场崩溃，这些企业又绝望地从崩塌的墨西哥市场全力抽身。我们可以预期，未来还会有更多类似的剧变发生。

在技术先进的国家里，许多企业在转型为全球化企业后快速积累了巨大的财富，当这些企业在较弱小的经济体投资时，技术先进国家和技术落后国家之间的社会与经济鸿沟就日益扩大。此外，在不久的将来，社会动荡不安的情形不仅会发生于各国境内，也会发生在国家之间，这种贫富不均和动荡不安的情况若不消除，很可能引发暴动甚至革命。

尽管存在这些问题，美国的企业仍在积极寻求全球化，它们的挑战在于如何培育全球市场竞争力。

最近的一场美国电子产业协会研讨会探讨了计算机磁盘驱动器制造商美国昆腾国际公司（Quantum）所面临的全球化挑战。计算机磁盘驱动器是一个竞争激烈的产业，新产品若晚一个月推出，利润就会降低70%。昆腾公司如果晚三个月推出新产品，就可能被迫退出新一代产品的竞争。为了在这种快速的产品开发周期中生存，昆腾正考虑整合加州圣荷西、亚洲和欧洲的新产品开发实验室。它的构想是当亚洲实验室的研究人员完成一天的工作后，便可通过电子通信方式与圣荷西实验室的研究人员分享当天的研究成果；同样，圣荷西的研究人员也可以将当天的研究成果与欧洲实验室的研究人员分享。亚洲研究人员第二天上班之前，他们前一天的研究成果已经经过双向的沟通讨论。这次研讨会主要探讨的是：什么样的组织能力能够确保实现这个计划？

答案很明确：为实现这个有挑战性的计划，昆腾公司必须从根本上为这个全球团队重新进行组织设计，它必须建立全球化的组织能力，全球各地的人才、创意和信息必须能无缝地流动和沟通，这样才能比竞争对手更快速地创造出更好的新产品与新服务。它必须建立全球共享心智（Shared Mindset），让任何实验室的创意都能与全球各地所有实验室自由地交流与分享；它必须招聘、培养和激励那些具备全球视角而不是狭隘国家主义的员工。

全球化能力还包括，某个国家分公司所做出的企业决策与经济行为必须考虑对全球其他地区的影响。全球化能力必须能有效处理不同形式的管理思维和行为，例如，为中国分公司高管举办的企业课程，其中有一整天的时间是让他们了解资本主义是如何运作的，了解股市如何有效地分配企业权益。一些西方人认为是理所当然的事，但对来自不同文化背景的人来说可能是难以理解的。

在全球化趋势中，社会契约和领导力契约也会产生变化。毫无疑问，过去由企业提供保障的心理契约，如今已被自我保障的新契约所取代。在未来，来自政府和行业的保障将逐渐减少，取而代之的是基于个人能力与努力所换得的自我保障。如何定义这种自我保障的要素已经变得越来越困难，尤其是在全球化的背景下更不容易，这个问题有待继续探究。

现代管理者的子女必须比他们的父母更具备全球化学习能力与适应能力。过去，仅靠知识就可以成功；而现在，具有全球化知识只是成功的必备条件之一。在不久的将来，除了了解汇率，商务人士还必须通晓跨领域的技术变化，必须熟知不同国家的政治，还必须了解全球贸易趋势及其对全球客户的影响。

一个致力于建立全球化组织能力的公司必须从一些基本的评估着手：成为一个成功的全球竞争者需要哪些独特技能与远见？目前的管理团队中有多大比例的人具备全球化能力？有多大比例的人能感受全球市场和产品的微妙变化？有多大比例的人能准确地发现全球广大客户的需求而使公司获利？有多大比例的人适应全球性事务？有多大比例的人能够自如地与重要的外国客户进行交流？有多大比例的人了解并能解释全世界主要的文化与信仰差异，以及这些差异如何对公司产品与服务造成影响？跨国组织如何在全球范围内分享信息？何种激励制度能鼓励员工调职海外并和海外分公司人员分享观点？如何使员工在没有海外任职机会时也能获取全球化经验？公司应如何建立兼具全球化思维与地区性执行能力的组织智慧？

致力于解决以上难题的直线经理和 HR 专业人员必须以新方式思考组织问题。全球性的组织对地理上是否邻近较少关注，它们更关注如何善加运用全球资源。

❑ 挑战二：HR 重心转向企业价值链

面对未来竞争，一个恒定不变的课题是如何建立和运行客户响应能力强的组织。所谓的客户响应能力包括创新、快速决策、成为行业的价格或价值领导者、有效地连接供应商与分销商并为客户建立价值链。研究表明，员工的态度和客户的态度之间有高度相关性，这一点凸显了建立价值链的重要性。

将 HR 工作的重心从原来的内部活动转向供应商与客户的价值链，有着非常重要的意义。长期以来，HR 专业人员与理论学者一直强调公司内部的 HR 工作。现在，以客户为导向的转变使 HR 工作的重心从公司内部转向公司所处的价值链。公司内部的 HR 工作也适用于公司外部的供应商与客户。基于价值链的培训可以将供应商、员工及客户整合为一个价值链团队。在基于价值链的员工奖励计划中，可以让供应商和客户成为公司经济价值的评估人和分配者。由于重心从公司内部转移到价值链，所有 HR 工作都必须依据客户标准重新严格定义。

摩托罗拉全球 16 个企业大学的校园中，50%的受训者是供应商或客户。摩托罗拉的高管说，该公司在中国市场取得的杰出成就要部分归功于摩托罗拉企业大学，他们在中国推出产品之前就提前培训中国区的管理者。通用电气公司在克罗顿维尔的培训课程也偏重于供应商及客户，通用电气公司极力消除价值链上自己与其他相关者之间的障碍，以创造双赢关系，使双方都能降低成本、提高服务水平和提升绩效。

企业的外部关系除价值链外，还包括价值网络。价值网络是由企业与其他企业间复杂的相互关系形成的。举例而言，摩托罗拉的管理者发现，公司与英特尔有着复杂的联盟关系，在第一个联盟中，公司是英特尔的供应商；在第二个联盟中，公司是英特尔的竞争对手；在第三个联盟中，公司又成了英特尔的客户。这种复杂的组织关系网络对于 HR 意味着什么？哪些方面需要合作，哪些方面相互竞争？价值链关系对哪些类型的组织有意义？这种复杂的价值网络关系需要何种类型的 HR 政策以支持人员招聘、职业生涯发展、培训和薪酬等工作？

某家企业对其自身所在的复杂价值网络的认识并不正确，此时它希望降低供应商成本，于是它给所有供应商发出了一份正式的标准化备忘录，提出降低 7%成本的要求。恰好有家供应商（也许不止一家）同时还是该企业的客户，而且它从该企业购买的产品价值 3 倍于它提供的产品。这家企业的高管认为降低 7%的供应商成本是个绝妙的主意（因为他们受益更大），于是他们把备忘录原封不动地发回了原公司。由此可见，HR 应当帮助确认企业政策在复杂价值网络中是前后一致且有实际价值的。

直线经理与 HR 专业人员必须学着创造一个可以在价值链和不同价值网络中成功运行的组织。

❑ 挑战三：通过降低成本和增加营收提升盈利能力

盈利能力是企业存在的先决条件。一个在利润上不具备竞争力的企业在失去长期垄断地位后必然消亡。盈利能力在未来仍将是重要的经营课题，而盈利的途径必定会有所改变。在可见的未来，利润的提升将更多来自营收增长和成本降低的组合。

过去十年，大多数西方企业都致力于“清理碎片”，不断进行裁员、扁平化、整合、再造工程、质量管理等工作。企业的重心转变为利用更少的资源做更多的事，通过提高效率、改进流程、降低成本等方式提升企业的盈利能力。那些致力于革新的公司自 20 世纪 80 年代中期起就开始尝试各种变革方案，包括：

- 业务流程再造（Business-Process Reengineering）
- 业务单元重组（Business Unit Restructuring）
- 持续改进（Continuous Improvement）
- 整合（Consolidation）
- 成本分析（Cost Analysis）
- 生命周期（Cycle Time）
- 分权（Decentralization）
- 裁员（Downsizing）
- 经济附加值（Economic Value Added，EVA）
- 授权（Empowerment）
- 成就卓越（Excellence）
- 目标设置（Goal Setting）
- 日式管理（Japanese Management），或称 Z 理论（Theory Z）
- 领导力发展（Leadership Development）
- 使命、愿景、价值（Mission，Vision，Values）
- 质量（Quality）
- 重组（Restructuring）

- 奖励与认可（Rewards and Recognition）
- 六西格玛（Six Sigma）
- 浮动薪酬（Variable Pay）
- 群策群力（Workout）

这些变革方案大多数集中在利润公式中的成本部分，目的是降低人力成本、流程成本或其他企业支出，这种成本导向的解决方案尽管有效，但毕竟只是利润公式中的一部分。

越来越多的企业管理者发现并开始重视利润公式中的另一部分：营收增长。重点并不是要以增加营收取代降低成本，而是要找出增长的方法。加里·哈默尔和普拉哈拉德通过一系列文章强调：如果不以增加营收为重心，企业将缺乏激励人心、令人信服的未来愿景。德怀特·格尔茨和若昂·巴普蒂斯塔的研究更进一步证实了成长的重要性，他们访谈了 180 位美国 CEO，发现有 94%的人致力于增加营收，而且他们至今仍将增加营收视为最主要的经营目标。

增加营收的 3 个途径都与 HR 相关。

第一个增加营收的途径是充分利用客户资源创造营收增长，努力吸引现有客户多购买其产品。例如，几乎所有金融服务公司都会设计最能吸引客户的金融交易，包括支票账户、存款账户、股票基金、年金、抵押贷款、信用卡、保险、共同基金、定期存单等。成功的金融服务企业会设法提高这些交易的比例，也就是运用资产组合使资产增值。通用电气公司组成“无边界销售团队”，这些团队成员来自通用电气不同的经营单元，合作交叉销售通用电气公司的产品。

善用客户资源来增加营收的组织必须建立流程、培训人员，以快速响应客户的需要。员工必须全心服务于主要客户，并维持紧密的关系。

第二个增加营收的途径是发挥公司的核心能力，也就是开发新产品，努力将研究成果转化为产品。新产品的推出通常围绕组织的核心能力，跨部门的产品团队首先要确定他们的核心能力，然后将这些核心能力转化成新产品，而新产品往往代表了新的营收。

第三个增加营收的途径是整合、收购和合资。几乎每位曾经参与并购整合的人员都能感受到并购对组织响应能力有极高的要求。财务和战略的融合比较容易做到，企业文化的融合就比较困难，甚至很多并购整合的失败就是由于企业文化难以相容。

不论企业选择哪种增加营收的途径，都必须重新思考组织及HR工具，才能通过组织运营实现增长的目标。通过增加营收来提高盈利的方法同样给HR提出了新的课题，包括：

- 在控制成本的同时，企业管理者如何达成企业的快速增长并塑造支持目标的企业文化？
- 企业管理者如何确保他们所聘用的人员能在降低整体劳动力成本的同时，实现企业的增长？
- 企业管理者该如何建立一个有效的组织结构，既能提供增加营收的自主性，又能确保成本控制的严谨性？
- 当企业开展新业务时，当企业利用核心技术进入新的领域时，当企业通过建立亲密客户关系增加客户的购买量时，对HR工作有怎样的要求？

既要降低成本又要增长营收的挑战，迫使人力资源必须解决企业固有的矛盾。3Com的人力资源副总裁黛博拉·英格在公司处于高速成长期间，仍坚持推动公司的自我再造。英格认为，大多数企业都是等到过了成长曲线的顶点后，才开始组织重整及降低成本，但她成功地说服3Com的高层在公司处于成长曲线的上升阶段时，就开始进行组织转型的工作。通过持续检查与修正公司文化、做事方式、沟通渠道，优化人员的招聘、培训、激励和配置，3Com得以在降低成本的同时提升营收，保持公司盈利。

追求利润增长的直线经理与HR人员必须找出设计和运行组织的新方法。

❑ 挑战四：聚焦于能力

要将战略目标转化为企业日常经营活动，就必须重新定义组织能力，以整合组织中的个人能力。组织能力就是企业竞争力的 DNA，是企业超越竞争对手的能力所在，既可能是技术之类的硬能力（如开拓新市场的技术能力、能够同时在多个市场积极响应的财务灵活性），也可能指组织能力之类的软能力（如能在市场上更快速行动的能力、对全球性外派人才的吸引和保留能力）。通常来讲，软能力较难创造与仿效，我们可以看到不少公司在试图提升软能力（如全面质量管理和流程再造）时遇到很大挫折。大多数调查结果显示，提升组织软能力的失败率高达 75%。对公司而言，不断提供优秀产品以适应全球市场的组织能力，其重要性仅次于生产出优秀产品的能力。

最近关于组织软能力的研究显示，组织正朝 4 个方向努力：（1）建立组织信心的能力，让组织内外人员相信管理者言行一致，并能维护他们的声誉；（2）消除组织边界的能力，让信息与观点能够跨越组织层级边界、部门边界和外部边界，顺畅流动；（3）培养组织变革的能力，以及促进组织持续创新的灵活性与敏捷度；（4）培养持续学习和自我突破的能力。企业经营者有责任识别和培养这些能力，以提高公司竞争力。

HR 人员必须首先框定出哪些是组织必备的能力，然后再针对性地设计工作内容。仅仅是招聘、培训和薪酬已经不够了，这些活动必须有助于创造组织能力。

> 旧金山 49 人队（一支橄榄球队）的例子正好可以说明个人素质如何帮助提升组织能力。每个位置的运动员都受过良好培训，也被认为该位置的最佳人选，但是整个团队和战术安排比任何个人都要重要。当 49 人队的当家四分卫史蒂夫·扬受伤，必须换上经验不足的艾尔维斯·葛雷巴克时，许多球迷都觉得 49 人队大事不妙，然而 49 人队通过队员之间默契的协作依然获胜。这说明队员整体的协作能力比个人能力更重要。不论在哪个行业或哪个地区，成功组织中的个人能力都能够转化为组织能力。

直线经理和 HR 人员应该持续寻求构建事业成功所需要的组织能力，他们应该经常自问并互问下列问题：

- 公司目前具备的能力是什么？
- 公司赢得未来成功所需要具备的能力是什么？
- 我们该如何让这些能力和公司战略相匹配？
- 我们该如何设计 HR 工作，以创造公司所需的能力？
- 我们该如何评价公司是否已经具备所需的能力？

你现在对这些问题可能无法给出明确答案，但是无论如何，一个有效的人力资源策略必须持续探索这些问题。

❑ 挑战五：变革，变革，再变革

> **直线经理和 HR 人员应该持续寻求构建事业成功所需要的组织能力。**

转型、再造工程、文化变革、重新创造、适应性、灵活性、快速学习、敏捷度，不论采用什么名称，所面临的挑战都一样：管理者、员工和组织必须学会更快速、更有效地变革。HR 人员必须协助组织变革，他们必须定义出变革的组织模式，并将此模式推广至整个组织，协助整个组织应用此模式。在产品生命周期越来越短、变革速度越来越快的现代企业环境中，HR 人员将不得不处理更多的问题，包括：

- 我们如何刻意忘掉过去所学到的东西？
- 我们如何尊重过去，适应未来？
- 我们如何在不危及公司的前提下，鼓励变革所需的冒险行动？
- 我们在转型时，如何决定哪些人力资源做法应该改变，哪些应该为了保持延续性而保留下来？
- 我们如何激励所有人全身心投入组织变革？
- 我们如何更快速地变革和学习？

同样，这些问题的答案并不像看食谱那样简单，但是直线经理和 HR 人员有责任找到答案。

变革的另一个难题是企业高管个人的矛盾。大多数高管都能针对企业的变革行动发表激动人心的演说，并警告变革失败的严重后果。高管自身却未能及时改变，他们往往言行不一致，不能以身作则。员工重视高管的所作所为更甚于他们的言论，高管的言行不一导致许多个人和组织变革的失败。HR 人员有绝对的义务挑战大权在握、事业有成的高管并督促他们言行一致。要做到这一点，HR 人员必须学会拿捏好分寸。

不论是预料之中还是意料之外的变化，直线经理和 HR 人员都能够创造出比竞争对手更快响应的组织，他们将更有机会取得成功。

❑ 挑战六：技术

如今的技术创新速度已经快到难以赶上的地步了。互联网、视频会议、即时信息与分析系统等，这些新技术为企业活动创造了全新的环境。

技术使我们的世界变得更小、更近、更快，在计算机技术不断进步的环境中，观点与思想得以快速传遍全世界，技术克服了地理上的距离、语言与文化的差异。英国的电视节目在美国拥有市场，美国的节目拥有全球市场，欧洲的时尚潮流在美国市场中吸引众多的追捧者，连文化凝聚力很高的日本与法国也未能抵抗美国流行文化的进入。

个人对技术的运用也改变了信息的流向与使用。想法或创意成为 21 世纪的通用货币，智力资本能够快速地为他人所掌握和相互交流。要在这场技术竞赛中保持领先，就必须持续地在有竞争力的新服务上投资，如互联网、CompuServe、Prodigy、美国在线、微软及其他尚未知的业务。

电话会议、通信、共享数据库等新技术彻底改变了工作的方式与地点。当企业的界限受制于地理因素时，近距离是绝对必要的条件。随着新技术的发展，员工可以在家或在较远的地点工作，或者分散在客户的办公室里，但仍然和企业保持密切联系。例如，本书的撰写工作大部分是在飞行途中使用笔记本电脑完成的，然后通过网络传送给审稿编辑。新技术已经重新定义了我们的工作时间。

直线经理和 HR 人员有责任重新定义工作，所以他们必须思考如何让技术成为工作中不可或缺的一部分，让技术成为生产力。直线经理和 HR 人员必须走在信息曲线的前端，学习如何充分利用信息以达成企业成果。

❑ 挑战七：吸引、保留、评价能力和智力资本

在持续变化、全球化、高度依赖技术的企业环境中，吸引与留住人才已经成为企业的另一个战场。就像运动队积极雇用最佳运动员一样，未来的企业组织必须积极地争取最优秀的人才。随着对派驻到全球各地担任总经理的人选的技能要求越来越严苛，符合条件的人才越来越少，成功的企业必须能够吸引、培养和留住具备领导全球企业所需技能、视野和经验的人才，要不断寻找优秀人才，让企业拥有向全球生产和销售产品及服务的智力资本。

要做到组织智力资本的有效保障，需要领导力提升与领导梯队建设。未来企业的领导方式是团队分享型，而非个人专权型；是持续的开拓冒险，而不是日常问题中的一系列命令指挥。为适应这些新趋势，企业未来的领导者必须是全球型领导者——能适应全球环境，了解并运用不同文化，能兼顾全球规模经济与地区响应。为给领导力注入新的内涵，必须建立新的领导力模型。公司现在未必拥有这种领导者，但是这种领导人才是可以创造或寻找的。

要做到组织智力资本的有效保障，需要让所有的想法与信息在公司内快速分享。一些大型的专业服务公司正在尝试利用技术（如互联网）建立知识网络，让每个顾问能快速地获取及分享信息。在研究过学习型组织后我们发现，学习行为发生在一种想法产生（如发现一个新的工作方法）并在公司广泛传播时。保障智力资本不仅意味着要产生新想法，还要在组织内传播分享。直线经理和 HR 人员必须制定鼓励这种学习的政策与标准。

要做到组织智力资本的有效保障，需要的不只是学习，更是快速学习。一个能够快速学习的组织会通过改进信息的传播流程，使想法和创新迅速跨界传播。卡尔·威克和我所进行的研究显示，当管理者将机会转化成愿景，将愿景转化为行动，让行动满足客户需求时，便能产生快速的学习。

有效管理这些流程可以缩短组织中智力资本的半衰期（知识半衰期，指50%的知识变得不再适用的时间）。创造一个可以持续提升智力资本的组织将是未来HR工作中具备深远意义的一个方面。

要做到组织智力资本的有效保障，需要改变企业的评价方法。传统的评价方法着重于经济资本（如获利表现或财务绩效），现在还应该增加对智力资本的评价，HR人员未来所面临的主要挑战之一就是寻找并使用这类评价方法。

□ 挑战八：转型而不是改进

改进并不等于转型，转型是改变企业在客户和员工心中的根本形象。转型着重于创造心理占有率，而非市场占有率。

过去15年，许多公司实施了改进计划。这些公司通过裁员、整合、重组等，降低了成本，并且放弃不盈利的业务，通过质量体系建设和流程再造的努力，消除工作流程中低效率的环节。所有这些努力都帮助企业取得改进，让运营更加有序、敏捷和高效。

然而，改进并不等于转型，转型是改变企业在客户和员工心中的根本形象。转型着重于创造心理占有率，而非市场占有率。当公司在客户和员工心中的形象定位与以前相比已经发生根本变化时，就代表企业转型成功。

当哈雷-戴维森在1982年脱离AMF（American Machine and Foundry Company）的控制时，正处于破产边缘，不只是经济上的破产，还有心理上的崩溃，客户一直认为哈雷-戴维森的优势在于声音和造型，对哈雷-戴维森的品质却不敢恭维。

通过强有力的领导，哈雷-戴维森实现了公司形象的成功转型。它成了品质的典范、自由的代表，以及新老客户生活方式的象征。哈雷-戴维森的转型部分源自产品及与产品相关的广告，但更多源自员工心态的转型。当员工重新认同哈雷-戴维森的价值观与运营流程时，他们便能生产出品质更优的机车，转变自身的心态，向客户传达自己对产品的自豪。

许多行业现在正处于转型过程中，大陆航空在20世纪80年代到90年代初期一直在为公司寻求更清晰的形象定位。在这段时期，公众对大陆航空的印象是低成本和低水准的服务。90年代，大陆航空的高管开始致力于转变公司在客户心中的形象，他们开始倾听客户的声音，例如设立免费电话、进行客户问卷调查、阐明客户价值主张（如准时抵达）、鼓励员工以客户服务为中心，最终在客户服务方面成为行业的领导者。这种转型并不容易，但是一旦成功，其意义比推出一项新产品或市场扩张还要重要。员工与客户对公司产生新认同的影响，比起任何产品和市场扩张的影响还要持久。

只有专注于转型的直线经理和HR人员，才能够创造根本而持久的改变。

8项挑战的重大意义

❑ 21世纪竞争的关键属性是组织能力

上述8项挑战重新定义了“竞争”。当竞争被定义为“以独特方式为客户创造价值”时，企业就必须找出新颖而独特的方式来服务客户。虽然每个组织都在保持着自身的独特性，但是由于组织之间都学会了模仿，造成了成本、技术、渠道、生产和产品性能在不同组织之间越来越趋同的情形。就像扑克牌局中的赌注一样，传统的竞争方式已经变成台面上公开的赌注，未能具备这些传统竞争力的公司必然会输，即使具备这些传统竞争力，也只能保证公司可以“参赛”，并不保证能赢。

新的竞争模式必须超越这些台面上公开的赌注，识别出真正能为客户创造价值的组织能力。为响应上述8项挑战，企业应该专注于组织能力的打造，如速度、响应、客户关系、市场敏捷、组织学习和员工能力。简而言之，在新竞争环境中，不同企业间的产品成本和性能将会越来越趋同，而真正体现出竞争优势的是，创造出能够不断提供优于竞争对手的产品与服务的组织能力。

❑ 21 世纪的竞争需要能够培育组织能力的领导者

任何层级的领导者都有对成功的追求和渴望，但是仅有这些是不够的，领导者必须找到制胜的途径。一个企业的制胜途径将不仅仅是掌控资产负债表、创造新的生产方法、建立客户关系，最重要的是建立一个比竞争对手更快速学习、反应、行动和变革的组织。要使这些组织能力的效用最大化，企业必须将 HR 工作视为竞争优势的来源。

未来成功的领导者必须能够培养组织能力，他们必须识别出决定企业成败的组织能力，并设计出培育这种组织能力的人力资源管理方法。为了创造价值和达成成果，未来的领导者必须成为人力资源管理高手。

❑ 21 世纪的竞争需要创造价值和达成成果的 HR

前述 8 项挑战对人力资源的变革发展有何意义?

一方面，HR 是指公司内人员招聘配置、沟通、薪酬等正常运行的工作系统和流程，这些流程的价值取决于它们能多大程度提升组织的竞争力。

另一方面，HR 是指人力资源职能或部门。本章所列举的新的竞争现状表明，HR 部门应该翻开新篇章——专注于提升企业竞争力。HR 人员必须更专注于他们能达成的成果，而不仅仅是把工作做得更好；他们必须清楚在价值创造上扮演的角色；他们必须建立机制提供人力资源服务以快速达成企业成果；他们必须学会从企业竞争力的角度来衡量成果，而不是员工的舒适满意；当公司需要转型时，他们必须引领公司的文化转型，而不只是去实施整合、流程再造或裁员。

为达成这些目标，HR 人员必须认识并改正其过去的做法。传统的 HR 部门说的比做的多，它们受限于某些误解而无法成为专业的部门（见表 1-1）。不管这些误解是源自 HR 人员还是直线经理，现在是进行改正的时候了。从今以后必须少说多做，做创造价值的事而非撰写价值声明，建立有竞争力的组织而非舒适的组织，积极行动而非消极被动，务实践行而非传道说教。

表 1-1　对 HR 的典型误解和 HR 的新定位

对 HR 的典型误解	HR 的新定位
因为喜欢与人相处，所以选择 HR 工作	HR 的职责是让员工更具有竞争力，而不是提供舒适满意、快乐交流的环境
任何人都可以从事 HR 工作	HR 工作是以理论和研究为基础的，HR 必须既通晓理论又精于实践
HR 工作所涉及的是企业的软能力，所以无法量化	HR 工作对企业成果的贡献可以并且必须加以衡量，HR 人员必须学习如何把他们的工作转化成经济成果
HR 工作重心是成本控制	HR 工作必须通过提升公司的智力资本而创造价值，HR 工作重心是提高价值，而不是降低成本
HR 工作就是执行公司政策和让员工快乐	HR 工作不是单靠自己去执行公司政策，而是帮助直线经理去执行好公司的政策；HR 工作并不是为了让员工快乐，而是要帮助他们更加敬业
HR 工作只是流行一时的事物	HR 工作是管理发展演进的产物，HR 必须将自己目前的工作视为管理发展的一部分，在解释工作时，应该少用晦涩难懂的术语，多些权威性
做 HR 的都是好好先生	要做好 HR 工作免不了激烈的争执，HR 既要善于支持他人，也要勇于面对挑战
HR 工作只是 HR 部门的事情	与财务、战略等其他企业管理职能一样，HR 工作对管理者同等重要，HR 是所有管理者的事情；HR 应该和直线经理携手一起开展 HR 工作

长久以来，HR 人员一直是个名不副实的称谓。如果 HR 部门想善加利用人力资源实践，HR 人员就必须有专业水准的表现。其他领域的专家，如医生、律师、工程师、心理医生、审计人员等，都具有下列特征：

- 专注于清晰定义的成果，如医生信守希波克拉底誓言（医师誓言），并致力于救死扶伤。

- 有共同的知识，如律师学习法律制度和规定。
- 具备基本的专业能力，如工程师具备建设桥梁、设计机器或制造计算机的技能。
- 遵守行业内共同的道德标准，如有专业执照的心理医生必须谨守既定的一套职业道德标准。
- 准确认知本身所扮演的角色，如审计人员协助监控公司的财务绩效。

成果定义、知识、专业能力、道德标准、角色认知构成了一个职业的基本要素。如果 HR 工作者能具备这些要素，并且能够应对 8 项竞争挑战，那么这些 HR 工作者就能成为创造价值、达成成果的专业人士。

本书的写作目的与主要内容

本书所要探讨的是如何建立有竞争力的组织，并阐明这对直线经理和 HR 人员意味着什么这一新课题。本书的目的是帮助直线经理创造更有竞争力的组织流程，更重要的目的是帮助 HR 人员了解在未来的竞争组织中应该怎样进行角色的转型。

大多数人力资源管理书籍都在探讨人力资源管理方法，其章节标题可能是人员的配置、培训、评价、沟通、薪酬激励、组织设计等。换句话说，传统的人力资源管理书籍着重人力资源管理工具。本书的结构不同于传统的人力资源管理书籍，它所探讨的是 HR 工作如何创造价值和达成成果。

第 2 章将提出一个框架结构以定义有效利用人力资源管理可达成的四大成果：对战略的执行、人力资源管理效率的提升、提高员工的承诺与能力、变革能力。这些成果必须靠直线经理和 HR 人员共同努力才能实现，它们代表了有竞争力的企业所拥有的能力。这四大成果也指出了 HR 人员在创造价值中扮演的角色，我们将在第 3～6 章详细讨论达成这些成果所对应的人力资源新角色。

第 3 章讲述 HR 工作如何帮助战略执行，探讨 HR 人员如何成为直线经理的战略合作伙伴，共同努力将战略转化为实际行动。本章我们将提出一个组织诊断的方法，直线经理和HR人员可通过这种方法让HR管理工作更好地达成成果。

第4章讲述HR工作如何提升事务性工作的效率，探讨HR人员所扮演的HR效率专家的角色，并分析如何在降低成本的同时保持服务品质。此外，本章也描述了对HR体系进行流程再造的价值，并将流程再造和组织设计的方法并用，组织设计方法包括工作外包、共享服务中心和学习型组织。

第5章讲述HR工作如何支持员工做出贡献，探讨HR如何扮演员工支持者的角色，强调管理智力资本以创造价值。在这一章，我们还会讨论，当流程再造让很多员工筋疲力尽的时候，直线经理和HR人员应该寻找方法提高员工的组织承诺和能力，使员工能在竞争越来越激烈的环境中，不断提升竞争力。

第6章讲述HR人员如何协助公司变革，探讨HR人员如何扮演变革推动者的角色和如何建立组织的变革能力。这一章的讨论主题包括改进变革能力的流程，以及进行彻底的转型和文化变革。

为达到这四大成果，HR部门必须回归基本职能，第7章的内容就是提出重新思考与重新定义的HR部门。本章将组织诊断工具应用在HR部门，说明如何做到战略性人力资源管理、制定人力资源策略和建立HR部门。本章介绍许多成功进行HR部门转型的公司案例，并说明实现这些转型的步骤。

第8章提出一个问题："对于HR工作、HR部门、HR专家和直线经理来说，未来将会发生什么？"这不是预测，而只是描绘一些可能性。本章还会探讨人力资源管理理论、工具、技能、领导力和价值观的重要性。

在每章的最后都会列出该章所探讨的观点对直线经理和HR人员的意义及启示，强调直线经理和HR人员可以通过哪些方式共同面对人力资源课题，以建立具有竞争力的组织。

小结

本章审视了企业目前所面临的8项竞争挑战，为应对这些挑战，企业必须重新定义与重新配置人力资源管理方法、功能和专家。为了创造新的组织能力，直线经理和HR人员必须共同致力于创造这些能力。

为此，直线经理必须做到：

- 了解组织能力是竞争力的重要来源。
- 参与竞争性组织的设计过程。
- 了解竞争性挑战对组织的意义。
- 投入时间与精力建立组织能力。

HR人员必须做到：

- 把人力资源看作企业竞争力的一部分。
- 从企业价值着手，阐明HR工作对企业的重要性。
- 自在地谈论竞争性挑战对HR工作的影响。

当直线经理和HR人员携手致力于HR工作时，直线经理和HR人员之间的隔阂就消失了。本书所介绍的方法和工具对于各类管理者有着同样的意义，不管是从事公司经营、工厂运营、员工管理的人员，还是直接从事HR工作的人。

CHAPTER 2

第2章　变革中的人力资源：四角色模型

如果企业下一个创造价值的篇章来自 HR 工作的话，就必须要重新定义 HR 人员的角色了。近年来，企业往往从以下视角看待 HR 人员的角色转变：

- 从运营性到战略性。
- 从监督控制到业务伙伴。
- 从短期到长期。
- 从事务型到顾问型。
- 从职能导向到业务导向。
- 从聚焦内部到聚焦外部及客户。
- 从被动到主动。
- 从聚焦活动到聚焦解决方案。

如今这些“从……到……”的转变都被认为过于简单化了：HR 人员

所要承担的，实际上是多重而非单一的任务角色；HR 人员必须同时满足运营性及战略性的角色要求；他们既是政策的监控者，也是业务伙伴；无论是在长期还是短期范围内，他们都必须同时为质量和数量目标负责。为了能给日趋复杂的企业业务增加价值，HR 人员必须扮演更加复杂的，有时甚至相互矛盾的角色。

人力资源管理的四角色模型

为了创造价值和达成成果，HR 人员不应以具体的人力资源活动或工作为起点，而应从定义 HR 工作的达成成果入手。达成成果确保了 HR 工作的实际产出，而通过明确定义的达成成果，HR 人员的“业务伙伴”角色及该角色对应的活动才得以明确。

根据人力资源达成成果的不同，图 2-1 的框架描述了 HR 人员为成为业务伙伴所必须扮演的 4 个关键角色。我是在与多家公司及数百位 HR 人员的共事过程中设计出这个框架的。后来许多公司也开始运用该框架来描述他们的 HR 工作达成的成果。图中的两个轴分别代表 HR 人员的关注点与活动，关注点的范围涵盖了从长期战略性到短期运营性。HR 人员必须学习兼顾战略性与运营性，并同时关注长期与短期。活动的范围涵盖了从流程（人力资源工具与系统）到人员。这两条轴线描绘出了 4 个主要的人力资源角色：（1）战略性人力资源管理；（2）基础事务流程管理；（3）员工贡献管理；（4）转型与变革管理。为更充分地理解每个角色，我们必须思考以下 3 个议题：该角色的达成成果、该角色的特征比喻、该角色对应的活动。表 2-1 根据上述议题，针对图 2-1 中定义的每个角色做了总结梳理。

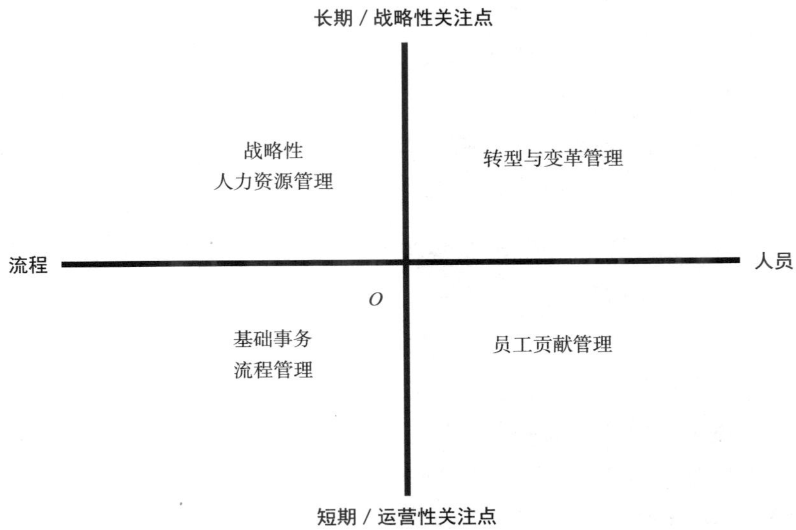

图 2-1　在建立高竞争力组织的过程中 HR 扮演的角色

表 2-1　各人力资源角色的定义

角　　色	成果/产出	比　　喻	活　　动
战略性人力资源管理	对战略的执行	战略合作伙伴（Strategic Partner）	使人力资源策略与业务战略保持一致；组织诊断
基础事务流程管理	人力资源管理效率的提升	HR 效率专家（Administrative Expert）	组织流程再造；共享服务
员工贡献管理	提高员工的承诺与能力	员工支持者（Employee Champion）	倾听员工声音并向其反馈；为员工提供资源
转型与变革管理	变革能力	变革推动者（Change Agent）	管理转型与变革；确保变革的能力

❑ 战略性人力资源管理

战略性人力资源管理的角色核心在于使人力资源策略和工作与业务战略保持一致。扮演该角色时，HR 人员以战略合作伙伴的方式工作，为业务战略的成功保驾护航。通过履行这个角色，HR 人员提高了企业执行战略的能力。将业务战略转化为HR工作能够从3方面为企业提供帮助：第一，由于从战略制定到执行的时间缩短，企业将更能适应变化；第二，由于客户服务战略被转化为具体的政策和措施，企业将能更好地满足客户需求；第三，由于更有效地执行了战略，企业得以实现财务目标。

当万豪国际酒店做出进入香港市场的战略决策时，公司高管意识到，成功的人力资源管理将能提高其成功的概率。由于服务品质是万豪区别于竞争对手的主要方面，而员工的品质与其服务理念高度相关，因此公司高管意识到，他们必须吸引和留住当地最优秀的员工。为做到这一点，HR 部门及公司高管共同审视了公司的 HR 工作，思考在市场上找到这类员工的方法。在这件事中，公司将那些具备优秀才能的潜在员工视为客户，他们可能正为竞争者工作，因此必须设法吸引他们跳槽至万豪。经过多番考虑，公司决定为潜在员工提供 5 天工作制，而不是竞争对手通常采用的 6 天工作制。尽管看起来只是个毫不出奇的策略，但这对潜在员工而言是非常重要的。5 天工作制成为万豪国际酒店实现高品质服务战略的基石，使公司能够在香港市场上宣传、吸引和留住那些能够提供高品质服务的优秀人才。

战略性人力资源管理的成果就是对战略的执行。

战略性人力资源管理的成果就是对战略的执行。HR 工作帮助企业达成目标的例子不胜枚举。当西尔斯公司致力于降低成本时，人力资源经理们通过薪酬调整、轮岗和裁员等手段降低单店人工成本。当惠而浦寻求扩大在家电领域的全球市场份额时，公司的人力资源策略是通过改进招聘工作和职业生涯规划来确保公司的国际化竞争力。当高露洁–棕榄期望提高其全球营收时，HR 人员通过调整薪酬体系来激励销售增长。当摩托罗拉希望进军俄罗斯市场时，HR 人员为当地消费者提供培训和发展的机会。这些 HR 工作都是在促进业务战略的执行，而设计了这些新管理方法的人力资源高级管理者就是战略合作伙伴。他们精通组织诊断并将人力资源策略与业务战略保持一致。

对战略性人力资源管理者这个角色的比喻是“战略合作伙伴”。当 HR 人员参与到业务战略的执行中，提出能够推动战略落地的问题并设计符合业务战略的 HR 工作时，他们就成了战略合作伙伴。

战略性人力资源管理者的主要工作是将业务战略转化为人力资源管理的优先工作。在一个企业环境中，无论是公司、部门、业务单元，还是产品线，一个战略要么以正式流程或文件的形式显性存在，要么通过一个共享的优先级顺序的形式隐性存在。作为战略合作伙伴，HR 人员必须能够界定那些能够帮助战略实现的 HR 工作。这种识别 HR 工作优先级顺序的过程被称为组织诊断，在这个过程中，一个组织被详细分析以明确其优势和劣势。

在过去 10 年，已经有越来越多的人注意到 HR 人员扮演战略性角色的重要性，但是在变得“更具战略性”及“更深地介入业务”时，许多 HR 人员错误地把这当成了 HR 工作的唯一角色。我们将在本章“人力资源管理四重角色的内在矛盾”部分中对此做进一步讨论。

❑ 基础事务流程管理

创建组织的基础事务流程是 HR 部门的传统角色，它要求 HR 人员设计和实施有效的人力资源流程，包括配置、培训、评价、奖励、晋升及其他，以此管理组织中员工的流动。作为公司基础事务流程的维护者，HR 人员也必须确保这些流程得以有效地设计与执行。尽管这个角色因为 HR 工作转向聚焦战略而开始不受重视，甚至被放弃，但是若能成功地扮演好这个角色，仍然能为企业增加价值。

HR 人员通过持续不断地检查并改进人力资源流程来建立公司的基础

事务流程。

> 万豪国际酒店致力于改进员工的配置、发展及评估流程。每当新店开张时，万豪会暂时调派员工到新店中实施在其他分店运用的最佳实践。为了更好地分享不同分店中的最佳实践，万豪组织来自各分店的HR人员召开研讨会。公司鼓励各分店进行不同的尝试，以促进形成新的HR工作方法，并为某些人力资源活动带来规模经济效益（如成立员工福利服务中心）。同时实行去中心化，加大分店对某些活动的自主权（如在分店组建高绩效工作团队）。

基础事务流程管理的成果是人力资源管理效率的提升。HR人员通过两条途径提升效率：第一，确保人力资源流程的效率。例如，通过人力资源流程再造，某公司最近发现竟有24种不同的培训注册系统。在对其进行精简和自动化处理后，归并为单一系统，最终提升了效率并降低了成本。另一家公司则发现关键岗位的员工配置平均要花费6个月，于是公司着手改进流程，将时间缩短为1个月。第二，招聘、培训及奖励那些能够提高生产力和减少浪费的直线经理。

基础事务流程管理的成果是人力资源管理效率的提升。

通过提升人力资源管理效率，人力资源经理凸显了作为HR效率专家的角色，他们精通并领导公司内的流程再造，以促进形成人力资源流程与企业流程。今天，大多数HR部门（与其他部门类似）都被简单地要求以更少的资源做更多的事情，而这正是基础事务流程管理角色要达成的成果。

对基础事务流程管理这个角色的比喻是“HR效率专家”。如上所述，扮演HR效率专家角色的HR人员可以去除不必要的成本、改善效率，并持续找出更好的做事方法。

要成为高效的HR效率专家，HR人员需要推动人力资源流程不断地进行再造。在许多公司中，人力资源流程再造产生了被称为“共享服务中心”

（Shared Services）的新型人力资源组织形式。通过这种组织形式，人力资源事务性工作被公司各部门共享，同时这些服务的使用者（直线经理、员工及高管）都获得了始终如一的高品质服务。

❑ 员工贡献管理

员工贡献管理涵盖了 HR 人员对员工日常问题、忧虑及需求的关心。在智力资本已成为关键价值来源的公司中，HR 人员应该积极地开发这种资本。HR 人员通过把员工的贡献和企业的成功联结起来而成为员工支持者。积极的员工支持者理解员工的需求并确保这些需求得到满足，以此提高整体的员工贡献。

员工贡献管理的成果是提高员工的承诺与能力。HR 工作应该帮助员工通过自身能力和勤勉的态度为公司做出贡献。在这个因裁员导致雇主与员工之间的心理契约被严重损害的年代，人力资源高级管理者应该作为员工支持者，持续关注员工的需求，进而成为业务伙伴。许多公司在这方面都有成功的例子。微软公司举办的全员会议上，员工的观点被分享和聆听。苹果公司建立了员工服务中心，员工可以拨打 800 免费电话咨询有关公司政策及日常事务的问题。万豪国际酒店组建了高绩效工作团队，并对团队成员提供情感支持。惠普定期进行员工调查，以了解员工需求并积极回应。在这些案例中，HR 人员扮演了员工支持者的角色，致力于了解并满足员工的需求。

员工贡献管理的成果是提高员工的承诺与能力。

对员工贡献管理这一角色的比喻是“员工支持者”。这类 HR 工作需要花时间亲自与员工相处，并培训和鼓励直线经理也这么做。员工支持者理解员工的需求并确保这些需求得到满足，以此提高整体的员工贡献。对任何企业而言，员工贡献都是最重要的事情。不仅因为其自身的关系（员工贡献给社会的愿望），更因为它影响了企业的变革能力、满足客户需求的能力，以及提高财务表现的能力。当员工同时具备了能力与承诺时，他们的智力资本就变成了公司的重要资产，最终将反映在公司的财务成果上。

管理员工贡献的主要活动是倾听员工心声，回应他们的意见，以及设法提供资源以满足他们不断变化的需求。由于公司对员工的要求越来越高，作为员工支持者的 HR 人员和直线经理应创造性地寻求并实施让员工发表意见和体验归属感的各种方法。他们帮助维持员工与公司之间的心理契约，并向员工提供新工具以满足公司对他们越来越高的期望。例如，在万豪国际酒店，及时敏锐地响应员工的需求是最好的人力资源经理为同僚树立的典范。他们知道每位员工的名字，他们花时间在酒店各处走动，倾听员工的声音。人力资源经理让员工感觉到自己是专注于客户服务的团队成员之一。他们有责任鼓励员工私下或在研讨会上发表意见，有责任给那些与管理者有矛盾的员工提供倾诉的机会，也有责任维持整体的员工贡献。

管理员工贡献的主要活动是倾听员工心声，回应他们的意见，以及设法提供资源以满足他们不断变化的需求。

□ 转型与变革管理

HR 人员为公司创造价值的第四个关键角色是对转型与变革的管理。转型是指企业发生根本性的文化变革。管理转型的 HR 人员既是公司文化的守护者，也是文化变革的催化者。变革指一个组织改进战略举措的设计与执行，加快组织行为周转速度的能力。HR 人员可以帮助界定和执行变革的流程。

转型与变革管理的成果是变革能力。当公司面临转型时，作为业务伙伴的人力资源高级管理者帮助员工抛开旧文化、适应新文化，作为变革推动者的人力资源管理者帮助组织厘清管理变革的流程。

对转型与变革管理角色的工作的比喻是“变革推动者”。身为变革推动者，HR 人员会直面所有组织变革中的内在矛盾。通常变革必须以过去为基础，作为变革推动者的 HR 人员，尊重过去意味着在面向未来的同时欣赏并尊敬企业的传统和历史。当 HR 人员识别出有助于长期维持企业竞争力的新行为时，他们可能需要大力推动该行为或促成有关其价值的深度讨论。很显然，变革推动者是 HR 人员作为业务伙伴的一个增值角色。

变革推动者的行为包括识别与界定问题、建立信任关系、解决问题，以及拟订与执行行动计划。

变革推动者的行为包括识别与界定问题、建立信任关系、解决问题，以及拟订与执行行动计划。在研究 HR 人员的能力时，我和同事们发现，有关管理变革的能力是成功 HR 人员最重要的素质。作为变革推动者，他们了解变革的关键流程，获得员工对这些流程的承诺，并确保变革达到预期。

❑ 案例分析：惠普应用四角色模型

惠普公司一直以来重视人力资源，不过直到 1990 年，才有专业的人力资源高级管理者皮特·彼得森晋升为公司副总裁。彼得森在担任人力资源副总裁期间发起了影响深远的变革。惠普的 HR 人员与员工人数配比从 1：53 下降到 1：80，但依旧保持了高品质的人力资源服务。这些成果来自再造所有人力资源流程、重新定义人力资源角色，以及重新给直线经理分配管理员工的职责。

1990 年，彼得森向他的全球人力资源团队发起“创造环境”的挑战，挑战内容包括：为公司提升价值，为员工提供更高质量的服务，更有效地使用人力资源。团队成员专注于成为业务伙伴，帮助各自的组织提升竞争力。为落实该愿景，惠普的 HR 人员必须达成以下 4 个目标。第一，促进、评价和改善管理与团队协作的质量；第二，为业务战略做贡献，明确 HR 工作的影响，并推动与惠普公司基本价值观相一致的变革；第三，加速全惠普公司个人与组织的学习；第四，管理与人员有关的流程，也就是 HR 部门内部的职能。

惠普的 HR 部门已成功实现了以上目标，它的成功赢得了《人力资源期刊》（*Personnel Journal*）的“卓越绩效奖”。该期刊对惠普 HR 工作的称赞包括以下 7 项：

- **竞争优势**：惠普的全球员工调查征集了员工对经理及总监们业务目标的反馈意见。

- **财务影响**：惠普的 HR 部门通过降低人力资源与员工人数配比，使公司每年节省 3 500 万美元。
- **全球视角**：惠普的“实践热线”（Practices Hotline）连接了该公司分布在全球的 HR 人员。
- **创新**：惠普设立的技术型女员工大会帮助推动女科学家与工程师的职业发展。
- **管理变革**：惠普致力于提升劳动力多元化。
- **生活品质**：对于员工的高度承诺让惠普持续被列为全美最佳雇主之一。
- **服务**：惠普创造了数个能持续改进人力资源流程的技术系统。

为进一步强化人力资源职能，惠普的人力资源团队开办了名为“具备竞争优势的 HR 部门”的课程，该课程主要讨论了 HR 部门不断变化的角色。该团队将图 2-1 的架构应用于惠普，以此定义人力资源职能的各种角色。尽管惠普使用的名词不同于图 2-1，但它确实将图中的基本概念应用在了公司的人力资源职能上。图 2-2 与图 2-3 均描述了这些应用的具体方式，前者根据职责的分配定义 HR 工作的目标，后者则定义了每种角色的特征性活动。

在惠普，人力资源的角色始于客户需求，“客户”的内涵被更广泛地界定为包括整个组织、员工及直线经理。人力资源角色的说明中指出了谁负有履行各角色相关事务的权限或主要职责，如图 2-2 所示。惠普赋予直线经理战略性人力资源管理（见图 2-2 左上格）和员工贡献管理（图 2-2 右下格）的主要权限；它还赋予直线经理和人力资源团队共同管理转型与变革（见图 2-2 右上格）的权限；最后公司基础事务流程管理（图 2-2 左下格）的权限则被赋予了人力资源团队。图 2-2 也进一步明确了 HR 工作的主要角色以及这些角色需要的能力。图 2-2 呈现了惠普 HR 职能聚焦于满足客户需求、确保业务成果、实施责任分配的愿景，并定义了实现愿景所需的人力资源能力。对每个角色，HR 部门的领导者都明确界定了承担这些角色的 HR 人员的具体活动，如图 2-3 所示。

长期 / 战略性

流程	人员
客户需求：有效的业务战略与人力资源策略 权限分工：直线经理 85%、HR15% HR 职能：匹配 主要角色：战略性人力资源管理 主要能力： ● 业务知识 ● 人力资源策略制定 ● 影响力	客户需求：组织效能 权限分工：直线经理 51%，HR49% HR 职能：变革管理 主要角色：变革推动者 主要能力： ● 变革管理能力 ● 咨询、促进、教练 ● 系统分析能力
客户需求：基础事务流程效率 权限分工：直线经理 5%，HR95% HR 职能：服务提供 主要角色：职能经理 主要能力： ● 充足的知识 ● 流程改进 ● 信息技术 ● 客户关系 ● 服务需求评估	客户需求：员工承诺 权限分工：直线经理 98%，HR2% HR 职能：管理支持 主要角色：员工支持者 主要能力： ● 工作环境评估 ● 管理、员工发展 ● 绩效管理

日常 / 运营性

图 2-2　惠普对人力资源专业角色的应用

资料来源：得到惠普授权使用。

惠普对人力资源管理的角色定义（见图 2-2）以及这些角色的相关活动（见图 2-3）描述，为惠普的 HR 人员提供了明确的目标，并清楚定义了应为公司创造何种价值及如何创造这些价值。对 4 种角色的关注赋予了所有 HR 人员（不仅是那些参与上层战略性活动的 HR 人员）合理的地位。每个角色的职责都把注意力放在促使直线经理积极参与人力资源相关工作上。

长期 / 战略性

战略性人力资源管理

HR 是业务战略的主要贡献者之一

- 设计与业务目标保持一致的人力资源战略
- 对组织价值观、使命及商业规划的形成提供咨询
- 是企业决策团队的成员
- 参与方针制定，致力于 CEO 的人事方针
- 参与业务专项工作组（如 ISO 9000）
- 负责人力资源规划、技能评估、继任者计划、多元化，以及人才保留等方面的管理计划
- 促进系统思考和聚焦质量

变革管理

HR 人员和直线经理形成伙伴关系，共同领导及促进变革

- 促进变革管理
- 为组织效能的提高提供咨询（评估/诊断、签约、行动计划、评价与跟踪）
- 组织设计
- 重新设计体系与流程
- 重组/再造
- 能力分析
- 长期团队及管理层的发展

流程　　　　人员

提供 HR 服务

HR 提供更多、质量更高，同时也更易获取的服务，以降低成本和提高客户满意度

- 工资调查
- 跟踪申请
- 人才搜寻 / 面试
- 福利政策与实行
- 重新定级与晋升
- 数据库维护与流程处理
- 推出新计划
- 数据的汇报与分析
- 提供培训课程
- 后勤人员访谈

员工承诺

HR 促进、评价、改进管理与团队合作的质量

- 推广惠普模式
- 加强员工调查
- 促进工作环境包容性
- 推动工作和生活的平衡
- 管理教练
- 与员工交谈
- 调查工作开放日相关问题
- 绩效评估回顾
- 与员工及经理开展纠错活动

日常 / 运营性

图 2-3　惠普人力资源角色相关活动示例

资料来源：得到惠普授权使用。

图 2-2 和图 2-3 展示的框架与概念有助于惠普 HR 人员了解自己的预期成果、责任、义务，以及他们在组织内应展现的形象。这些工作归集在一起就形成了惠普人力资源职能的专业角色说明书。

❑ 案例分析：高乐氏公司应用四角色模型

高乐氏公司的高级管理者一直致力于将人力资源策略融入业务战略。高乐氏的成功基于三大策略：客户界面、工作简化、人力资源策略。这三大策略服务于不同的对象，包括客户、投资人和员工，并都有与 HR 工作直接相关的关键成功因素。为使 HR 人员能够帮助实现业务目标，高乐氏的人力资源副总裁珍妮特·布拉迪界定了他们应承担的角色。借助图 2-1 的模型，她阐明了公司 HR 人员在每个角色中应完成的具体工作。

当满足以下标准时，高乐氏的 HR 人员成为战略合作伙伴：

- 成为业务团队密不可分的一部分。
- 当任何团队的成员修改现有计划，或设定新的人力资源计划时，必须从公司的需求出发。
- 将业务团队纳入系统化的组织诊断以明确工作优先顺序。
- 为企业提供人力资源。
- 全面彻底地理解当下业务状况对人力资源事务的影响。

当满足以下标准时，高乐氏的 HR 人员成为 HR 效率专家：

- 设计并管理人力资源管理的准则、计划和政策。
- 在其专长领域中担任顾问角色，支持其他 HR 工作者和人力资源服务的需求者。
- 负责不断改进专长领域内的规划与运作。
- 追踪专长领域的最新议题和关注点，以维持在该领域中的专家资格。

当满足以下标准时，高乐氏的 HR 人员成为员工支持者：

- 为员工和管理者在雇佣关系方面的需求和关注点代言。
- 了解员工，预测他们的关注点和需求。
- 让员工随时可以获得人力资源的热心协助。
- 精通相关工具与技术，帮助员工解决工作困扰。
- 为员工提供实现公司目标所需要的资源。

当满足以下标准时，高乐氏的 HR 人员成为变革推动者：

- 主导并驱动组织变革策略，以支持业务战略。
- 管理“飞行员检查清单”（Pilot’s Checklist），以确保变革的成功。
- 根据内外部事务与视角，持续诊断组织本身。
- 持续跟踪有关变革的最新工具、技术和方法，高效地管理变革并响应组织需求。
- 向组织宣传影响业务的人力资源趋势。

布拉迪通过将人力资源的四大角色转化为具体的行为和行动，创造出了世界级的人力资源组织。她对于人力资源职能所能提供的服务有着高度的期望，同时清楚界定了公司的 HR 人员为实现这些成果所必需的行为。

惠普和高乐氏都是将图 2-1 中的四角色模型应用到特定企业环境中的案例。虽然它们使用的语言和术语不尽相同，但都是按照达成成果来定义人力资源角色的，都界定了多重角色而非单一角色，都指明了履行这四大角色必备的 HR 工作和专业特质，也都利用该框架去讨论 HR 人员如何为企业创造价值。

业务伙伴的四重角色

惠普、高乐氏及其他公司的经验表明：提高人力资源职能整体专业水准的时候到了。许多公司的经验也为 HR 人员应扮演的多重角色提供了一些深刻见解。

今天的 HR 人员往往被贴上“业务伙伴”的标签，但是这个名词往往被狭隘地定义为 HR 人员与总经理共同致力于执行战略，即战略合作伙伴。即使在四角色模型的原本观点中（见图 2-1），管理企业长期流程的角色也被视为“业务伙伴”（Business Partner），而非“战略合作伙伴”（Strategic Partner），尽管这两个概念看起来难以区分。根据一些人力资源高级管理者的意见，如惠普的彼得森，“业务伙伴”的原始概念已经改变了，取而代之的是一个更动态、更包容的“业务伙伴”等式：

业务伙伴=战略合作伙伴+HR效率专家+员工支持者+变革推动者

也就是说，不只是战略合作伙伴，四角色模型（见图2-1）中的4个角色都具备业务伙伴的性质。

战略合作伙伴（见图2-1左上）之所以是业务伙伴，是因为他们使人力资源系统和业务战略保持了一致，并为企业设定HR工作的优先级顺序。

HR效率专家（见图2-1左下）之所以是业务伙伴，是因为他们通过设计和提供更有效的人力资源系统，为企业节省了成本。

员工支持者（见图2-1右下）之所以是业务伙伴，是因为他们通过员工承诺与专业能力，确保了员工对企业的高贡献度。

变革推动者（见图2-1右上）之所以是业务伙伴，是因为他们通过转型和使企业适应不断变化的业务环境来帮助企业。

要成为业务伙伴，HR人员需要组织诊断、流程再造、倾听并响应员工，以及管理文化转型方面的能力。作为业务伙伴的HR人员通过战略执行、HR效率提升、员工承诺和文化变革，为公司创造价值。

承担任何一个角色的HR人员都应尊重承担其他角色的人。一次演出的成功，需要剧团所有角色的整体配合，如果某个角色的扮演者狂妄自大而不尊重其他角色，演出的整体效果就会受损，人力资源领域也是如此。对于整体的业务伙伴角色来说，上述4个角色缺一不可。然而，当今企业往往看重人力资源的战略合作伙伴或变革推动者角色，而轻视HR效率专家和员工支持者角色，认为他们是传统而过时的角色。这种想法导致HR人员之间的分裂，并削弱了人力资源职能的整体效能。

人力资源管理四重角色的内涵

如前所述及图2-1所示，HR人员可以通过4种方式为公司增加价值：帮助执行战略，建立基础事务流程，确保员工贡献，转型与变革。

❑ 评估目前人力资源职能的质量

四角色模型可以帮助评估人力资源服务的整体质量，本章附录的“人力资源角色评估调查表”提供了一个有效且灵活的评估方法。这份调查对人力资源角色相关的概念、活动和方法都做了具体的描述，并以表格形式呈现了每个人力资源角色的质量评估结果。这个评估可以在企业的业务单元或工厂中进行，它能判别出目前实际在企业中运作的人力资源角色。

调查的评分表提供了两类信息：

第一，4 个角色的总分（从最低 50 分到最高 200 分）代表企业人力资源服务的整体质量。总分高于 160 分即认为是高分，表示人力资源服务的质量优良；总分低于 90 分则被认为是人力资源服务的整体质量不佳。

第二，4 个角色的得分分布说明各角色目前的服务质量，为企业提供了一个可以用来更有效地衡量目前人力资源职能现状的依据。大多数参加了这份调查的公司，都是在运营方面得分较高，在战略方面得分较低，这与传统的人力资源角色相一致。得分差异最大的角色是员工贡献，有些企业极力提升员工承诺，有些企业则看起来把员工的关注放在一边。一般而言，管理转型与变革这一角色的得分最低。

❑ 分析人力资源职能的演变

附录中的人力资源角色评估调查不仅可以提供对当前人力资源服务整体质量的评估，还能对一家企业人力资源服务的演变过程进行评价。为做此评价，企业需要定期重复进行这项调查，或者修改问卷中的问题，以获得关于各个角色服务质量“过去、现在、未来”相对比的结果。

举例而言，如果企业在过去 20 年间进行过多次调查，它的人力资源职能的角色可能明确地显示出从关注运营到关注战略角色的演变。员工贡献角色则在过去 20 年间，在大多数企业中被逐渐忽视。近年来，许多公司都采取了提高生产力的措施，如企业再造、裁员和整合，HR 人员因此必须专注于基础事务流程建设及 HR 效率专家的角色。在同一时期，对战略意图的强调，如全球化、客户服务和多代产品设计，也刺激了人力资源职能关注于战略执行和满足战略合作伙伴的角色上。最后，流程再造、组织授权、组织文化等变革活动促使 HR 人员侧重于变革推动者角色。以上种种转变意味着 HR 人员越来越少地关注员工贡献，越来越少地承担员工支持者角色。

通过人力资源角色评估调查，企业可以了解人力资源职能在哪些角色上越来越强，在哪些角色上越来越弱。

❑ 比较 HR 人员和直线经理对人力资源职能的看法

人力资源角色评估调查的另一个用途是取得直线经理和 HR 人员对人力资源职能在各角色上表现的反馈意见。比较两种调查结果就可以了解双方评价的差异程度，这将在多方面帮助提高对人力资源职能及公司期望的了解。

期望相符

期望相符表示 HR 人员和直线经理对人力资源职能的看法一致。这种一致可能是好消息，说明他们对人力资源服务的角色和成果的意见相同，但也可能是坏消息。举例而言，某公司的 HR 人员和直线经理都认为目前人力资源服务在每个角色上的得分都是 15～20 分（满分 50 分），也就是说，尽管人力资源满足了直线经理的期望，但这期望本身就很低。相同的低期望值，意味着 HR 人员和直线经理对 HR 工作都缺乏宏伟的愿景。四角色模型提供了一个定义远大目标、提高期望值，并为 HR 人员明确价值创造目标的方法。

期望不相符

当 HR 人员和直线经理对 HR 工作的认知不一致时，便会出现期望不相符的情形。到目前为止，这个调查中最常见的期望不相符情形是 HR 人员对自己的评分高于直线经理的评分。HR 工作者对自身的评价显然比他们的“客户”（直线经理）要高，这种与客户看法不相符的自我评价可能会导致自我欺骗与否认事实。HR 人员认为他们的服务很到位，而且对公司有价值，但他们的客户不这么认为。

在许多企业中，涉及人力资源服务质量评估的调查，不仅会来自直线经理，还会来自员工。某个案例中，HR 部门是公司所有部门中得分最低的。该公司的 HR 工作者认为他们设计并提供了卓越的服务，但是这些服务显然要么被员工误解了，要么未能满足员工的需要。HR 人员往往一厢情愿地评价他们提供的服务，他们的客户却是直接根据这些服务产生的影响与成果来判断的。

因此，人力资源角色评估调查可用来诊断直线经理和其他人力资源客户的期望。比较 HR 人员、直线经理及其他人的评分，可以引发建设性的讨论，在讨论中可设定并分享对 HR 工作的期望，同时澄清和交流 HR 部门应扮演的角色。

❑ HR 部门和单个 HR 人员

通过上述的评估调查，企业可能发现，单个 HR 人员无法具备 4 个角色所需的所有能力，与此同时由单个个体构成的 HR 部门却共享着一致的愿景和能力。举例而言，有一家公司发现，承担不同模块的单个 HR 人员都很尽责和称职：一线的 HR 人员确实是企业领导者的战略合作伙伴；人力资源职能负责人确实是 HR 效率专家；员工关系专家能有效地了解与实现员工需要；组织效能专家也能恰当地管理变革。这些优秀个体组成的团队却很糟糕。在一对一面谈中，这些 HR 人员承认他们相互并不尊重，甚至彼此不喜欢对方。

HR 专家团队必须将个人才能整合为可充分运用的团队能力。在上述企业中，HR 专家开始分享他们的关注点，坦诚讨论彼此的差异，并专注于共同的目标和对象。一个团体一旦拥有共同的关注点、充足的时间和相互的承诺，他们就能克服彼此间的紧张关系与不信任感，开始共享资源与经验。他们开始对 HR 部门的目的与价值形成一致的认识，开始互通电话，汲取和利用彼此的长处。简而言之，他们开始像团队一样工作。

因此，以人力资源角色评估调查作为诊断工具可以了解到，虽然个体可能在某个角色上很称职，但 HR 部门作为整体必须整合这些单个人才，来获得力量与成效。

❑ 澄清每个角色的责任

每当企业回顾人力资源的多重角色时，总会提出以下问题：“直线经理在每个角色上的责任是什么？”这是一个很重要的问题，有两个有分歧的答案。

第一，确保每个角色成果的达成是 HR 人员专有的职责。例如，如果用 10 分表示完全达成每个角色目标所需承担的职责，那么这 10 分的工作都应该由 HR 人员承担。

第二，达成目标和设计能达成目标的流程是两回事。尽管 HR 人员必须确保这 4 个角色的目标都达成，但他们不需要执行这 4 个角色的所有工作。也就是说，HR 人员必须保证每个角色都得 10 分，但不必承担为获得 10 分所必须做的所有工作。根据达成目标的流程不同，直线经理、外部顾问、员工、技术或其他服务机构都可能承担 HR 工作。

许多情况下，4 个角色的责任是被分配在不同人身上的，图 2-4 展示的是目前主流的责任分配模式。图中的分配点会因公司而异，但是对成果承诺（10/10）和达成成果（10 分责任的分配）之间的区别仍是讨论的重点。HR 人员必须保障成果的达成，并帮助界定达成成果的责任分工。就像角色本身一样，执行过程和责任分工也会随变化与趋势而变，其中部分情形的讨论如下。

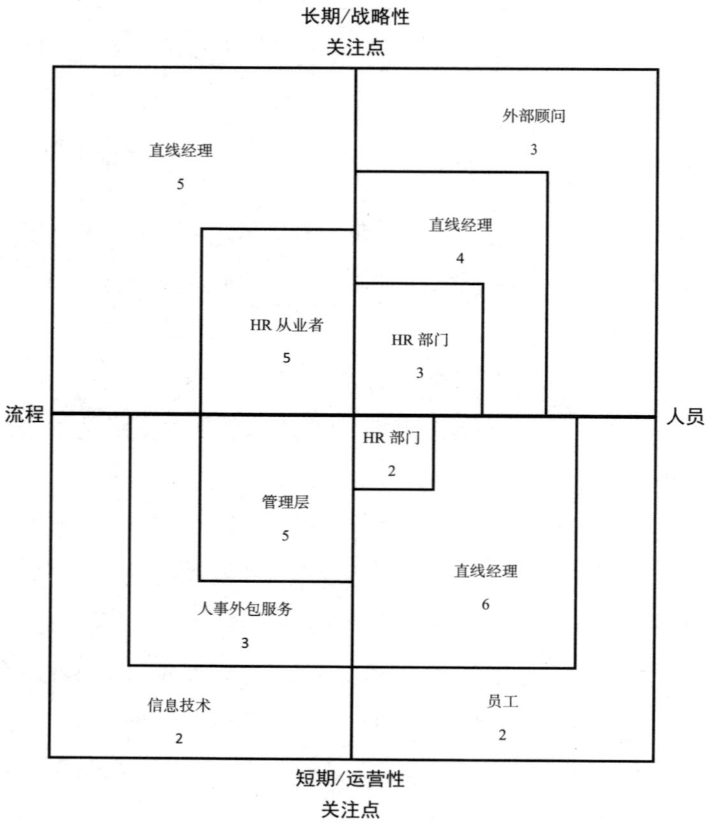

图 2-4　各种人员在 4 种人力资源角色中的责任权重

员工贡献管理

近年来，员工贡献管理方面的人力资源职能角色发生了剧烈的变化。传统上，HR 人员被分配了 10 分责任中的 8 分，用以实现员工承诺。而今天，这个比例被重新分配为：HR 部门 2 分，直线经理 6 分，员工 2 分。换句话说，在许多公司中，当员工有不满或疑虑时，HR 部门的工作不再是直接解决问题，而是确保直线经理拥有有效响应员工诉求的技能，同时使员工自身具备克服困难的能力。许多公司希望随着时间推移，高绩效团队中的员工可以为他们自身的发展承担更多责任。

基础事务流程管理

为提升效率，现在许多公司将人力资源基础事务流程工作中的 5 分（总分 10 分）转移至共享服务中心。这种转变乍看之下是反常的，但事实上有其内在逻辑。传统上，晋升至公司级管理的人员通常意味着必须承担更多战略性工作，但是，在许多现代组织中，这些人反而成为共享服务中心的一部分，承担起人力资源事务性工作，以减轻一线 HR 人员的负担。其余 5 分的工作被分给人力资源外包服务（3 分）和信息技术（2 分）。许多公司已开始尝试使用人力资源外包服务，以降低人力资源管理成本，提升人力资源服务质量。信息技术的应用使得可以利用计算机处理许多人力资源事务性工作，这种方式未来会逐渐增加。

战略性人力资源管理

今天，大多数公司战略执行的责任由 HR 人员和直线经理共同承担（各占 5 分），作为合作伙伴，他们为战略的研讨贡献了各自独特的技能，他们组成团队共同实现业务目标。

转型与变革管理

在文化变革方面，HR 人员需要承担 10 分责任中的 3 分，直线经理承担 4 分，其余 3 分则由外部顾问负责。HR 人员只承担 3 分，表示他们中的许多人在变革推动者角色上感到不自在或无法胜任。传统上，HR 人员与变革流程的距离相当远。事实上，HR 工作是被视为反变革的，因为人力资源系统对变革产生的是阻力，而非推力。随着许多公司将推动变革的责任委托给外部顾问公司，这些逐渐浮现出的转型职责目前主要由外部顾问承担。外部顾问能够提供历经考验、比较客观的转型途径，而且他们也有能力与信心帮助企业实现变革。

人力资源管理四重角色的内在矛盾

❑ 战略合作伙伴与员工支持者

多重角色框架的成功取决于 HR 人员能否在战略合作伙伴及员工支持者这两种角色的内在冲突中取得的平衡。身为直线经理的战略合作伙伴，HR 人员被视为管理层的一部分。这种情况发展至极致，可能使员工同时疏远直线经理和 HR 人员。在一个将 HR 部门视为战略合作伙伴的公司，员工会觉得过去他们唯一可以借以向上反映问题的部门，如今开始参与更多管理会议和战略规划，越来越像管理阶层。员工因此会觉得 HR 部门背叛了他们，从而认为 HR 部门已不能满足他们的需求。

作为员工支持者，HR 人员必须确保向管理层反映员工的困惑和需求。但若过度偏重此角色，将会使 HR 部门与管理层疏远。管理层会认为 HR 人员对企业现实感觉迟钝且过分维护员工，因而不愿意与他们共事。

要化解这个矛盾，需要 HR 人员、直线经理和员工各方都认识到，HR 人员能代表员工的需求，同时处理管理事务；能同时为员工与管理层代言，并同时成为员工和直线经理的合作伙伴。成功化解这一矛盾的典范是 20 世纪 70 年代末期的道格·弗雷泽。作为公司员工投资计划中的一部分，他加入了克莱斯勒公司的董事会。当工会成员质疑弗雷泽的新“管理层”角色时，他大致是这样反驳的：“有比让我加入并影响公司管理层更好的办法能满足你们的需求吗？”HR 部门要同时成为员工和管理层的成功合作伙伴，需要双方都相信 HR 人员能够在这些存在潜在冲突的利益相关者需求中取得平衡。

如果 HR 人员不能向上反映员工的疑虑和需求，管理层就可能做出有欠考虑的决定。例如，经常见到许多公司在做兼并收购决策时，仅仅考虑关于并购价值的财务分析及产品/战略分析，直到做出决策之后才要求 HR 部门整合两家公司。遗憾的是，许多并购案的失败，不是因为产品与战略上的差异，而是因为公司文化与人员方面的差异。如果在兼并前的诊断中，让 HR 人员反馈员工和组织的忧虑，就能对兼并行为的总体成本（包括文化与人员的整合成本）进行全面考虑，做出更为妥当的决策。

变革推动者与 HR 效率专家

HR 人员还必须平衡变革、创新、转型的需求与延续、规则和稳定的需求。变革推动者和 HR 效率专家角色之间的紧张关系可能引发诸多必须处理的矛盾。企业必须在稳定与变革之间取得平衡，稳定是为了确保产品、服务和生产制造的连续性，不断变化的企业将丧失自我定位，追求虚幻而永远无法实现的成功。另外，拒绝变革的企业最终也会失败。

企业必须在稳定与变革之间取得平衡。

企业必须在过去与未来之间取得平衡。企业必须以过去为荣，同时向前迈进。谨记是过去的成功带来了今天的生存，但是，只有忘记过去才能迎接未来。旧文化应是新文化成长的土壤，而不应该成为变革的阻碍。

企业必须在放任自主与严格管控之间取得平衡。企业需要鼓励自主决策和共享信息；与此同时，企业也需要约束员工的行为，使整体价值大于各部分的价值，将个人努力转化为团队的成就，并明确界定自主性的范围。

企业必须在效率和创新之间取得平衡。新设想与新计划需要投入财务和人力两方面的风险资本。HR 人员需要鼓励冒险与创新，同时努力维持组织效能，所以冒险需要被约束而不能盲目。

为化解这些矛盾，管理文化变革的 HR 人员应该既是旧文化的守护者，也是新文化的缔造者。在实践中，这意味着在与那些行动缓慢的人讨论时，HR 人员需要推动激进的变革；另外，在与那些否定传统和过去的人讨论时，HR 人员需要提醒他们要克制并尊重过去的成就。这意味着在创造新文化时，HR 人员应同步考虑新文化对人力资源流程的冲击（例如，如何以新文化的方式进行招聘、培训和奖励），并认清旧文化对员工及公司管理的影响力。

这种平衡行为需要新文化产生新的人力资源方法，而新的人力资源方法又能支持文化的变革。有时候，吹捧彻底的文化变革，却没有认识到支持变革所需要的基础，很可能发出超出企业执行能力的过于大胆的言论，破坏变革的可信度。HR 人员的变革推动者角色有一部分就是要减少这种言论的出现。在公司向新战略方向前进时，人力资源基础业务流程变革可能是最后才应进行的内容。

小结

成为高效的HR人员不是简单地从运营性工作转向战略性工作，而是必须学习同时掌控战略与运营、流程与人员的角色关系。要成功扮演好这些角色，需要对每个角色的达成成果、角色比喻和行动都十分了解。

达成成果指的是人力资源能保障的产出，他们代表了人力资源为公司创造价值的工作。HR人员应向企业清楚说明并保证达成这些成果。角色比喻是HR人员在每个角色上的特征形象，分别是战略合作伙伴、HR效率专家、员工支持者和变革推动者。HR人员在每个角色上都是业务伙伴。行动指的是HR人员和直线经理为满足角色需要而要完成的个人活动及组织系统。

对直线经理而言，这些新人力资源角色（包括他们的达成成果、角色比喻和行动）需要他们做出如下响应：

- 定义HR工作可实现的期望成果。
- 运作、评估和沟通HR工作创造的价值。
- 定义人力资源活动的职责与分工。

为满足新角色的需要，HR人员也必须学着以新方式行动，满足新的期望。他们必须实现以下目标：

- 停止只说不做，采取行动成为业务伙伴。
- 根据为企业创造的价值明确业务伙伴的定义。
- 在“客户”的参与下，精确地描述HR部门目前及期望的成果质量。

今天的HR人员若想为公司创造价值，就必须扮演多重角色。他们必须明确每个角色所能达成的成果，定义这些角色的特征形象，并采取行动。他们必须认识到在公司中所处的矛盾位置，既要负责达成成果，又要梳理达成这些成果所需的共同承诺。

附录 2A：人力资源角色评估调查表

戴维·尤里奇和吉尔·康纳

本调查是为了了解企业中的人力资源职能所扮演的不同角色。请为你所在组织中的 HR 人员评分（例如，如果你在公司中，就为公司人力资源评分；如果你在业务单元中，就为业务单元的人力资源评分）。请采用 5 分制对下列各项 HR 工作的质量进行评分，最高分为 5 分，最低分为 1 分。

	目前水平（1～5分）
人力资源帮助组织	
1．实现业务目标	________
2．改进运营效率	________
3．关注员工的个人需求	________
4．适应变革	________
HR 人员参与	
5．战略制定过程	________
6．运作人力资源流程	________
7．提高员工承诺	________
8．为创新和转型塑造文化变革	________
HR 部门确保	
9．人力资源策略与业务战略相一致	________
10．人力资源流程被有效管理	________
11．人力资源政策与规划反映员工的个人需要	________
12．人力资源流程与规划提高了组织的变革能力	________

	目前水平 （1～5分）
HR部门的效能是根据其以下能力来评价的	
13．协助战略实现	______
14．有效地运作人力资源流程	______
15．帮助员工满足个人需求	______
16．帮助组织预期和适应未来	______
HR人员被视为	
17．战略合作伙伴	______
18．HR效率专家	______
19．员工支持者	______
20．变革推动者	______
HR人员把时间用于	
21．战略性问题	______
22．运营性问题	______
23．倾听和响应员工心声	______
24．对能保持公司竞争力的新行为提供支持	______
HR人员积极参与	
25．业务规划	______
26．设计并实现人力资源流程	______
27．倾听和响应员工心声	______
28．组织创新、变革或转型	______

目前水平
（1～5分）

HR部门致力于

29．使人力资源策略和业务战略相一致 ________

30．监督人力资源流程 ________

31．帮助员工满足家庭和个人的需要 ________

32．修正行为以符合组织变革的需要 ________

HR部门发展流程与规划，用来

33．整合人力资源策略与业务战略 ________

34．有效处理文件与业务 ________

35．关照员工的个人需求 ________

36．协助组织转型 ________

HR部门的信任度来自

37．帮助实现战略目标 ________

38．提高生产力 ________

39．帮助员工满足个人需求 ________

40．促成变革的实现 ________

附录 2B：人力资源角色调查评分表

请把上述调查中的评分按题号填入下表，然后把各角色的评分汇总。参阅本章“人力资源管理四重角色的内涵”，了解评分结果代表的内涵。

战略合作伙伴		HR 效率专家		员工支持者		变革推动者	
问题	分数	问题	分数	问题	分数	问题	分数
1		2		3		4	
5		6		7		8	
9		10		11		12	
13		14		15		16	
17		18		19		20	
21		22		23		24	
25		26		27		28	
29		30		31		32	
33		34		35		36	
37		38		39		40	
总分		总分		总分		总分	

CHAPTER 3

第 3 章　成为战略合作伙伴

“业务伙伴”已经成为那些帮助企业达成业务目标的 HR 专业人员的代名词，正如第 2 章中所讨论的，作为业务伙伴的 HR 专业人员扮演着很多角色，其中之一就是战略合作伙伴，负责将战略转化为行动。在下面几个案例中，HR 专业人员被要求创建能够完成特定业务战略的组织。

案例一

Engcon*是一个全球化的工程建设公司，在 20 世纪 80 年代中期的短短两年间，就面临着业绩大幅下滑的情况，从盈利 2.5 亿多美元变成亏损超 5 亿美元。业绩下滑让公司选择并任命了一个新的 CEO，新任 CEO 积极推动公司重组，重新调整公司业务重心，希望能扭亏为盈，最终在 1990 年公司再次盈利。这时候董事会要求新任 CEO 对公司战略做评估，特别是公司的全球化业务重心及产品、服务与客户的组合。公司花了一年的时间对战略进行重新评估，并做出必要的调整。接着，董

* Engcon 是一个虚构的名称，原公司面临着与本案例中提到的相似情况。

事会又要求 CEO 评估公司是否具备持续支持并推动战略实现的相关技术与系统。经过评估，一年后公司对系统进行了升级，更好地与战略匹配起来。接下来，董事会又提出第三轮的评估要求，他们想知道公司是否具备能够支撑并执行公司战略的能力。为了完成本次组织评估，高层执行团队找到公司 HR 高级副总裁，请他评估组织的优劣势，分析现行组织是否能够很好地执行公司战略，并提出改进建议。HR 高级副总裁组建了一个由高级管理者组成的顾问团队，并依次从员工、客户和供应商的角度进行调研评估。最终的评估结果及建议提交到了董事会，随后实施了相应的组织变革。

案例二

美国 Frontier 通信公司（前身为 Rochester 电话公司）发现自己处于一个尴尬的境地，当地电信市场有一批强大的竞争者（如 AT&T、MCI 和 Sprint）正在进入。如果不做产品、服务、管理方面的调整进而推动文化转型，公司将无法在不断变化的电信市场中存活下来。为了推动公司转型，作为公司董事长、总裁及 CEO 的罗纳尔多·比特纳提出以下目标：通过高品质的产品和客户导向，将 Frontier 通信公司打造成“全球领先的电信公司”。他说：“如果没有优秀而认真的员工，公司不可能达成任何愿景。我们正在对每位员工所必须具备的技能与能力进行全新的严格评估。针对我们缺乏的技能，我们将坚定地从外部引进。”为帮助促进必要的文化变革，比特纳招聘了一位名叫珍妮特·赛森的 HR 高管，并委以支持变革转型的明确任务。赛森的具体责任包括：确保文化变革成为讨论主题之一，建立并执行文化变革模型，让高管对文化变革保持高度专注。赛森必须建立起一种流程，让组织能够持续调整以匹配不断变化的企业需求。例如，在当地市场中，Frontier 通信公司必须更具有成本竞争优势。在远距离通信市场中，Frontier 通信公司通过收购其他公司已经成为全美第五大远距离通信公司。为实现这个目标，赛森希望通过进行组织流程改进，建立具有成本竞争力的组织。身为高管委员会成员之一的赛森，设计出一套严格的流程以评估组织实践并将其与企业战略相匹配。

案例三

永道国际会计公司（Coopers & Lybrand，C & L）是全球六大专业服务公司之一，致力于提供客户服务。公司领导者认为他们的市场优势在于比其他竞争对手能更有效地预测并满足客户的需要；同时，他们也知道公司服务客户的最主要资源是智力资本，具体体现在员工的专业能力与组织承诺上。在该公司负责学习发展与人力资源的副董事长朱迪·罗森布鲁姆的指导下，永道国际会计公司发展出“连结”（Nexus）策略，连接员工承诺和客户服务。C & L 的连接策略有两大假设前提：

（1）员工是我们为客户提供服务的最重要资产。

（2）我们希望成为受到客户喜欢的、员工心目中的最佳雇主。

罗森布鲁姆认为，一个服务型公司的专业能力只是基础，而直接为客户提供服务的公司员工和客户有共同价值观才是最关键的。她举办了一系列跨组织的工作坊，其中最能打破传统的组织界限的是，她让 C & L 的员工和外部客户建立一个小组，一起讨论共同价值观并明确双方期望的行为。这个小组随后形成了很好的互惠关系，客户得到了更符合他们需求的服务，而客户的建议和帮助又让 C & L 员工的天分得到了很好的发挥。

在上述 3 个案例中，HR 专业人员都扮演着战略合作伙伴的角色，他们都被要求回答同样的问题：我们该如何创建一个能达成业务目标的组织？业务目标的表达方式有很多种，如财务目标、平衡计分卡、愿景、意图、使命、抱负，不管目标的具体表达形式或内容如何，都必须建立一个能达成目标的组织。当 HR 专业人员扮演战略合作伙伴角色时，他们和直线经理共同制定并管理一个流程，这个流程能够帮助建立起满足业务需求的组织。

成为战略合作伙伴所面临的挑战

成为战略合作伙伴需要有一定的毅力和自制力。某些 HR 部门在其使命宣言中加入“战略合作伙伴”这一词汇，希望词汇本身能自然而然地实现这项功能。遗憾的是，只凭希望而缺乏真正的理解，只会带来讽刺而非变化。要成为战略合作伙伴，必须跨越以下五大挑战：

1. 避免战略被束之高阁。
2. 建立平衡计分卡。
3. 整合 HR 与业务规划。
4. 留意走捷径的陷阱。
5. 创造能力导向的文化。

挑战一：避免战略被束之高阁

制定战略多于采取行动，建立愿景多于努力实现，明确使命多于实际执行，宣传目标多于全力达成。如果缺乏一个缜密、严格和完整的机制来将愿望转化为行动，战略仍然会被束之高阁。将战略束之高阁的情形屡见不鲜：曾经有那么多想法被写进书面文件，但最终难逃被装订尘封于书架上的命运，这样的战略最终对实际行动不会产生任何影响。

战略规划工作通常是以这样的情节展开的：高层管理团队花一个星期外出专门研讨公司战略；团队成员分析客户期望、商业趋势、技术创新、核心能力等，他们讨论各种可能的资源投入方案，拟定关于愿景、使命之类的宣言。在这个星期及接下来的几个星期中，高层人员花很长时间参与并细致深入地讨论公司未来如何竞争。研讨会结束后，令人振奋、词句深奥的未来宣言浮出水面。很遗憾，不管是被称为使命、愿景、抱负、目的，还是目标，这些宣言都未能指明或进一步涵盖所有达成目标所需的组织流程。

成为战略合作伙伴意味着将战略宣言转化成一系列组织行动，为避免战略被束之高阁，需要 HR 专业人员在战略被确定之前将有关组织的议题纳入讨论中。在 Engcon 公司的例子中，由 HR 负责人所推动的组织诊断工作帮助公司将全球化战略转化为有效的 HR 管理工作。诊断表明 Engcon 公司文化是典型的北美风格：高层管理人员是北美人，晋升到高层职位的途径主要集中在北美，沟通方式也基于北美人的习惯（如常用棒球或其他北美人流行的运动做比喻）。这次组织诊断让公司感到，只有做出重大的文化变革，才能实现其全球化战略。接下来，Engcon 公司的人力资源高级副总裁通过推动组织诊断将战略化为实际行动。

□ 挑战二：建立平衡计分卡

平衡计分卡并不是一个全新的概念，它的应用已日渐普遍。平衡计分卡关注多类利益相关者（投资人、客户、员工），可以作为高管绩效衡量的全面框架。例如，AT&T 高层的绩效主要取决于他们为每类利益相关者创造价值的程度。平衡计分卡框架适用于任何大型或复杂的业务。

- **经济附加值**（Economic Value Added，EVA）：满足高管所期望的财务数字。
- **客户附加值**（Customer Value Added，CVA）：满足客户服务目标。
- **人员附加值**（People Value Added，PVA）：满足员工期望。

在 AT&T，这 3 项指标构成了一个整体的平衡计分卡，用来评估高层绩效。

HR 人员若想成为战略合作伙伴，必须从两方面来吸收和应用平衡计分卡理念。

第一，他们必须为平衡计分卡中每个维度负同样的责任，而不仅仅是员工维度。或许根据以前的人力资源管理模型，HR 人员可能认为他们成功与否仅仅取决于满足员工需求的程度。平衡计分卡理念则认为，员工承诺只是人力资源管理绩效中的一个衡量标准，身为战略合作伙伴的 HR 人员肩负着和其他经理人相同的责任。C&L 的罗森布鲁姆认识到“最佳雇主”和拥有“客户喜欢的员工”之间的关联性，于是采取“连结”策略，将员工和客户价值连接在一起，她等于是在 C&L 的管理中应用了平衡计分卡。

AT&T 的人力资源高级副总裁也与公司其他高管一样接受相同的平衡计分卡的评估，他的绩效并非只以人员附加值（PVA）指标得分作为评估标准，而是以全部 3 项指标得分为标准。这种方法需要 HR 人员掌握企业财务与客户相关的情况，并认识到他们对这些目标的贡献程度。

第二，尽管 HR 人员必须为平衡计分卡中所有 3 个维度负责任，但在员工维度上 HR 人员必须投入更多的精力。将员工视为利益相关者进行评估时，最常见的陷阱是制定一个员工满意度的指标。优秀的 HR 人员在定义平衡计分卡中的员工维度时，不仅要考虑员工态度，还要包括组织流程。组织流程包含可能影响员工态度的各个方面的活动，如领导力、团队合作、沟通、授权、共享价值、尊重员工的机制等。只有同时衡量这些组织流程及员工态度两方面，HR 人员才能完整地定义平衡计分卡中的员工维度。

❑ 挑战三：整合 HR 与业务规划

几乎所有 HR 部门都会制定人力资源规划，根据与业务战略规划之间的关系进行区分，人力资源规划的制定有 3 种方式（见表 3-1）：业务战略事后附加方式、与业务战略整合方式、独立的人力资源规划方式。在事后附加方式中，人力资源规划仅是业务规划流程的附属补充，只有在经过对产品、市场、技术等进行严格而清楚的定义之后，才会提到有关 HR 工作的问题，这些问题包括所有执行业务战略所需的结构、能力、职责、组织、领导力。在这种情况下，人力资源问题被作为业务战略的附属，是事后的附加内容，关注度较低，直线经理视人力资源问题为“实际”业务规划的附属或补充，而这些“实际”业务规划更关注企业如何在市场中定位。

表 3-1　结合战略规划与人力资源规划的方法

业务战略事后附加	与业务战略整合	独立的人力资源规划
关注业务规划，HR 工作仅是事后附加内容	关注业务规划与人力资源规划的整合	关注人力资源措施及人力资源职能如何为企业创造价值

续表

业务战略事后附加	与业务战略整合	独立的人力资源规划
直线经理主导人力资源的讨论，HR 专业人员只列席参与	直线经理和 HR 专业人员以伙伴关系共同合作，确保产生一个整合性的人力资源规划流程	HR 专业人员独自完成人力资源规划，然后再给直线经理
产出是一份关于达成企业规划所需 HR 工作的概要	产出是一份重点突出那些有助于完成业务目标的、高优先级的 HR 工作的计划	产出是一份完整的关于人力资源职能的行动计划，其中包括高优先级的 HR 工作

在独立规划方式中，人力资源规划是一个清晰的单独的流程。HR 部门不仅是人力资源规划的制定者，同时也是人力资源规划的执行管理者。在这种情况下，人力资源规划流程变成只是拟定人力资源规划，而与业务关联不大。最极端的情形是，人力资源规划的制定几乎没有来自非 HR 部门的参与和投入。尽管最后的结果可能是一份精美的文件，但因为这些规划与企业规划分离，所以这种独立拟定的人力资源规划几乎不能为企业创造任何价值。

人力资源规划的真正挑战是要将人力资源规划与企业规划整合在一起，使其成为企业规划流程的一部分，HR 人员和直线经理共同寻找能帮助达成业务战略的人力资源管理工作。这种整合方式的结果是建立一个框架，将人力资源措施纳入业务决策中以确保达成业务成果。在 Frontier 通信公司的案例中，赛森运用一系列人力资源问题来帮助制定业务规划。她主动参与高管委员会，确保每项业务决策都能获得人力资源的支持。例如，该公司在进行一连串的收购行动前，会系统地考虑相关人力资源问题。管理层必须回答以下关键问题：被收购公司的人才是否能为 Frontier 通信公司创造价值？被收购公司的人力资源管理工作（如薪酬、培训、评估、退休等制度）是否与 Frontier 通信公司的相关政策相符？如果不相符，整合的成本将有多高？被收购公司的管理风格及企业文化是否与

Frontier 通信公司一致？赛森作为战略合作伙伴，她将自己的工作和公司的业务规划整合到了一起。

❑ 挑战四：留意走捷径的陷阱

人们总是希望有一种包治百病的“神药”。在一篇以肥老鼠试验减肥效果的药剂获得成功的新闻报道出来后，制药厂商 Amgen 公司立刻接到数千通电话。瘦身饮食书籍、婚姻手册、如何快速学习的书籍（如语言教学录音带）等，因为承诺见效快而非常畅销。事实上，在这些领域中行动与改进非常困难，需要时间与专注力。成功的瘦身、成功的婚姻、学会某种外语等，这些都需要经过一段时日的努力。同样，HR 专业人员需要小心避免走捷径的诱惑。有两种陷阱会强化这种诱惑：标杆学习和赶时髦。

标杆学习

标杆学习即学习最佳实践，它几乎已成为某些公司的信仰。怀着极大的热情，员工团队寻找并考察被认为是世界级水准的公司，这些实地考察让他们更好地衡量自己与世界级水平之间的差距。

传统的标杆学习主要应用在一些更困难、更直接的业务方面，如技术、系统、财务指标、质量。而现在，很多企业也将标杆学习应用在软性的管理实践方面。通用电气曾经派了一个高层管理团队去一些全世界管理最好的公司，观察它们的管理方法，从中找出有助于提高生产力的关键流程。这个团队从观摩中总结出一套原则与流程，帮助通用电气进一步提高生产力。而这些原则和方法最后被固化进一门名叫“生产力 / 最佳实践”的课程中，有超过 1 000 名通用电气公司的经理人学习了此课程。

人力资源管理最佳实践应该更关注共性的原则，而不是具体的做法。

Digital 设备公司在对 12 家公司进行标杆学习后得出结论：人力资源管理最佳实践应该更关注共性的原则，而不是具体的做法。他们用以下 5 个标准来定义哪些公司具有人力资源最佳实践：

- 它们拥有一个标志性的主题："这个公司以什么而闻名？"
- 它们用 2～3 个关键行为支持公司标志性的主题。
- 它们以原则贯彻始终来实现标志性的主题及 HR 工作焦点。
- 直线经理肩负人力资源管理责任，人力资源管理是他们整体业务管理的关键部分。
- 直线经理和 HR 管理人员都认识到人力资源职能所创造的可靠价值。

我以通用电气和 Digital 公司为例是想说明标杆学习的实际成效。从标杆学习中获得的组织实践方法与原则，是极具价值的管理工具，它可以促成更开阔的思考、展现对变革的承诺、帮助建立评估改进程度的基准。标杆学习是建立组织竞争力的一项重要条件。

标杆学习的陷阱

经理人为了改进组织能力选择了某一方面的组织实践（如人员培训），他们找出在这方面享有盛名的公司，然后实地考察以学习标杆公司在这方面的实践，这个时候就会出现标杆学习陷阱。最佳实践考察给了经理人所关注的单一组织实践方面的深入认识和观点，但如果他们脱离其他方面的问题只考察单一方面的最佳实践，这样的考察就变成了陷阱。举例来说，某位经理想从其他公司学习人员培训的最佳实践，他可能拜访 3～4 家公司的培训中心，但未了解这些公司管理层对人员培训的目标要求，以及培训与公司整体管理理念的匹配情况。

另一种形式的标杆学习陷阱是只偏重那些"容易衡量"的事务，造成标杆学习范围过于狭窄。有些公司将人均产值作为标杆学习标准，因为这些数字可以从公司年报中轻松获得，而且容易追踪。这种方法的好处在于可复制，坏处在于可能不相关甚至不准确，从而提供错误的信息。举例来说，某公司生产力很高（高人均产值），但其实是因为它将许多活动外包，因此高生产力未必能反映该企业的组织能力。或许，从其组织结构更能了解该公司组织能力的正确信息。

身为战略合作伙伴的 HR 人员，应该确保标杆学习不会孤立地聚焦在单个方面，而是衡量总体的 HR 工作，以避免落入标杆学习陷阱。他们还需要将所有从标杆学习的研究与分析中获得的信息变成内部深入讨论的一部分，而不是未经思考直接作为标准。事实上，许多企业将所有从标杆学习中获得的信息都视为标准，这是不正确的，这些信息仅能作为参考。最成功的企业是从标杆学习中发现别人做了哪些，同时想办法让自己做得更好，而不是直接生硬地效仿。

赶时髦的陷阱

在鲍勃·艾兴格和我发表于《人力资源规划期刊》(*Human Resource Planning Journal*)上关于最新管理实践的研究论文中，我们创造了“赶时髦”(frou-frou)这个词，用以描述一些风行一时却无法创造长期价值的人力资源管理趋势。在完成这份研究后，我们对这类“赶时髦”的人力资源实践归纳出下列属性：

1. 简单容易，声称能解决复杂问题。
2. 声称适用于并有助于所有公司。
3. 未以任何已知且广为接受的理论为基础。
4. 方法原创者对在学术场合或期刊中公开发表比较犹豫。
5. 方法原创者无法准确告诉你它如何奏效。
6. 在你所参加的75%的研讨会中，它会是引子话题。
7. 方法原创者声称此方法改变了他们的生活，同样也可以改变你的生活。
8. 方法原创者在相关领域拥有极少的实战经验。
9. 方法的原创者声称，想真正了解此方法的唯一途径是亲身尝试，它无法用言辞解释或说明。
10. 它好到令人难以置信。

流行的方法未必是正确的方法。

身为战略合作伙伴的 HR 专业人员应该小心，避免落入赶时髦的陷阱，流行的方法未必是正确的方法，HR 专业人员必须先了解方法的理论、研究及应用，才能适当地将其运用在业务中。

❑ 挑战五：创造能力导向的文化

在过去，有一些管理论文专注于研究在企业中建立核心能力的重要性。所谓核心能力是指一个企业为实现其战略所能够或必须具备的能力。例如，Eli Lilly 公司采取三管齐下的战略，第一条关注的是产品组合，即公司应该投资和生产的特色产品类别；第二条关注的是地域选择，即产品分销至全球哪些地区；第三条关注的是产品销售所需的核心能力，包括科学创新、疾病预防与管理、成本竞争力、生物技术、信息技术、卓越的组织效能。这些核心能力是战略与行动之间的桥梁。

在许多公司中，流程被用作核心能力的替代品，流程代表了客户服务所需信息、决策、物料或资源的流动。一个组织有无数流程，这些流程共同组成了组织将内部资源传递给客户的通道。定义流程必须首先明确客户焦点：哪些流程能为客户创造价值？例如，通用电气公司定义了六大核心流程，这些流程同样适用于许多企业。

1. **订单处理：**向组织传达客户特定需求并满足这些需求的流程。
2. **新产品推出：**创造及传递新产品的流程。
3. **快速市场调查：**将客户需求等相关市场调查信息快速传递至组织内部的流程。
4. **国际化：**将公司的产品与服务传递至全世界的流程。
5. **供应商管理：**管理公司与供应商的关系以降低成本的流程。
6. **生产力：**通过更高的产出以提高效率的流程。

与其他许多公司的团队一样，通用电气公司业务发展部门的员工开发出了能够有效提升公司所有 12 项核心业务的工具与方法，管理者以此建立企业关注的流程和能力。

对核心能力的专注，确保企业能将战略转化为实际行动。为实现某一战略，企业需要具备一系列核心能力，表 3-2 列出企业可能具备的一般能力。当企业形成这些核心能力时，随之而来的是两种效益。第一，诸如客户亲密度、技术利用、运营效率等战略可以被转化为实现战略所需的特定能力，而这些能力又可以被转化为具体的 HR 工作；第二，形成的核心能力可用来发展新业务，以本田汽车为例，它发展出制造引擎的核心能力，并将这个能力应用在很多产品上，包括汽车、割草机、铲雪车、摩托车等。

表 3-2　组织的关键能力

组织能力是指能使企业以独特方式为客户创造价值的流程与方法。通常组织能力可能包括以下方面。

— 设计与战略优先级相匹配的绩效评价
— 评估竞争者的能力
— 吸引和保留优秀人才
— 成为行业中的低成本生产商
— 成为行业中的技术领先者
— 成为品质领先者
— 成为客户服务领先者
— 创新
— 灵活的工作流程
— 集中化决策
— 与政府合作
— 能在经济景气循环中竞争
— 创建共享的未来战略愿景
— 创建共同的心智模式
— 发展变革的能力
— 展现文化弹性
— 展现企业家精神
— 建立明确的责任和结果要求
— 展现灵活性
— 进行大规模转型
— 拥有强势的分销渠道
— 拥有高投入度的员工
— 从上到下拥有国际化思维
— 识别并发展领导继任者
— 逐年提升生产力
— 逐年提升盈利水平
— 提升速度
— 增加现金流
— 变革
— 比竞争者更快地学习
— 具备长远眼光
— 维持良好的投资者关系
— 运作财务管理体系
— 更快地进入新市场
— 客户需求导向
— 具备文化统一性
— 实行参与式管理
— 持续学习
— 缩短新产品推出所需的时间
— 缩短市场商务环节的流程
— 减少组织层级

续表

— 建立领导与员工间的信任关系	— 工作系统重组
— 树立信心	— 分享信息
— 与各种组织结成联盟关系	— 勇于冒险
— 拥有高生产力	— 从全球角度思考和采取行动
— 拥有多元文化的团队	— 团队协作
— 拥有高质量的工程技术	— 工作无边界

当能够识别并且提升公司战略执行及新产品开发所需的核心能力时，HR专业人员就是在扮演战略合作伙伴的角色。

❑ 跨越挑战

真正跨越上述五大挑战后，HR人员将成为战略合作伙伴。

在惠普公司，身为战略合作伙伴的HR专业人员，必须将人力资源的流程、项目和业务目标相连接。为达成上述目标，高层管理人员强调了以下基本要求：

- 参与业务规划流程。
- 了解企业问题。
- 参与业务特别工作小组（如外包、ISO 9000）。
- 培养系统性思维。
- 推动人力规划、技能评估、继承计划、人才保留及人才多样化等管理项目。
- 为集团或部门变革行动提供支持。
- 拥护公司文化及管理方式。

一旦完成这些行动，战略合作伙伴关系就形成了。

组织诊断的框架

将战略转化为行动需要规则，将战略转化为行动的过程被称为“组织诊断”。所谓组织诊断，就是对业务进行系统评估并根据目标匹配度调整组织管理工作的过程。在本章开篇的3个案例中，Engcon、Frontier通信公司和C&L公司都要求HR人员创建能够实现战略的组织。为了完成这一任务，HR人员建立了对组织优劣势进行审查的组织诊断流程，之后对发现的劣势进行了改善。

当财务专业人员检查某项业务的财务流程时，他们就是在做财务诊断。同样的道理，HR人员所做的就是组织诊断。在财务诊断中，专家们系统评估财务管理状况（如应收账款、应付账款、库存、周转率等），然后他们提出改进财务流程的方法。在组织诊断中，为更好地实现战略目标，HR专业人员应对相应的组织体系和运作情况进行检查并改善。

一个完整的组织诊断包括4个步骤。作为战略合作伙伴，HR专业人员需要确保这些步骤是和他们的客户（直线经理）共同完成的。

1. 定义组织模型。
2. 建立评估流程。
3. 引领管理改进的实践。
4. 设定优先顺序。

步骤一：定义组织模型

组织顾问大卫·纳德勒和他的同事以建筑物做比喻来描述存在于组织中的系统，组织就像建筑物一样包含许多系统，组织模型说明了构成组织的各个系统，设计、整合及运作这些系统的能力是有效组织的根本。

用以描述组织运作的架构和框架有很多种，如杰伊·加尔布雷斯提出的星形组织模型，他定义组织的5个基本要素为：战略、结构、报酬、流程及系统。麦肯锡管理顾问公司所采用的7S组织模型则定义了7个要素，包括战略、结构、制度、人员、风格、技能和共同价值观。美国商务部也用一种组织模型来定义马尔科姆·波多里奇美国国家质量奖。

为了进行组织诊断，HR 人员必须以一个清晰的组织模型开始。某种程度而言，使用哪种架构并不那么重要，重要的是架构是否被清晰地描述。清晰的组织模型可以避免 HR 专业人员和他们的“客户”采用短视的眼光看待组织系统。举例而言，若缺乏一个组织模型以定义组织内的多重系统，管理层可能认为组织就等于结构，这种观点并未考虑组织基础建设中的其他重要元素。财务诊断工作也是遵循一个定义好的关键财务流程的结构来进行的，同样，组织诊断也必须遵循某个结构而进行。

表 3-3 是基于纳德勒、加尔布雷斯和麦肯锡的研究而形成的结构，这个结构关注建立一个能实现战略的组织。第一行（战略意图与组织能力）说明了企业的方向，下面的 6 个要素定义了组织如何运作并识别出战略型组织所必须具备的系统：

- **共享心智**：代表企业中共有的认知和文化。
- **胜任力**：代表存在于员工个人及团队的知识、技能及能力。
- **绩效**：代表绩效管理标准，包括评价与奖励体系。
- **治理**：代表组织内的汇报关系、决策流程、政策制度及沟通流程。
- **变革能力**：代表组织如何流程改进、管理变革、学习。
- **领导力**：代表公司是如何形成的、如何沟通，以及如何致力于发展。

表 3-3 所展示的模型运用共享心智及领导力两个要素组合成了组织，共享心智（或共同文化）是凝聚组织的黏合剂，领导力是组织发展管理工作的基础。而 4 个支柱是对分析战略目标所需的人力资源工具的深度应用，4 个支柱的落地需要成功的 HR 工作支撑。

表 3-3 组织诊断模型

<table>
<tr><td colspan="4">战略意图：我们希望达成什么目标？
战略：意图、计划、聚焦点、驱动力　　外部环境：法规、经济
客户：细分市场、价值创造　　核心能力：技术
财务：衡量指标、投资回报、价值增加
组织能力：我们需要哪些组织能力？</td></tr>
<tr><td colspan="4">共享心智：我们希望客户如何看待我们？</td></tr>
<tr><td>支柱 1：胜任力</td><td>支柱 2：绩效</td><td>支柱 3：治理</td><td>支柱 4：变革能力</td></tr>
<tr><td>为了实现战略，我们需要哪些胜任能力？</td><td>为了实现战略，我们需要什么样的标准和结果？</td><td>为了实现战略，我们需要怎样的组织？</td><td>为了实现战略，我们有没有能力运作相应的工作流程并变革？</td></tr>
<tr><td>人员配置
• 什么样的人被组织雇用了？
• 什么样的人被组织晋升了？
• 什么样的人被组织解雇了？
培养发展
• 在现有商业环境和战略下，我们应该提供什么样的培训？
• 在现有的商业环境和业务战略下，我们应该提供哪些可选的人员培养发展方案？</td><td>评估
• 组织内对部门、小组和个人的绩效标准是什么？
• 员工绩效反馈的机制是怎样的？
• 确保评估准确、有价值、有效的流程有哪些？
报酬
• 达到业绩标准后的经济性和非经济性回报是什么？
• 报酬体系如何确保激励个人向正确的努力？</td><td>组织设计
组织形式是怎样的（如层级、角色、汇报关系、分工等）？
我们是如何做出适当的决策的？
政策
我们有哪些政策（比如安全、健康、用工等）？
沟通
• 组织内部什么样的信息应该与谁共享？
• 谁应该分享或接收信息？
• 我们应该使用什么样的机制来促进信息共享？</td><td>工作流程优化
• 我们应该采取哪些行动方案以确保管理流程运作得当（如质量控制、工程化等）？
变革流程
• 什么样的关键流程能够支持变革发生？
通过学习推动变革
• 我们如何超越组织界限分享观点并学习？</td></tr>
<tr><td colspan="4">领导力：我们的企业战略需要怎样的领导力品质？</td></tr>
</table>

每个支柱代表一个可以有效保障企业战略的组织条件。胜任力支柱确保组织具备执行企业战略所需的知识、技能和能力；绩效支柱是对达成或未达成企业目标进行跟进落实的组织流程；治理支柱确保建立有效的组织结构和沟通渠道以引导员工行为；变革能力支柱确保存在适应和改变组织的流程。当一个组织具备胜任力、绩效、治理及变革能力 4 个方面的能力时，就能将企业战略转化为具体行动。遵循此结构，企业战略将不只是空中楼阁，而会成为承诺与行动。

这 4 个支柱提供的框架有助于界定将战略转化为行动所需要做出的选择。识别并执行这 4 个支柱所做出的选择，才能确保建立稳固的战略执行基础。企业高管经常会错误地将他们所有的注意力及资源全部集中在某个支柱上，而忽略了其他 3 个支柱，因而导致战略执行的基础不稳固。举例来说，某公司高管制定了一个全球化战略，并努力地创造一个能适应全球化企业需求的组织结构。在建立全球化组织结构之后，他们误以为公司不仅具备了合适的战略，同时也采取了实现战略的一切必要步骤。然而这个战略并没有成功，高管也感到相当沮丧。单独的组织模型本身并不能实现全球化或其他任何战略，本案例中的公司还需要发展适应全球运营的胜任力，设计可以有效衡量结果的绩效评估系统，创造一个能使该公司从国内企业转型为全球化企业的变革流程。该公司只偏重于结构中的某个支柱，错误地以为组织基础非常稳固，高管并没认识到将战略转化为管理行动需要同时对全部 4 个支柱投入足够的关注。所有公司都应该认识到，某个支柱的选择很有可能会影响其他支柱的选择，4 个支柱之间必须相互配合。

当 HR 专业人员利用模型来进行指导分析时，他们会设定组织如何运作，同时设定有效的组织诊断步骤。

❑ 步骤二：建立评估流程

组织诊断将表 3-3 的模型转化为评估工具，这样架构中的 6 个要素便成了诊断评估的问题，通过问这些问题可以探寻出组织的优劣势。表 3-4 将表 3-3 的模型转化为诊断工具，表 3-4 的最左栏列出了模型中的 6 个要素，第二栏则对应将每个要素转化成问题，目的是了解每个要素在多大程度上帮助组织达成战略意图，此处的“组织”是指被诊断的单位，可能是公司、公司内的业务单元、工厂或一个职能。表 3-4 中的评分栏使用简单的评分量表（1 分代表最低，10 分代表最高）。在诊断过程中，公司将会发现这样的方法引发的讨论远比分数本身来得重要。“最佳实践”这一栏代表改进措施，这是诊断的第三步。评估方法：在既定的业务优先级与预期的能力条件下，评估企业在表中各项实现战略所需的管理行动方面表现如何。

表 3-4　评估组织能力模型

要　　素	问　　题	评分（1～10 分）	最佳实践
共享心智	我们多大程度上拥有正确的共享心智（文化）？		
胜任力	为了实现未来目标，我们多大程度上具备了所需的胜任力（知识、技能和能力）？		
绩效	为了实现未来目标，我们多大程度上拥有正确的绩效管理体系（衡量指标、奖惩）？		
治理	为了实现未来目标，我们多大程度上拥有正确的组织结构、沟通机制和制度政策?		
工作流程/变革能力	为了实现未来目标，我们多大程度上具备改进工作流程、变革和学习的能力?		
领导力	为了实现未来目标，我们多大程度上具备所需的领导力?		

评估阶段可以正式地或非正式地进行。不论采取哪种方式，管理组织诊断流程的 HR 人员扮演着战略合作伙伴的角色，系统地帮助企业将战略

转化为组织行动。

如果作为非正式工具使用，表 3-4 的评估模型可以帮助 HR 人员参与任何战略讨论，促进管理团队聚焦在如何建立一个能实现业务目标的组织的讨论中。举例来说，当一个电子工厂在制定成本战略时，HR 人员就应该推动工厂的管理团队讨论成本降低所带来的组织影响，他通过向该团队提出表 3-4 中的 6 个问题来评估组织是否具备实现成本降低目标的条件。在讨论结束时，团队管理层不仅制定了一个成本战略，同时也制定出为实现此战略所需要采取的行动计划。

如果作为正式工具使用，表 3-4 的评估模型可以提升组织诊断的效果。某些公司运用系统性的组织诊断作为财务诊断的补充。通用电气的人力资源副总裁比尔・康纳狄制定了一个政策，要求 HR 人员参与公司的业务诊断团队，这些 HR 人员将类似于表 3-4 中的人力资源问题嵌入传统的业务诊断中。零售连锁店也同样将组织诊断视为财务评估的重要补充，每季度都会选定每个商店的部分员工填写类似表 3-4 的组织评估问卷调查，这些随机挑选的员工所给出的评分便是各商店的组织诊断衡量结果。

HR 人员可以进一步领导与制定诊断流程，并回答下列有关组织诊断资料的来源、性质及用途问题。

谁收集组织诊断资料？

有 3 个团队可以负责收集诊断资料，独立或者协作行动都可以。第一个团队是直线经理，作为组织诊断任务团队负责收集相关资料；第二个团队是 HR 人员，收集诊断资料是他们的责任之一；第三个团队是被委托进行诊断的团队，如第三方咨询公司。本章开头所提到的 Engcon 的案例中，上述 3 个团队共同参与组织诊断的工作，人力资源高级副总裁负责领导整个组织诊断的任务团队，任务团队中直线经理实施人员访谈，另外还聘用了一位顾问帮助定义流程并提炼澄清问题。

谁提供资料？

组织诊断通常以感知型资料为基础，因此过程中多角度感知就很重要。诊断资料的来源有 3 个渠道：第一，公司员工可以评估组织要素，如果让员工进行诊断工作，询问跨部门跨层级不同员工的意见就非常关键，因为高层管理者的感知可能和组织中其他层级员工的感知存在显著差异。第二，可以向公司价值链上下游的供应商与客户询问他们对组织效能的感知和看法，让供应商及客户参与组织诊断过程，有助于强化他们与公司的关系。第三，可以将公司的组织实践和同行业竞争者或其他行业表现优异的公司的最佳实践进行比较。综合这 3 个渠道的资料，可以确保组织诊断流程的完整性。

收集哪些类型的资料？

组织诊断资料可能包括感知型资料和实证型资料。感知型资料是指那些与组织互动的人的想法和感受，由于感知往往反映事实，而且人们通常依据感知来采取行动，因此这些资料不仅有效，也非常重要。实证型资料来自反映组织现状的相关比率和其他指标（如培训投入占预算的比例、人均产值、薪酬级差、管理者与员工人数比等）。

财务诊断工作通常会收集组织管理工作的具体信息，然后形成反映公司总体财务健康状况的指数。当组织诊断变成日常工作时，可能发现所谓的组织能力指数，可以用以衡量组织达成业务目标的总体能力。

资料分析如何转化为行动？

组织分析往往偏重收集资料而忽视分析与行动。收集了大量资料，撰写了报告，也做了统计结果的呈现，但由于缺乏明确的聚焦点而无法采取具体行动。随着诊断过程的展开，数据分析应该被转化成具体行动，包括确认关键的问题、让问题的决策人了解问题和数据、提出并选择行动计划。

❑ 步骤三：引领管理改进的实践

组织诊断不应止步于调研分析，而应着眼于改进。

组织诊断不应止步于调研分析，而应着眼于改进。HR 专业人员针对 6 个组织要素中的每一个都可以提出可选的行动方案，借鉴其他公司最佳实践，开展改进提升活动。有些优秀的文章总结了最新的人力资源最佳实践，表 3-5 简要整理出了一些关键词和概念，这些词汇常被用来描述 6 个要素中对应的人力资源管理工作。

HR 专业人员应该带头提议、建立和讨论关于企业文化、胜任力（人员配置与培养）、绩效、治理（组织设计、政策与沟通）、学习与变革、领导力方面的最佳实践。为每个方面建立可选的人力资源方案是 HR 人员的责任，他们必须具备相关专业技能及最前沿的知识。

当 HR 专业人员推进到第三步时，他们会制定出一系列即将被推行的人力资源措施。某公司在第三步中制订出了未来一年将推进的 15 项人力资源行动方案，最终的执行过程却完全走样，因为他们发现过多的行动方案分散了他们的精力。

❑ 步骤四：设定优先顺序

组织诊断的第四个步骤是设定人力资源行动方案的优先顺序，也就是专注在最重要、最关键的行动上。图 3-1 展示了如何使用两个基本维度来评估哪些 HR 工作应该被赋予最高的优先级，纵向维度是影响力，包括以下 3 个方面：

- **匹配程度：**HR 工作帮助达成战略的程度。
- **整合程度：**人力资源各项工作之间的整合程度和相互影响的程度。
- **客户关注：** HR 工作影响外部客户的程度。

这 3 个方面加起来，决定某项 HR 工作在纵向影响力维度的高低位置。横向维度是可执行性，包括以下两个方面：

- **资源：**达成此项 HR 工作所需的组织内资源的支持程度（如资金与人才）。
- **时间：**管理层对于此项 HR 工作的投入程度。

资源与时间两个方面加起来，决定某项 HR 工作在横向可执行性维度的难易程度。

表 3-5　组织能力模型最佳实践

<table>
<tr><td colspan="4">战略意图：我们希望达成什么目标？
组织能力：我们需要哪些组织能力？</td></tr>
<tr><td colspan="4">共享心智：我们希望客户如何看待我们？</td></tr>
<tr><th>支柱 1：胜任力</th><th>支柱 2：绩效</th><th>支柱 3：治理</th><th>支柱 4：变革能力</th></tr>
<tr><td>为了实现战略，我们需要哪些胜任能力？</td><td>为了实现战略，我们需要什么样的标准和结果？</td><td>为了实现战略，我们需要怎样的组织？</td><td>为了实现战略，我们有没有能力运作相应的工作流程并变革？</td></tr>
<tr><td>胜任力诊断与提升
• 人员配置（引进）
— 流入
— 晋升
— 流出
• 学习发展（培养）
— 从胜任力到结果
— 从个人到团队
— 从有界限到无界限
— 从“中看”到“适用”
— 从一般管理到流程</td><td>建立绩效管理体系
• 我们想达成什么？
• 我们该如何衡量
— 行为+结果
— 个人+团队
• 我们如何根据绩效给予报酬？
— 经济性报酬
— 非经济性报酬</td><td>组织设计
• 关注流程而不是层级
• 消除界限
— 纵向界限
— 横向界限
— 外部界限
沟通
• 借助媒介传递信息
• 建立沟通计划
让员工参与，授权
管理政策（安全、健康、用工）</td><td>流程再造
• 识别流程
• 选择最佳流程
• 简化流程
管理变革
• 梳理变革所需的能力
提升学习能力
• 创造有影响力的观点
• 提炼出有影响力的观点</td></tr>
<tr><td colspan="4">领导力
• 个人信誉　　• 真正的变革领导者
• 组织能力　　• 中层经理作为领导者</td></tr>
</table>

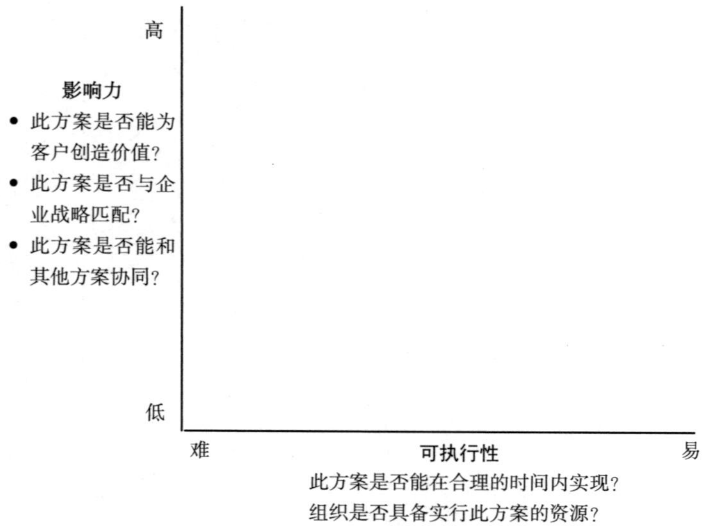

图 3-1 人力资源行动方案优先级设定

某公司将影响力及可执行性作为两个维度，选择合适的方法将战略转化成行动，该公司的 HR 人员制定了能够匹配战略的若干项人力资源行动方案，他们知道这些工作不可能都在短期内实施。于是他们召开了一个会议，讨论每项人力资源行动方案的影响力及可执行性，并利用表 3-6 设定优先级。

表 3-6 某公司人力资源行动方案的优先级

HR 工作	影 响 力	可执行性
基于胜任力的人员招聘		
继任计划		
职业发展规划		
行动学习培训项目		
全球领导力发展		
团队激励		
对冒险者支付较高薪酬		
弹性福利		

HR 人员和直线经理共同讨论，并针对每项人力资源行动方案从影响力与可执行性两个维度进行高中低评分。通过这样的讨论，对列出的所有人力资源行动方案排定优先顺序，并决定应该重点投资于哪几项行动方案。

得出的人力资源各项行动方案的优先级评分可用来绘制图 3-1，每项行动方案都被精准地放在相应的位置，从而清楚直观地呈现出大家讨论达成的共识。利用图 3-1，HR 人员可以为组织诊断后制定出的人力资源行动方案设定优先级，再用图 3-2 时间轴的方式根据优先级顺序制定具体的执行时间表。图 3-2 中的粗线代表时间（通常是一年或两年），图中的每个阶梯代表在既定的期限内要完成的优先级工作，越高阶代表需要越复杂的改变。在两年时间内，大多数组织能完成的优先级工作不会超过 4～5 项。

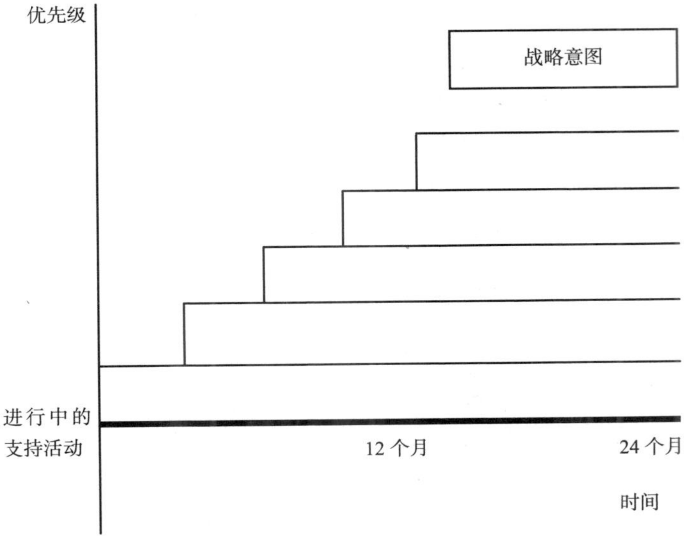

图 3-2　组织能力规划——优先级和支持

小结

成为战略合作伙伴

当HR人员有能力将企业战略转化为行动时，他们就成了战略合作伙伴。做到这一点先需要了解成为战略合作伙伴所要面临的挑战，然后建立必要的组织模型以应对这些挑战。要做到这些，需要HR人员实施严谨有序的组织诊断工作，它包括4个步骤：定义组织模型、建立评估流程、为管理改进提供领导力支持和设定优先顺序。

企业的任何层级都可以进行组织诊断。在企业层面，HR人员可以组织公司高管按照结构化问题进行组织评估，这些结构化问题的作用是帮助检查组织是否能够达成业务目标及如何达成。类似的分析也可以在某个工厂、业务单元或部门（如研发部门、工程部门、市场部门、HR部门）进行。

当HR人员带领管理层实施本章涉及的组织诊断模型时，他们就成了创造价值的业务伙伴。身为战略合作伙伴的HR人员，应该鼓励直线经理共同肩负组织诊断的责任。当直线经理的关注点放在将战略转化为行动上时，他们承担了以下任务：

- 确保每项业务规划都有相应的可执行的行动计划。
- 确保对客户、员工及投资人的战略承诺不会改变。
- 针对人力资源管理工作提出质疑以评估关注点与优先级顺序。

身为战略合作伙伴的HR人员不应完全同意或者跟着高层团队的决策走，他们应该推动大家认真讨论如何创造一个能实现战略的组织。身为战略合作伙伴的HR人员不应该变成高层团队的奴仆，而是要倡导在组织中建立平衡计分卡。身为战略合作伙伴的HR人员应该通过在自身工作领域的卓越表现来赢得尊重与信任，如通过组织诊断创建卓越的组织。身为战略合作伙伴的HR人员必须具备信心，接受各种挑战。身为战略合作伙伴的HR人员必须很好地完成以下任务：

- 设计一个组织诊断框架，将战略转化为行动计划。
- 学习通过建设性的问题来实施有效的组织诊断，并制定出具有创造性的、合适的人力资源行动方案。
- 能判断出各种人力资源行动方案的优先级顺序，并根据此优先顺序推行这些方案。

通过共同实施组织诊断工作，直线经理和HR人员相互协作将战略转化为实际行动。

CHAPTER 4

第 4 章　成为 HR 效率专家

近年来，直线经理和 HR 人员已经发现很多能够更有效率地完成工作的方法，这些方法被广义地称为“流程再造”，其中也包括人力资源管理的流程再造。当 HR 人员对他们所提供的服务进行流程再造，为人力资源流程和整个企业搭建高效率的运行环境时，他们就成为 HR 效率专家。

强生公司和 Lotus 公司的案例展示了人力资源流程再造的方法和价值。在这两家公司中主导流程再造工作的HR人员都可被称为HR效率专家。在他们的努力下，企业建立了更具灵活性且充满生机的人力资源组织。

案例一：强生公司

强生公司的业务遍及 150 多个国家，是全球规模最大、产品范围最广的医疗健康产品制造商。强生公司把 118 个运营项目分成三大产品系列：制药及医疗产品、专用与日用药品、个人保健产品。这些业务单元有各自的经营理念和发展历史，也有其独特的客户、产品和文化。强生公司的高层管理者从这些业务单元的财务报表中发现，许多销售成本、一般成本和行政管理成本都来源于官僚式控制、重复的工作及低效的人力资源流程，因此，强生公司下决心要降低成本，同时通过减少官僚化，提升人力资源流程的效率、效果、质量和服务水平。

为了实施人力资源流程再造，强生公司的高级管理者和艾姆赫斯特咨询公司共同提出了“专家中心”（center of expertise）这一概念。专家中心主要负责整合各业务单元中的 HR 专家、技术与资源，并为各业务单元服务。强生公司的专家中心包括：

- 薪酬福利中心。
- 劳动力多元化中心。
- 生活共享服务中心，包括医疗、安全、舒适、员工支持计划、风险控制服务。
- 员工关系中心。
- 组织效能中心。

强生公司高层管理者对 HR 人员的工作时间重新做了分配，如表 4-1 所示，强生公司的 HR 人员过去依据自身的工作内容来分配工作时间。在新制度下，HR 人员将更多的时间分配在共享服务中心及外包活动上。在强生公司，人力资源流程再造是否成功是由效率（降低成本、提高生产力）和服务（加强客户对人力资源服务的理解）这两项指标来评价的。

表 4-1 强生公司 HR 工作时间分配比例的变化

	现场服务	共享服务中心	专家中心	外包服务	时间总计
过去：集权式 HR 组织	20%	—	70%	10%	100%
过去：分权式 HR 组织	80%	—	10%	10%	100%
现在：现在的状态	40%	30%	10%	20%	100%
未来：未来的方面	20%	40%	10%	30%	100%

案例二：Lotus 公司

Lotus 公司是 1982 年创立于美国马萨诸塞州坎布里奇市的一家软件公司，其主力产品是 Lotus 123 和 Lotus Notes 办公软件。Lotus 公司成功的原因之一是它的文化，该公司的文化基础是开放的沟通（任何人在任何时候都可以面见总经理）和优秀的人力资源管理（良好的培训、高敬业度和知识丰富的员工）。Lotus 公司的员工既不被认为是蓝领阶层，也不被认为是白领阶层，而是金领，因为他们具有高水准的专业能力。

1991 年 11 月，Lotus 公司的高管委员会认识到，企业正面临的新挑战对公司管理提出了以下新要求：

- 企业以提高生产效率和创造附加值为中心，经营计划已变得非常严密而复杂，管理者必须寻找新的方法将员工与组织利益联系起来，这些方法包括弹性的工作、制度和流程。“组织权利”是 Lotus 公司用来描述员工与公司之间心理契约的专用词。
- 加强直线经理和员工之间的关系。
- 将人力资源相关信息发送到直线经理的计算机上，让直线经理同时承担人力资源管理的职责。
- 改进流程，诸如一位高级管理者的调动需要经过 3 次审批这种重复工作将被消除。
- 通过组织诊断分析 HR 团队是否能够有效地服务于一个更大的组织。
- 重新定义 HR 的角色，帮助员工从普通工作者转变成为公司创造价值的知识工作者。对于过去被视为为经理提供“公司世外桃源”的 HR 部门，现在需要塑造全新的形象。

这些新的管理需求迫使 Lotus 公司重新定位。而 HR 部门也提出了全新的愿景：“用我们的产品与服务帮助客户，为公司创造最大的价值。”这个愿景中最关键的几个观点是：“产品和服务”，将 HR 工作定义为“产品与服务”，而不是政策执行；“客户”，将直线经理和员工视为客户；“创造最大的价值”，代表人力资源服务必须帮助“客户”（直线经理和员工）为公司创造价值。为实现这些目标，Lotus 公司的 HR 部门进行了流程再造，以加强直线经理和员工之间的关系；将人力资源信息发送给直线经理，使人力资源流程自动化，以提供更快速、更直接的服务，在需要增加 HR 人员的情况下满足新需求；以客户需求为先，执行 HR 规划及实施方案。这些改进将完全消除 Lotus 公司在原先运作体系下出现的流程过长、周期过长和重复性工作过多等现象。

经过流程再造，Lotus 公司的 HR 工作（如薪酬、组织发展、人员招聘、人员配置、人员多样性）的重点由政策制定转向了咨询服务。通过信息技术的应用，直线经理和员工更容易获得信息，加快了决策的速度。员工有任何疑问，都可以直接找直线经理，因为每个直线经理都得到了一张"人力资源常规问题解答"的光盘；员工也可以联系"人力资源呼叫中心"的"直接连线"服务在线获得信息。直线经理有任何人力资源事务性问题，也可以寻求"直接连线"的帮助。此外，HR 部门还指派合作伙伴（HRBP）参与到特定的经营管理团队中，直线经理遇到任何关于人力资源方面的问题时，可以直接询问他们。

以下是 Lotus 公司人力资源流程再造的关键方法与启示：

- 将所有人力资源信息放到线上系统（在 Lotus 公司，这项服务被称为"直接连线"）。他们把 23 份活页装订的 HR 相关信息放入"直接连线"服务中，并持续更新人力资源政策制度和相关信息。
- 对负责"直接连线"的解答者充分授权，以确保服务质量。"直接连线"的工作人员平均每人每天处理 8～10 个询问，并负责解决每个问题。
- 通过跟踪所有电话连线询问案例，了解全公司可能存在的问题与疑虑，这些信息是相当重要的人力资源资料，依据地点、直线经理或类别对这些信息加以归纳整理。
- 充分提供"直接连线"服务。有 79%的线上问题"直接连线"的解答者都能在 3 分钟内给予解答，其余 21%的问题则由解答者转给特定的 HR 人员解决。
- 将人力资源呼叫中心处理的资料发送给直线经理。例如，如果多数电话都关心员工培训、福利或公司对某个事件的立场，甚至某种员工需求的正确处理方式，HR人员会将这些资料集中整理发送给直线经理，这对直线经理的帮助是不言而喻的。

- 积极宣传“直接连线”服务。充分利用员工餐厅与信息栏发布公告，给员工发信函，组织专门的宣传团队，让更多员工了解“直接连线”服务的好处。

Lotus公司在实施这些方法后，“直接连线”服务快速在员工中传播、应用，显著地提升了HR部门的形象。

成为HR效率专家：推行两阶段人力资源流程再造

HR效率专家角色包含两方面含义。

一方面，HR人员帮助公司完成企业流程的再造。当组织改进核心流程时，HR人员可以积极致力于组织流程的简化和效率提升。过去业务流程再造往往由技术人员主导，偏向程序化与理性思维，极少向从事人员管理的HR人员征询意见。25%的业务流程再造之所以失败，或许就是因为缺乏HR人员的参与。

另一方面，HR人员也必须将他们的管理专长应用在人力资源流程再造上。即使HR人员没有受邀参与业务流程再造，他们也应该对本部门流程进行必要的再造，从而更有效率地提供人力资源服务。这样，不仅可以改进公司的基础事务流程，也可赢得信任并参与到后续的业务变革活动中。

不论是业务流程再造还是人力资源流程再造，HR人员如果可以认清并熟悉流程再造必经的两个阶段，就能为组织创造价值。阶段一是改进流程，找出无效的流程，并设计出能够高效提供服务的方法。这个阶段是最常见的流程再造类型，使用的是传统的流程描述和流程图等工具。阶段二是从价值创造的角度重新思考，不仅是流程简化和改进流程，而是进一步重新思考工作执行中所需要的有效流程。本章接下来的内容将探讨HR人员如何在各阶段做出贡献、创造价值。由于人们普遍对这方面的活动了解不深，因此本书将做详细讨论。

❑ 阶段一：改进流程

人力资源流程再造的第一阶段是将业务流程再造原则应用于人力资源流程的改进。密歇根大学商学院教授亚瑟·杨恩提出下列人力资源流程再造的步骤：

1. 定义目标流程。
2. 描述现状模型。
3. 质疑基本假设。
4. 制定目标模型。
5. 启动、执行、宣传。
6. 衡量对企业的影响。

表 4-2 整理了上述每个步骤所包括的活动、工具、责任和结果。这些步骤的共同目标是：用信息技术删除和简化不必要的流程。

杨恩教授记录了一些公司使用上述六大步骤的成功案例。表 4-3 展示了人力资源流程再造的活动，包括优化、简化和重新设计，HR 人员应用了同时适合业务流程再造与人力资源流程再造的原则。表 4-3 中的工具是 HR 人员在进行人力资源流程再造时用到的基本技巧。

❑ 阶段二：重新思考 HR 的价值创造

到了 20 世纪 90 年代中期，几乎所有美国企业的 HR 部门都已经完成了流程再造的第一阶段，并改善了流程。尽管这些改进能够带来更高效的人力资源服务，却往往未能发挥更进一步的作用。身为 HR 效率专家，HR 人员不仅要降低成本、简化工作流程，还要迈向第二阶段，重新思考 HR 人员的价值创造。价值创造是指超越人力资源流程再造，进一步重新思考和构建 HR 工作的理念与方法。在重新思考人力资源的价值创造时，HR 效率专家提出了以下 3 个框架：

表 4-2　人力资源流程再造步骤

步骤	活　动	工　具	责　任	结　果
1.定义目标流程	• 定义主要的 HR 活动流程 • 明确主要流程的优先级顺序 • 将流程切分成可管理的单元 • 查找与记录关键流程变量 • 邀请相关专家参与	头脑风暴，客户焦点小组	人力资源流程再造发起者＋指导委员会	明确流程再造工作的优先级顺序
2.描述现状模型	• 分析工作流程（谁、何时、何处、做什么工作、如何做），并查找出可删除的流程 • 核查现有系统的限制（如相容性、整合程度、资料的一致性等） • 从客户和管理者的角度分辨出目前流程存在的问题 • 确认与流程相关的主要评价指标（如成本、质量、时间、再加工等）	工作流分析、活动分析、系统诊断、焦点组、面谈	评估团队（HR 人员和直线经理）	对现有流程的流程图、运行成本、质量和绩效的分析结果
3.质疑基本假设	• 质疑目前流程中的每个活动（为何做这个、为何在该处做、为何在那个时候做、为何是由那个人做、为何用那个方法做） • 质疑目前的政策、做法和原则 • 探求替代方法 • 消除部门之间的障碍 • 运用信息技术	建立愿景/情景、头脑风暴、挑战性思维	流程团队+评估团队+技术团队	识别出显著改进的机会

续表

步骤	活　　动	工　　具	责　　任	结　　果
4.制定目标模型	• 从多项方案中筛选信息 • 学习其他标杆公司 • 整合分散的流程 • 总结新信息系统的效果 • 绘制新流程草稿 • 评估新流程的潜在影响（成本、效益、风险等等）	标杆学习、解决冲突、解决问题、模拟、建立共识	流程团队+技术团队	设计新流程，选择最佳的信息技术以支持新流程，评估新流程的影响
5.执行、启动、宣传	• 采取渐进方法 • 试用 • 进行系统整合 • 宣传计划，引发人们好奇心，进行试用 • 对使用者提供培训 • 化解抗拒心态 • 预期可能产生的员工士气问题并找出解决方法	宣传、沟通、培训、指导、实验	转型团队+技术团队	顺利过渡到新系统，提高人们对新流程的接受度
6.衡量对企业的影响	• 衡量流程再造前后人力资源流程对企业的影响 • 衡量对企业的全面影响，而非仅仅是行动计划的预算与关键节点 • 区分短期与长期影响	活动分析、成本分析、客户服务调查、焦点小组	全职项目成员	监督流程再造进度和对企业的影响

表 4-3 人力资源流程再造的企业案例

公　　司	人力资源流程再造	成　　果
西尔斯公司	• 连接各商店计算机的最新资料库；新系统能把更改的税率资料自动传送到薪资表中进行自动处理。 • 员工可以打免费电话更改收益分享计划和医疗保险范围 • 负责招聘的经理不再需要人工计算及填写税率、保留款、扣缴款等薪资资料表，现在他们只须把基本资料输入电脑，电脑会根据员工个人代号更新资料 • 进行流程再造之前，西尔斯 24 个 HR 中心各有不同的工作流程，现在已建立统一的流程与规则	• 3 年内，HR 人员从 573 人减少为 125 人 • HR 中心从 24 个减为 2 个 • 人力资源成本降低 75%
加州联邦公司（洛杉矶）	• 工作流程自动化，将原来 55 个流程降为 43 个，并且显著地改善保留下来的流程。 • 花费 7 个月时间规划人力资源流程再造 • 过去，由于人工文件处理必须等待层层审核，员工申请一笔费用可能得等很多天，现在采用电脑表格申请流程，只须花 10～15 分钟即可完成 • 计时系统将信息直接传入薪资计算表中，由电脑计算 4 000 名员工的薪资、保留款、扣缴款等	• 减少 50%的 HR 人员 • 流程的处理和等待时间减少 90% • 一年内收回技术投资成本
松下半导体公司	• 过去是以人工作业方式处理每年超过 5 万份应聘简历，现在使用扫描器及 Resumix 的资料储存软件，只要输入关键字就可以搜出符合条件的简历。这套系统也可以接受以电子邮件及传真方式提交的简历，当收到简历时，HR 部门便可以通过电子邮件或传真方式转发给直线经理 • 使用电子邮件可连结到职业生涯规划系统，职业生涯规划系统提供最新的工作机会，将工作机会分为 20 类，详细说明工作内容和对培训教育程度的需求条件 • 职业生涯规划系统在每晚自动连线到人力资源信息系统以更新资料，它会筛选人力资源资料，并作分类处理	• 使人员招聘周期从过去的 110 天减少为 62 天 • 找到更好的人才 • 减少了大量的纸张文件打印
佛罗里达电力和照明公司	• 利用一套复杂的员工信息系统，将从简历表与文件所得的信息传送出去，并与其他类别的员工资料归总在一起，储存于光盘中 • HR 人员或直线经理可以在电脑上读取员工资料	• HR 部门减少了 65%的文件及 50%的人员

续表

公司	人力资源流程再造	成果
邱博公司（新泽西州）	• HR 部门记录现有的工作流程，经过仔细研究后，详细制定提升效率的策略。高层管理者和直线经理都要参与讨论过程。最重要的改变是从中央系统改为客户/服务器系统，使资料的存取更加自由便利 • 信息化系统使员工可以利用互动式语音回应系统选择和更改福利 • 获得授权的直线经理能取得员工薪资记录、工作经历和其他相关资料，以决定该员工是否符合晋升或加薪资格。当管理层审核通过后，电脑系统会自动处理，并给予薪资发放	• 重新设计的流程减少 HR 部门 42%的人员，删减 26%的工作步骤，减少 20%的工作量
惠普	• 外包代理商 Edify 公司，为 13 000 名员工进行季度评估。Edify 公司的电脑软件连线到惠普的人力资源系统，1 200 名经理可以下载各自分管的员工资料 • Edify 公司通过电子邮件向每位经理发送员工资料，经理确认并修改资料后，回传给 Edify 公司的系统，该系统会自动更新资料 • 最后，Edify 公司重复上述步骤，但这次传送的资料是调薪建议，提供给各直线经理参考。直线经理则利用互动式语音系统对调薪建议进行核准或修改	• 新信息系统所处理的工作在过去需要 20 位 HR 人员执行
IBM	• 修改公司的全国员工福利管理，并把 36 个呼叫中心删减成唯一一个位于北卡罗来纳州的呼叫中心。该呼叫中心的代表可以利用电脑，快速搜寻福利政策内容以提供解答。这些电话服务代表被分成两个工作团队，第一级是较大的团队，由一般 HR 人员组成，回答大多数基本问题；较棘手的问题则转交给由人数较少的专业 HR 人员组成的第二级团队处理 • 新的薪资系统负责将调薪申请发送给相关的审核者进行评估审核，审核结果回传给提出申请的直线经理，并自动传送到薪资系统进行处理 • 24 小时互动式语音回应系统处理每年超过 17 万件的员工福利申请，员工可以在 24 小时内获得有关他们的退休计划资料	• 原先的员工福利管理人员被删减了 40%，处理的电话服务案例创下历史新高 • IBM 的 HR 人数从 3 300 人减少为 900 人

框架一：走出集权与分权的争执

通常一个组织的人力资源管理方式分为集权型和分权型两种：集权型是将人力资源职能的权限责任赋予企业高层，分权型是将人力资源职能赋予业务单元及一线部门。

图 4-1 依据整合程度（集权）和差异化程度（分权）体现其中的区别。这两种方式的基本分歧在于权力与责任：谁有责任设计人力资源系统？谁提供人力资源服务？谁决定如何开展 HR 工作？这些权力通常不是集中在公司总部或高层，就是分给一线业务单元。

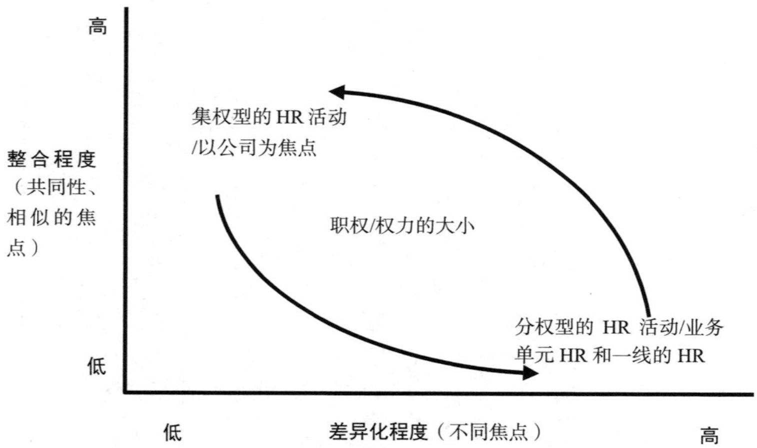

图 4-1　集权与分权的矛盾

关于集权与分权的争执永远也没有满意的答案，因为这个问题本身就是错误的。它只关注提供什么样的人力资源服务，而忽略了谁使用人力资源服务。由于集权与分权的争执导致权力分配变化无常，导致员工对于 HR 工作抱持不信任的态度。集权与分权的争执导致人们将注意力放在权力和责任上，反而忽视了最重要的服务工作。

作为 HR 效率专家，必须重新思考与构建 HR 人员在服务体系中的基本角色，才能避免集权与分权的争执。

框架二：构建人力资源服务的提供方式

组织中有太多的精力消耗在控制权的争抢上，有效的组织应将重心转移到为客户创造价值上。创造价值的着眼点不在于团队或组织的内部事务，而在于为客户提供了什么。是否有价值应该由接受服务的人评价，而不是由服务的提供者评价。例如，我想送太太一束花作为生日礼物，我认为这是个很有价值的礼物，而且 50 美元的花费对我而言不是小数目。可是，太太认为我只是花不到两分钟订购了一束花而已，因此，她并未收到我想传达的价值。一份礼物是否有价值，必须用她的感受来评价，不是以我的想法为标准。

作为 HR 效率专家必须学习如何创造价值，但并非从自己的角度出发来认定价值，而是从直线经理和其他客户的角度来衡量。HR 人员必须考虑的问题是：我的工作能为企业创造什么价值？这个问题会促使 HR 工作的焦点从“做什么事”转移到“该提供什么服务”上。

如果 HR 工作的重心仅仅是权力和职责，那么人力资源服务只针对公司管理层和业务单元经营层就够了，但实际上 HR 工作的重心不该只是如此，对 HR 需求也不是这两方面就够了的。我们已经明确了 HR 工作的重点是创造价值，那么人力资源服务的提供方式就必须加上另外 4 种：HR 外包服务商、共享服务中心、专家中心、集成解决方案，图 4-2 及表 4-4 对这 6 种方式做了详细的说明。

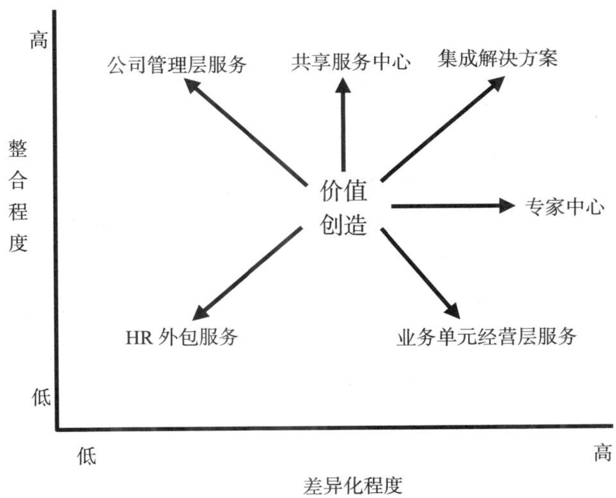

图 4-2　人力资源服务创造价值的 6 种达成机制

表 4-4　提供人力资源服务的方式

比较项目	公司管理层服务	业务单元经营层服务	HR 外包服务	共享服务中心	专家中心	集成解决方案
形象定位	• 优秀的公司高层管理团队	• 业务单元的直线经理团队	• 外包服务	• 事务性工作	• 顶级技术专家	• 集成多个专家团队一起解决问题
重要的成功因素	• 标准化政策 • 有效率地运行	• 匹配度 • 权责明确	• 明确的短期与长期契约 • 跨界关系	• 技术 • 信息 • 标准化作业	• 技术深度 • 与业务单元之间的关系 • 提供企业要求的专业解决方案	• 跨团队项目 • 依靠项目与业务单元建立联系
主要关注点	• 标准化的政策 • 公司的长期发展方向	• 建立支持体系以匹配业务单元的需要	• 外包人力资源服务	• 有效率地提供员工服务	• 为每个人力资源领域提供专业支持	• 为业务单元提供集成和及时的咨询服务
优点	• 一致性 • 高效率	• 专用资源 • 灵活的计划	• 委托服务有清楚的价格	• 效率高	• 每个人力资源领域都具备专业指导	• 为业务单元提供整合性和及时的咨询服务
缺点	• 缺乏弹性 • 权责导向	• 工作重复 • 专业性弱，质量低 • 各自为政	• 议价空间小 • 外包方掌握信息不全面	• 不能单独完成工作，并非所有工作都是事务性工作	• 各专家团队之间存在边界障碍 • 需要高度的合作	• 需要团队之间的紧密合作
运作规范	• 优秀的公司高级专家	• 业务单元有专门的服务人员	• 外包服务	• 充分应用技术，区分行政型与事务型工作	• 每位专家和业务单元保持紧密关系，满足服务需求	• 集成专家团队提供与内部团队、业务整合的服务
评价指标	• 效率，全公司的统一逻辑有序性	• 各业务单元的权责清晰度	• 成本	• 响应时间	• 专业支持程度	• 集成性支持程度

HR 外包服务

提供人力资源服务的方式之一是把 HR 工作委托给外包服务商，已经有不少公司采用这种方式，当前的问题焦点在于公司到底应该把多少人力资源服务工作外包。采取外包服务方式的基本前提是外包方式可以节省成本、达到服务效果。但问题在于在公司所处的行业中，HR 外包服务的平均可接受价格与质量标准是怎样的？就具体 HR 工作而言，只要达到行业平均增值标准就可以。例如，一些公司认为，员工福利和薪资方面的工作只需要花费行业平均成本便能完成，因此，这些公司决定将这类 HR 工作外包。这时，公司 HR 效率专家的工作焦点在于管理外包服务，包括合同谈判、招标、拟定合同、监督合同执行等工作。

IBM 从 1991 年起开始实行的“工作解决方案”就是人力资源服务外包的最佳案例。在这次工作组织变革中，IBM 将一些 HR 工作整合成一个名为“工作解决方案”的共享服务中心。根据“工作解决方案”负责人乔治·克拉维克所言，IBM 的 HR 人员从 1991 年的 2 200 人减少为 1993 年的 1 200 人，人员降幅高达 40%。人力资源服务成本也降低 1 亿美元，节省了超过 30%的成本。“工作解决方案”的服务包括：

- HR 调研和咨询
- 领导力发展
- 薪酬与福利的日常管理
- 职业健康服务
- 劳动力多样性
- 对公平就业规则的遵守和记录
- 人员招聘与雇用
- 资源计划与使用
- 信息化技术
- 高层人才计划

这些人力资源服务不仅提供给 IBM 内部业务单元，还提供给需要这些服务的外部组织。不过，到了 20 世纪 90 年代中期，IBM 取消了这种激进 HR 外包策略。因为它发现，一些被外包的人力资源服务其实是 IBM 的核心竞争力，若将这些服务当成商业服务对外输出，将削弱 IBM 的竞争力。

共享服务中心

提供人力资源服务的第二种方式是建立共享服务中心，共同处理人力资源相关事务。这些共享服务中心在单一地点将事务标准化，通过业务单元间的合作提高效率。例如，不同业务单元之间类似的员工福利事务，可以通过标准化处理流程，由共享服务中心处理员工的询问电话，进而提高这些事务的处理效率。

事务性 HR 工作处理的是满足员工日常需求的标准化流程、问题和活动，包括以下几个方面：

- **员工福利**：福利变更、弹性福利、医疗费用申请、受益人变更、员工对公司政策和薪酬等方面的咨询。
- **薪酬**：股票选择权的文件处理工作、代扣税款、年金提取（401K 年金计划）、薪资给付（包括代缴代扣款、保留款）、处理打卡记录、员工休假记录与政策、环境资料（如针对特定国家的特别政策）、员工结构多元化的统计资料。
- **发展与学习**：教育支持、培训报名等。
- **公司公益活动**：配合捐赠、联合募捐和其他慈善活动。
- **员工信息**：员工调动搬迁及地址变更、职称变更、差旅费申报、员工餐饮服务、员工休闲活动。
- **人员招聘与配置**：处理应聘者文件、为应聘者提供公司信息查询、发布职位空缺、应聘流程、员工差旅签证申请。

松下半导体公司（NSC）设置了 HR 共享服务中心，该中心的工作大多为事务性工作，如退休名单更新、员工信息记录（地址等）变更、公司通知、薪资给付（包括休假）、员工对公司基本政策的疑问、员工培训报名、公布招聘岗位信息。松下半导体共享服务中心的使命是："为松下半导体所有员工提供灵活便捷的人力资源服务。"

北方电信公司人力资源共享服务中心的主要工作是员工福利记录的更新与保存，该中心有30位人力资源服务人员和8位HR人员，为全美2万名员工服务。该公司原来需要70位HR人员在7个不同地点处理这些事务，如今只需要30多位HR人员在单一地点工作（包括数据处理和管理）。北方电信公司花费75万美元投资设置人力资源共享服务中心，估计每年可节省超过100万美元的人力资源服务成本。该公司也发现，大约50%的问题查询无须面对面即可解答，关于工作录用查询、贷款申请和其他日常事务性问题都可以通过免费电话处理。通过共享人力资源服务（如薪酬、培训、人员招聘与配置），北方电信也改进了公司整体的人力资源专业水平，人力资源专业能力不再分散于各业务单元，而是集中在一起，形成一个能力更高的技术资源库。另一家公司也发现有24种不同的培训注册系统，于是决定设置一个员工培训共享服务中心，把这些制度整合起来。

专家中心

提供人力资源服务的第三种方式是建立一个专家中心，把原先散布于各业务单元的HR各领域专家聚集在一起，更快速地分享其专业能力。过去，强生公司的培训专家遍布18个业务单元，通过流程再造，强生公司成立了员工培训中心，该中心有12位培训专家，他们与有需要的业务单元签订合同，提供员工培训服务。

专家中心着力于与转型相关的服务，要么有助于战略执行、文化变革，要么设计和推动达成经营目标的人力资源活动。转型工作不同于事务性工作，要由提供HR专业支持的专家中心去完成，而不是并入共享服务中心。专家中心涵盖了具备下列HR领域知识与专长的个人和团队：

- **人员招聘与配置**：寻找适合人才、继任计划、职业生涯发展规划、人才测评、筛选候选人员、双通道职业发展、裁员。

- **发展培养：**高级管理人才的发展、行动学习、个人发展计划、能力提升、绩效管理、发展性的工作轮岗、劳动力多样性、学习型组织。
- **薪酬：**薪酬给付、工作分析、绩效评价、激励计划、岗位评估、收益分享计划。
- **组织管理：**组织变革、流程管理、组织诊断、文化变革、再造。
- **沟通：**媒体管理、会议管理、公共关系、HR 信息系统。
- **组织设计：**高绩效工作团队和组织结构。
- **员工关系：**员工满意度调查、员工焦点小组、心理契约、工作与家庭政策、员工支持计划。
- **工会关系：**劳工合同和员工申诉程序。
- **保障：**管理者、员工和技术人员的心理健康服务。

对于这些人力资源活动，专家中心将先前分散于公司各业务单元的 HR 专家集中起来，并鼓励各业务单元使用这些专家资源解决相关问题。若没有设立专家中心，具有这些 HR 领域知识与专长的专家就可能永远只为个别业务单元做贡献。

匹兹堡平板玻璃公司有 10 个专家中心，每个专家中心都为一位 HR 战略业务单元经理服务，在此架构下，每个业务单元的直线经理在遇到问题时，会先联系人力资源战略业务单元经理。HR 专家的工作是识别客户当前和未来的需要，然后从 10 个专家中心中寻找需要的资源，满足客户的需求。该公司的 10 个专家中心包括：

- 多样性报酬中心
- 生产力与员工满意度中心
- 评价中心
- 外部因素中心
- 领导力中心
- 工作流程与运营方法中心

- 安全与环境中心
- 工作技能中心
- 组织结构中心
- 业务战略中心

专家中心的 HR 专业人员为业务单元提供咨询服务，他们必须学习相关技术领域中的最佳实践，并应用知识针对性地解决公司问题。在复杂的跨国企业，如摩托罗拉，在某个特定地区或业务单元（如半导体、寻呼机、卫星通信），可能有多个专家中心。这些 HR 专家也会积极寻找和筛选能为公司提供服务的外部供应商。作为内部咨询顾问的 HR 专家，他们的影响力来自自己的专长，而非在公司的职位。这些 HR 专家可以站在公司层面通过理解公司战略、文化、历史来为公司创造价值。此外，专家中心的 HR 专家也可以帮助业务单元筛选并提供外部专家资源。

共享服务中心和专家中心有不同的运作目的与流程，如表 4-5 所示。如果把这两种方式混合在一起，可能因为它们的不同目的及组织安排而导致混乱。

表 4-5　共享服务中心与专家中心的区别

比较项目	共享服务中心	专家中心
关注点	• 员工事务	• 协助公司转型的人力资源项目
工作活动	• 再造以获取规模经济	• 集中专家为业务单元提供支持
成功表现	• 降低成本 • 使员工获得快速、高质量的服务	• 帮助企业以创新并准确的方法达成业务目标
角色	• 客户服务人员 • 政策专家	• 咨询顾问、催化师 • 技术顾问 • 纠纷调解专家 • 筛选供应商 • 教练

续表

比较项目	共享服务中心	专家中心
接触对象	所有员工	主要是各业务单元的专业人员
接触渠道	• 800 免费电话 • 语音识别系统 • 问询处 • 客户服务代表 • 信息技术 • 面对面接触	• 项目团队 • 咨询顾问服务

集成解决方案

提供人力资源服务的第四种方式是集成解决方案，集成解决方案是集合所有的 HR 专家人员为客户解决问题。集成解决方案和专家中心有几点不同：

第一，集成解决方案是由来自多个专家中心的专家组成的团队，为业务单元解决问题；专家中心的 HR 专家则是为个别业务单元提供服务。当 Sun 公司在欧洲设立业务单元时，该公司的设备部门、信息技术部门、HR 专家中心共同组成一支团队，商议如何建立最佳的基础运营体系以支持欧洲的运营。也就是说，这个集成专家团队并非单独与 Sun 公司欧洲的业务单元负责人接触，而是共同组成一支团队开展服务。

第二，跨多个 HR 部门或跨多个专家中心的集成解决方式，为共同存在的企业问题提供内部咨询服务。例如，大通曼哈顿银行成立并购项目团队，负责诊断和整合被并购公司，这支项目团队成员包括 HR 人员、财务、设备、法律和信息技术领域的专家。当大通曼哈顿银行准备并购其他金融机构时，这些专家就会聚集在一起，互相协作达成并购目标，完成并购后，他们便各自回到所属的专家中心。这种集成解决团队能为公司创造极大价值，使公司能将某个组织的能力快速转移到另一个组织中，同时也简化了不同专家中心之间的协调工作。

案例研究：阿莫科公司的人力资源服务与价值创造框架

阿莫科共享服务公司是阿莫科公司花了很多资源建立起来的，用于提供人力资源服务。就像其他整合型的石油天然气公司一样，阿莫科公司的3个核心业务单元分别为：勘探、生产石油与天然气产品的上游事业部，提炼、销售和配送石油与天然气产品的下游事业部，生产及销售石油与天然气副产品的化学事业部。过去，这3个核心事业部都各自有相应的专家资源。

1994年末，阿莫科的战略计划委员会决定设置阿莫科共享服务公司，成为阿莫科旗下的第四个业务单元。阿莫科共享服务公司将分散于各业务单元的专家资源集中在一起，形成14个专家团队，每个专家团队都重新评估和分配工作。例如，HR共享服务团队负责分析HR工作，并将这些工作归到以下部分。

- 公司层面：负责政策层面的HR工作，有效地跨越整个组织，专注于长期战略课题或公司高层管理者。
- HR外包服务：能够进行外包的HR工作，之所以外包这些工作，是因为阿莫科认为它们不能为公司创造竞争优势，只要能达到行业的平均水平即可。
- 共享服务中心：日常的、标准化的、事务型的HR工作，这些工作在其他3个核心业务单元中都极为类似。
- 专家中心：需要专业深度和广度，可以委托给HR专家团队的工作。
- 业务单元：配合特定经营战略，为经营需求特别量身订制的HR工作。
- 集成解决方案：可以结合其他专家团队为业务单元服务的HR工作。

阿莫科共享服务公司拥有7 000名员工，年运营预算约为10亿美元，它的第一任资深副总裁理查德·弗勒利和由14个专家团队领导人组成的共享服务整合团队共同拟定该公司的愿景，同时也为有效的共享服务制定了以下标准。

- 成本领导者：降低运营成本。
- 客户导向：提供专家支持，以提高客户满意度。
- 卓越运营：确保维持最先进的最佳实践。

该公司讨论的议题从“谁在工作中拥有权威”转移到“专家该如何为特定业务单元及全公司创造价值”。

从阿莫科的例子中我们可以看出，适当地结合了6个服务机制：外包服务、共享服务中心、专家中心、集成解决方案、公司管理层服务、业务单元经营层服务，人力资源服务就能创造显著的价值。

框架三：制定人力资源价值创造的流程

价值创造的中心逻辑是水平的而不是垂直的，是基于流程而不是基于职能的，是团队合作而不是单兵作战。所谓“水平的”，是指长期以来关于集权与分权的争议本身是无解的，重要的不是层级权力，而是组织资源应该用于为客户创造价值。流程比职能重要，是指流程处理的是如何为客户创造价值，而不是把注意力放在职能部门或领导者身上。一个共享服务的组织需要整个 HR 部门的团队合作，共享服务中心及专家中心的人员必须有能力组成动态团队，以满足客户的需求。

我们可以利用 4 个步骤描述共享服务组织的水平团队合作流程，这些步骤不仅显示出客户的重要性，更强调资源必须从共享服务组织流向客户。

步骤一：了解客户需求

一个共享服务组织应该从客户需求着手，此处的“客户”，是指价值链上的下一个人或岗位。那些最终付钱购买公司产品与服务的外部客户的需求固然关键，但是 HR 共享服务组织的直接客户——企业员工和业务单元直线经理也非常重要。客户的需求代表了客户对人力资源服务的期望，客户的需求又源自企业对客户的承诺。那么企业内的人力资源对业务的承诺又是什么呢?

HR 人员和直线经理可以组成合作伙伴来共同解答这个问题。针对人力资源服务承诺的讨论过程即代表了人力资源服务和客户之间的关系，讨论的结果即可定义 HR 工作如何为企业创造价值。本书第 2 章曾经描述 HR 工作的 4 类成果：战略执行、人力资源效率、员工贡献、变革转型，这些成果就是 HR 人员对组织承诺的保证，对每种成果都可以设立目标，作为价值创造的第一步。

步骤二：成为客户接口

为达成企业目标，作为战略合作伙伴的 HR 人员必须成为业务通才。HR 人员肩负的责任包括确保 HR 工作符合业务目标，将各种人力资源实施方案整合到共同的业务目标中，通过诊断组织能力、确定组织优先任务来提高其竞争力。作为战略合作伙伴的 HR 人员必须向业务单元的领导者汇报，为业务经营团队服务，并与业务单元高度整合。

对于业务领域中的 HR 服务活动，HR 专业人员同样承担类似客户经理的角色。他们是提供卓越人力资源服务的主要责任人，负责将 HR 行动转化为业务成果。在组织中承担 HR 工作的员工，同时也是共享服务组织和业务单元之间的沟通桥梁。

HR 人员比较像通才，而非特定领域的专家。他们有义务评价、挑选出高质量的工作方式，并引荐给业务单元，但不是直接设计和承担这些高质量的工作。他们并不“做”这些工作，而是协助完成这些工作，并保证服务的质量。

步骤三：建立服务流程

HR 专业人员不仅要诊断企业的需求，也要建立一个能满足这些需求的服务机制。HR 专业人员努力让资源的配置符合企业战略，但是在共享人力资源服务的组织结构下，身为战略合作伙伴的 HR 人员会运用多种方法，建立必要的流程，从而提供人力资源服务。人力资源服务的提供方式至少包括以下 5 种：

- **服务于业务的 HR 专业人员**：在传统组织中，大部分 HR 工作都是由服务于业务单元的 HR 专业人员负责的。即使在共享人力资源服务的组织中，规模大且结构复杂的企业可能仍然采取专用资源（如人员招聘与配置、薪酬、员工培训）的方式，但一般而言，采用这种服务渠道的情形正逐渐减少。

- **担任共享服务角色的 HR 专业人员**：共享服务中心及专家中心的HR 专业人员可以根据业务单元的要求，提供业务单元所需要的人力资源服务。在这种情况下，HR 战略合作伙伴必须先界定业务单元的需求，然后派遣一支团队负责完成业务单元要求的任务。
- **直线经理**：HR 战略合作伙伴运用许多方法培训直线经理并让他们参与 HR 工作。例如，在百特医疗公司，直线经理负责薪酬分配工作；在联合信号公司，直线经理承担许多质量培训工作；西尔斯的直线经理负责领导组织变革工作。
- **信息技术**：现在有许多公司在人力资源信息技术方面投入大笔经费，软件信息系统既可以提供简单而灵活的服务（如福利），又能提供复杂的服务（如继任计划）。例如，在惠普公司，信息技术已经是 HR 人员和直线经理成功的关键因素。
- **服务外包**：提供人力资源服务的第五个方式是将 HR 工作外包给外部供应商和咨询公司。例如，IBM 就将许多 HR 工作外包，过去曾为它们提供过短暂服务的代理商诺雷尔公司已成为一家快速成长的外包服务企业。许多咨询公司为企业提供长期的转型服务项目，企业将组织变革工作外包给这些咨询公司。在大型企业中，外包其实是通过内部承包来进行的，例如，AT&T 设立了一个由 AT&T 的全职员工所组成的专家团队，这个专家团队根据 AT&T 各业务单元的需求而被调动。

上述每种人力资源服务方式都为满足业务单元的人力资源需求提供了合适的渠道与方法。在许多公司中，HR 专业人员有责任来选择最能满足人力资源服务需求的方法。

步骤四：实施共享服务

前面介绍的共享服务中心和专家中心构成了共享人力资源服务组织的第四个步骤，整合这些共享资源是为了实现规模经济效应，也是为了更好地为业务单元服务。

图 4-3 的共享服务中心流程首先由熟知整体业务运营的 HR 工作者确认客户需求，然后找出满足这些需求的最佳服务渠道。许多时候，必须同时运用共享服务中心和专家中心才能有效地满足业务单元对人力资源服务的需求。

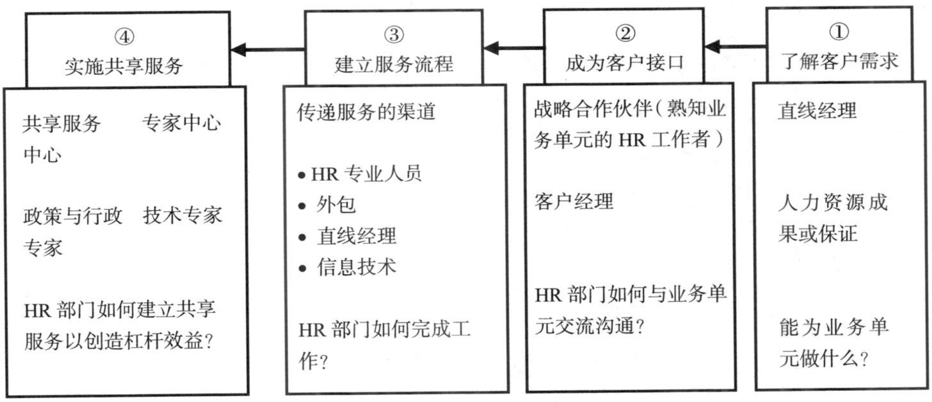

图 4-3　共享服务中心的逻辑流程

共享服务组织成功的关键因素

尽管能够有效评价共享服务组织成效的公司并不多，但我们还是可以找出共享服务组织取得成功的 4 个关键因素。

❑ 关键因素一：明确客户需求

让客户参与定义成果

匹兹堡玻璃公司（PPG）的 HR 部门拟定了一个使命和建立在该使命基础上的相应原则。但是该公司也认识到，如果无法让人力资源服务的客户——直线经理参与定义成果，便无法做出承诺。因此，匹兹堡玻璃公司的 HR 人员就人力资源对于业务单元的成功所做贡献这一议题，与他们的客户（直线经理）进行了无数次正式与非正式的讨论。这些深度会谈并非抽象的漫谈，而是具体的讨论，根据这些讨论，HR 专业人员找出了直线经理对 HR 部门的实际期望。

为使客户参与定义成果，HR 专业人员必须明确地了解谁是客户、客户的目标是什么、HR 人员如何为这些客户创造价值。某公司称这种工作是为了“让我们的客户成为赢家”，该公司鼓励 HR 专业人员尽一切努力，通过人力资源管理工作，让他们的内部客户成为赢家。

帮助客户了解战略性人力资源管理的重要性及人力资源策略的作用

另一个有助于客户参与人力资源管理过程的重要因素是，先区分战略性人力资源（Strategic HR）和人力资源策略（HR strategy），然后将二者整合在一起。战略性人力资源是指根据企业战略规划确定人力资源服务的优先级顺序，这项工作的主要工具是组织诊断（见第 3 章）。人力资源策略则是为 HR 职能创建使命、愿景和组织机构（见第 7 章）。直线经理应该积极参与战略性 HR 工作，因为它不但影响直线经理达成企业目标的能力，也决定了 HR 部门的角色与命运。

❑ 关键因素二：厘清客户接口

挑选合适的 HR 业务专家

共享服务中心中最具挑战的工作可能就是人力资源战略合作伙伴的工作了。他们既是业务单元中的 HR 代表，也是业务单元管理团队的成员。因此，他们必须对企业业务有全面的了解，同时对 HR 工作的专业内容也非常熟悉，才能为企业提供人力资源服务。在个人方面，这些 HR 专业人员必须在业务单元中取得信任，人们才会重视他们的建议，同时取得 HR 专业团队的信任以获得所需要的支持。

在共享服务中心中，这个重要角色必须由那些与业务单元有所接触的资深 HR 专业人员来担任。首先，这不是为新人设计的发展性工作岗位，而是需要经验丰富、可靠的 HR 专业人员来担任；其次，这项工作不是短期任职，因为要充分了解一个业务单元可能需要花上好几年时间。作为战略合作伙伴的 HR 业务专家是延续业务单元管理团队一致性的关键。

精通组织诊断

HR 战略合作伙伴的主要角色之一是领导组织诊断工作，组织诊断可用来界定战略性 HR 工作，战略性 HR 工作是将企业战略转化为组织行动并界定 HR 工作的优先级顺序。人力资源服务提供给业务的成果应该确保是直接从组织诊断中产生的。

组织诊断工作需要 HR 战略合作伙伴建立起成功组织所需的组织能力模型，并把这个模型应用到业务中。举例来说，Dial 公司的消费产品部门有几位分别代表不同业务单元的 HR 战略合作伙伴，他们使用的模型包含了成功组织的 6 个要素：共享心智、胜任力、绩效、治理、变革能力和领导力。每位 HR 战略合作伙伴根据这 6 个要素进行组织诊断，再根据诊断结果为其业务单元制定 HR 工作的优先级顺序，这些优先级顺序便成为每位 HR 战略合作伙伴保证其业务单元达成成果的基础。从这个例子我们可以看出，如果没有进行组织诊断，HR 战略合作伙伴就无法制定 HR 工作的优先级顺序，进而协助业务单元迈向成功。

❑ 关键因素三：精确定义流程

定义并使用提供人力资源服务的多种通道

共享人力资源服务的主要成功因素之一，是舍弃传统的人力资源服务方式。在许多传统的 HR 组织中，提供人力资源服务的主要是业务单元的 HR 专业人员。在共享人力资源服务的组织中，必须使用多种通道才能提供卓越的人力资源服务（见表 4-6）。

新的服务通道代表 HR 工作的新方法，这些通道包括：让直线经理负责传统的 HR 工作，运用信息技术简化工作并提高工作效率，将 HR 工作外包或要求员工承担传统的 HR 工作。建立不同的人力资源服务通道需要花费时间、精力和财力，但从长远来看，这些新通道可能为业务单元和公司节省资源。许多公司往往担心共享服务中心会造成人力资源服务质量的下降，这种忧虑其实是没有根据的，新通道如果够完善，就能够维持高质量的人力资源服务。

表 4-6　共享服务的提供方式及对不同客户的服务价值

共享服务方式＼客户	员工	直线经理	高级管理者	外部客户
共享服务中心	高	中	中	低
专家中心	低	低	高	中
客户经理	低	高	低	高

在客户与共享服务中心之间共享信息与服务

在传统的人力资源组织中，信息以“应知原则”分享，并非每个人都知道所有信息。在共享服务中心组织中，信息的分享同样遵循“应知原则”，但是一些重要信息，组织中每个人都必须知道。组织中每个人都应该知道客户的期望（对人力资源服务的期望）、成功流程的评价标准（人力资源服务成果如何达到客户期望）、服务提供通道及其价值的合理性（为达到期望的成果必须花费多少共享服务成本）。

此外，共享服务中心必须分享他们从其他业务单元学到的东西。专家中心的专家为业务单元提供顾问服务，他们必须学习分享从不同业务单元学到的经验，分享方式包括技术专家共同合作不同的项目、向专家中心其他专家请教、最佳实践研讨会或研习营。AT&T 设立年度战略合作伙伴最佳实践奖（可以是个人或团队），以表彰对业务单元的成功做出贡献的 HR 专业人员，并鼓励公司其他员工向他们学习。

将共享服务中心的信息共享有助于在整个 HR 群体建立起共享心智，这种共享心智代表了公司的 HR 团队期望别人看待他们的态度，这种身份认同感会随着团体队的信息共享逐步强化。

关键因素四：充分共享服务

拆除 HR 部门内部的边界

也许妨碍共享服务中心成功运作的最大障碍是 HR 部门内部边界。内部边界使组织中不同领域的人员之间壁垒分明：事务性工作人员与专业人员、薪酬人员与招聘配置和发展人员、企业层级与部门层级，这些边界隔阂都阻碍了信息、工作、决策和激励的沟通。

如果这些边界一直存在于人们脑海里，那么共享服务中心就无法运作。HR 部门中扮演不同角色与肩负不同责任的个人，如果能对部门的整体目标建立共识，就能够消除彼此间的边界隔阂。消除边界隔阂的方法包括：建立超越个别目标的共同目标、通过职业生涯发展在部门内调动个人担任不同角色、消除边界隔阂的诱因。

厘清共享服务组织内的多元化角色

共享服务组织的员工脱离了传统的人力资源组织结构。在大多数新的组织形态中，人们都希望停留在过去组织形态中的舒适区，不愿面对现在与未来的需要。因此，共享服务中心若想达成目标，重要的方法之一是必须厘清新组织需要哪些不同于过去的角色。

- HR 战略合作伙伴不能只是传统的通才角色，他们必须直接向直线经理报告，负责该业务单元的 HR 管理工作，因此他们必须扮演人力资源服务供应商、业务单元咨询顾问、变革的超级辅导员等角色，而不再仅仅是传统的 HR 经理。
- 公司层面的 HR 专业人员不只是停留在战略层面，固然有一些工作仍属于战略性质（如专家中心中专家的工作），但是许多公司层面的共享服务工作（如共享服务中心），更侧重于高效的日常运营性工作，而非长期战略。
- 专家中心的 HR 专业人员不负责制定与执行政策，他们的工作是提供咨询与建议。HR 部门不再专注于拟定适合企业实施的传统职能（如薪酬、高级人才的发展、组织效率、继任人选规划等），而是转

> 向采用共享原则辅导业务单元。他们的工作是诊断问题、参与解决问题，在业务单元中协助提供卓越的人力资源服务。他们必须熟悉业务单元，才能为业务单元创造价值。

这些新角色需要一些新的能力，包括咨询顾问技术、诊断方法与技术、团队合作、流程管理。

将共享服务组织的人员集中在一起

通常，共享服务组织的人员集中在一个场所内工作会较有成效，否则会产生两个问题：第一个问题是，如果让专家中心的专家继续留在他们原来的工作地点，通过通信系统联系，那么在这种情况下，尽管这些专家已经被正式指派到专家中心工作，但继续待在原先任职的业务单元中会限制他们的服务能力。需要服务的其他业务单元不容易联系到这些专家，他们的回应也不够高效。若将专家中心的专家们集中于一个新的独立办公地点，便向外传达了一个强烈的信息——专家中心的专家可以服务所有人和所有业务单位。第二个问题是，留在原来的工作地点会影响到专家中心的专家本身，这些专家必须为公司的各个业务单元服务，他们大部分时间都在不同业务单元之间游走，诊断问题、提供建议。若缺乏一个归属的“家”，这些专家将孤立于专家中心之外，阻碍技能的分享和共享心智的形成。

大型企业可能会有多个专家中心，例如，Digital 公司在亚太地区、欧洲、北美洲分别设立 HR 培训专家中心。这 3 个中心通过共享技术、共用员工和共同活动等方式相互联系，但是它们服务的对象只限于所在地，这种结构有助于降低成本，也可以针对地区特殊需求设计培训内容。

鼓励与指导团队合作

共享服务组织需要团队合作，HR 战略合作伙伴必须同时扮演两个角色：管理团队成员和 HR 团队成员。当业务单元的需求改变时，团队也随着改变，HR 专家中心的专家必须快速有效地组成团队。经验显示，在东欧、中国、印尼、印度和其他新兴市场，特别需要团队合作，因为在这些地区，企业的多个业务单元可能经常会同步运行。

共享服务中心的 HR 专业人员如果能组成团队，就可以提供更好的服务，这种方式的成效可以从设置了 800 免费电话服务的保险机构中看出。

美国联合服务汽车协会和美国全国保险公司并没有设立地方性分支机构销售保单和处理理赔工作，而是采用免费电话服务，反而可以快速地提高市场占有率。原先它们担心使用免费电话处理保险理赔会让客户感觉缺乏当面服务的亲切感，但是后来发现，组成一支理赔团队，由专人负责处理每位客户的理赔，仍能给予客户亲切感。

例如，某位客户打电话申请汽车保险理赔，由 Y 团队的 X 理赔人员负责，日后当这位客户再次来电提出问题或询问信息时，电话便会转接给 X，X 会将有关这位客户的一切信息详细记录于电脑中。如果 X 恰巧不在，便由 Y 团队的另一位人员处理，他可以从电脑中查到 X 客户的理赔资料。从而，客户便能感觉一直都受到亲切的服务。美国联合服务汽车协会和全国保险公司发现，通过这种团队服务架构，客户满意度维持在保险业界中的优秀水平。

共享服务中心可以采取类似的方法处理员工问题或疑虑，如员工福利及年金问题等。由某一共享服务中心团队的某位人员专职处理某位员工的问题，就无须担心员工会感觉失去专职服务的亲切感。即使没有面对面接触，但有特定人员专职服务，员工仍然能够感觉受到了尊重。

尽快采取整合行动

任何组织变革成功的关键因素之一是，一旦阐明和宣布想法后，必须快速地采取行动。即使许多细节与流程尚未完成，但是从宣布到实际执行之间的时间差仍应尽可能缩短。

建立共享服务中心，通过共享服务资源，人力资源服务的人数需求总数减少了，这是实施共享服务方式的主要优点之一，在多数裁员行动中，快速而大胆的决策反而能使员工更专注于组织的未来，而非过去。同样，在建立共享服务时，最好能快速整合，使员工尽快知道他们在新组织中的角色。

明确共享服务方式的成果标准

有 3 个要素可用以评价共享服务中心的成效。

第一，客户价值可以用客户满意度作为评估指标。在大多数情况下，可以收集直线经理和员工对共享服务质量的评价，方法包括问卷调查、焦点小组、目标访谈，或其他以客户态度为关注点的信息来源。

第二，人力资源服务成本可以用生产力分析来评估，共享服务的应用除了维持或提高人力资源服务的质与量，同时还要降低人力资源服务总成本及 HR 员工人数。使用共享服务的客户学会依靠人力资源服务做出更佳决策，也能够进一步降低成本。因此，共享服务变成一个内部市场，人力资源服务成本也更容易评估。

第三，人力资源服务的成效可以从取得服务所花费的时间是否减少来评估。共享服务中心的 HR 专业人员应能够迅速回答员工问题并完成事务性管理工作，专家中心的 HR 专家应能够即时为业务单元量身设计 HR 解决方案，因为他们掌握最佳实践方法，可以灵活地应用于各个业务单元。

评价共享服务成效的指标必须在共享服务中心和专家中心开始运作之前就建立完成，此外依靠标杆进行评价可以进一步反映人力资源服务的成败。举例而言，惠普公司在 1990—1993 年减少了 1/3 的 HR 人员，HR 人员对应员工的比例从 1：53 降低为 1：75。据惠普当时的 HR 副总裁所述，HR 部门人员的减少为公司节省了近 5 000 万美元，却无损人力资源服务的质量。

在 20 世纪 90 年代初期，英特尔发起一项为期 4 年的计划，成功地降低了该公司 HR 工作者对应员工的比例。1990 年，该比例为 1：53，1991 年提高为 1：50，1992 年为 1：48，1993 年再提高到 1：45。但是从那时起，为了降低成本，英特尔被迫改变这种发展趋势，它希望通过 4 年期的计划，使此项比例在 1996 年年底之前降低到 1：100。它的方法是采取了新的人员招聘流程。过去英特尔的做法是派遣直线经理到校园招聘应届毕业生，再请他们到公司做进一步面试。新的人员招聘流程是，由6位专业人员负责招聘与甄选，一两百位直线经理偶尔会参加现场说明会、举办公司参观活动。6位人员招聘专家负责筛选和挑选各领域有潜力的学生到公司实习，英特尔在1992年和1993年只提供了700个为期3~6个月的实习机会。

必须关注的变化

权力的转移

在共享服务架构下，权力从公司层面转移到业务单元，为业务单元服务的 HR 人员获得了对组织的影响力。他们成为 HR 工作设计与实施的引导者、提供人力资源服务的客户经理和业务单元中的人力资源代表。

当共享服务中心和业务单元的 HR 专业人员成为合作伙伴时，便能如预期一样满足业务单元的需求。若要建立一个具有共同利益目标、凝聚力强、相互尊重的 HR 专业人员团队，就需要 HR 专业人员进行深度会谈并建立共同的承诺。

人性化感觉的降低

有些客户喜欢使用自动柜员机、电话及邮寄银行服务，有些客户则感觉自动化银行是缺乏人性化的服务，他们比较偏好真人服务。使用人力资源共享服务的员工也可能产生类似的感觉，他们发现过去由 HR 专业人员提供面对面的服务，现在已经被信息技术与电话语音服务所取代。员工对人力资源服务的期望必须从重视人的接触转变为有效率地提供高质量服务。

共享服务中心的 HR 专业人员也可能会感觉和服务对象之间存在距离感，特别是那些因为“喜欢人”所以选择从事 HR 工作的员工，这种感觉会更强烈。共享服务中心不能提供面对面的接触，但为客户提供更佳、更有效率的服务，或许可以使那些认为人性化感觉降低的 HR 专业人员从中获得另一种荣耀与成就感。

□ 责任的增加

在共享服务中心组织结构下，HR 专业人员为业务单元创造价值的责任日益重大。由于“价值”可能包括各种复杂的事项（如战略执行、HR 效率、员工贡献、变革能力），人们对 HR 专业人员的期望也随之增加。为了有效地满足这些期望，他们不仅需要制定政策与计划，还必须支持对业务单元的成功有所贡献的伙伴们，他们的贡献程度则视业务单元创造价值的多少而定。

专家中心的 HR 专家的责任是提供 HR 专业顾问服务，他们必须熟知自己专长领域的最佳实践，同时与 HR 战略合作伙伴分享这些知识。评价专家中心 HR 专家的成果，就需要了解他们是否有能力为业务单元提供具体的建议，并协助业务单元的战略执行。

共享服务中心 HR 工作者的责任是以最具成本效益的方式提供服务，至于成果评价的标准则是观察他们是否有能力迅速、及时、亲切地回答问题，以及有没有能力解决员工的医疗给付、福利分配、人员结构多样性等问题。

□ 共享心智的形成

共享服务模式的 HR 组织最常见的问题是，无法在组织不同的功能与角色之间建立共享心智。要建立共享心智，就必须让所有在共享服务组织中的员工建立统一的认知、目标与价值。要评估组织是否建立了共享心智，可以问以下问题：我们 HR 部门最希望被认同的前 3 个身份是什么？不论属于哪个领域的 HR 专业人员，对这个问题的回答必须至少有 75%的共识，才能肯定他们已经建立了共享心智。对这个问题的回答相同程度越高，代表 HR 部门的一致性越高，这种一致性能强化部门的方向感。当 HR 专业人员具备共享心智时，人力资源服务的受用者也会理解这个共享心智。

❑ 影子员工的出现

> **共享服务意味着直线经理不再有专职的 HR 人员听候差遣。**

共享服务意味着直线经理不再有专职的 HR 人员听候差遣，面对这种变化，如果直线经理的反应是雇用专职的行政助理，或寻求外面的顾问来执行 HR 工作，而不是使用公司的 HR 共享服务，就会产生“影子员工”。

这些影子员工会与共享服务模式的目的相悖，他们缺乏专长，业务单元管理者雇用他们会增加成本、分散管控，有效地发展共享服务中心则可避免这种影子员工带来的官僚作风。当 HR 战略合作伙伴未能为业务单元创造价值时，就很可能发生影子幕僚的情形。

小结

成为HR效率专家

HR效率专家通过各种改进方法提升了工作的效率，本章探讨的是HR部门的执行效率，但是类似的工作与方法也可以应用在企业的其他部门与流程中。

要成为HR效率专家，需要精通两个阶段的流程再造。第一个阶段是流程改进，HR专业人员必须学习如何使流程简化、自动化，以提升HR工作的效率，他们将业务流程再造的原理应用于人力资源服务的流程再造。第二个阶段是重新思考价值创造，HR专业人员不仅需要再造流程，还要进一步创新思考如何执行流程。共享服务的目的在于创造价值，这不仅有助于改善人力资源服务流程，也有助于重新塑造组织化思考模式，包括决定做哪些工作、不做哪些工作、在何处做、如何做、由谁来做。

直线经理可以通过以下工作支持人力资源流程再造和价值创造：

- 理解和支持所有工作流程的再造。
- 重新定义流程再造是价值创造的过程。
- 建立有效的共享服务中心，包括服务机制和行动流程。

为成为HR效率专家，HR人员必须学习如何开展下列工作：

- 通过技术、流程再造、质量改进改造HR工作。
- 明确HR在企业价值创造过程中的角色。
- 建立共享服务中心的服务机制。
- 从效率（成本）和有效性（质量）的角度评估HR工作。

CHAPTER 5

第 5 章　成为员工支持者

从以下几则故事中可以看出，HR 人员扮演员工支持者角色需要面对众多复杂的挑战。

只会维护管理层的 HR 部门

最近在一次飞行途中，我的邻座看到我正在处理的一些资料后，开始与我交谈。当我提到自己是一位人力资源管理教授和咨询顾问时，他非常想知道我的工作内容是什么。他提到他的太太在一家我曾经服务过的企业中担任高级工程师，在这家公司的一个外地的大型分公司中工作。这家公司近些年因为其优异的业绩表现受到了广泛的公众赞誉，甚至被视为一家拥有最佳实践的公司。但是我的邻座告诉我，这些外在形象与他太太在公司的实际感受相差很远。在她的工程团队中，工作常常超时，员工士气低落，许多人有被公司疏远的感觉。员工觉得公司只重视绩效，以至于在追求利润的过程中忽视甚至藐视他们的需求。当我问到该业务单元的 HR 人员是如何响应这些问题时，这位邻座笑着引述他太太的话说："那些 HR 人员总是在开一些管理会议，讨论一些与员工真正需求毫不相关的主题。她的同事认为，HR 人员只会维护管理层，而不会为员工着想。”

真实人的真实需求

我们花了两天的时间，与美国一家大型制药企业的 10 位 HR 高级管理者讨论他们所扮演的战略性角色。我们把他们的目标设定为成为业务伙伴，包括理解战略、与直线经理形成伙伴关系、重新设计 HR 体系、促成战略变革。当讨论接近尾声时，一位在纽约长岛一家工厂的 HR 部门工作的女士表示，就她的具体工作而言，如果她只做我们刚才会议中谈到的战略性工作，她的工作将会很失败。她说在她那个有着众多外国移民、离职率高、教育水平低及其他许多日常问题的工厂中，她必须非常关注员工的需求，否则工厂就可能关门。她觉得她作为业务伙伴的主要工作就是倾听员工心声，帮助他们了解移民法规，以及关心这些真实的人的真实需求。

“高压锅”公司

最近一家成功的全球性企业组织公司 60 名高潜力的职业经理人，举办了一场研讨会，讨论的话题是关于职业生涯发展。结果发现，这些职业经理人中竟然有 50%的人（大多数是 30 多岁或 40 岁出头的人）认为他们不会在这家公司工作到退休，并非因为缺乏机会，而是工作压力太大，公司的期望太高，有九成的人知道一些他们认为对公司很有价值的员工在过去 6 个月中，因为工作要求不断提高而主动离职了。第二天，当其中一位参与者把这些评论反映给公司的一位高管时，这位高管的回应是：“我们公司的岗位很吃香，谁要是不想努力工作，每个岗位上都有人可以替补，而且这种关于工作与生活平衡的讨论对公司的业绩没有好处。”

上述案例共同道出了一个事实：在面对裁员、全球竞争加剧、客户需求提高、管理层级减少、员工授权增加，以及其他现代管理实践所带来的压力时，员工的工作生活已经发生了改变，而且并不都是好的改变。

提高员工贡献的挑战

现在工作的要求比以往高出了许多，员工总是被要求用更少的资源做更多的工作。当公司不再提供职业生涯发展甚至工作保障时，员工就开始重新考虑他们对公司的贡献与承诺。如果公司取消使用基于工作保障和职位升迁的旧雇佣合同，取而代之以虚幻的信任和期望，员工也会以牙还牙。他们会把自己与公司视为交易关系：他们会贡献时间，但不会尽最大的努力。员工开始满足于基本的工作能力，不再试图超越，也不再全身心投入公司业务中。

这些效应可能发生在不同层级中。某家公司刚经历过裁员的痛苦，该公司的一位高管担心员工未来只会“动手、动脚”，而不会“动脑”。他担心由于重组的问题，会有更多的员工只愿投入时间，而不愿投入心力。另一位高管则因为一位为公司服务了 35 年的老员工在退休离职面谈时对他说的一番话而感到难过，这位员工说：“在过去 15 年里，你利用了我的时间和体力，却没有得到我的头脑。”他说他其实有几百个能够改进业务运营的想法，但是既没有人问过他，也没有人在意他的想法和意见，他只好把它们留在自己脑海中。以我自己的经历为例，最近在一次培训会中我问现场与会者，有多少人知道 5 种及以上的可以改进所在公司运营状况的方法，所有人都举起了手。可是，所有人也都认为他们的想法要么没有机会表达，要么提出来后没有人落实，所以他们现在只是简单地动手动脚，但不动脑。

员工贡献已经成为企业的关键课题，因为企业希望用更少的员工创造更多产出，而实现这一点的唯一方法就是不仅要让员工贡献体力，还要让他们贡献头脑乃至灵魂。当员工感到能自由分享想法，感到公司的大人物把员工利益放在心上，感到自己和公司之间的雇佣关系健康而且有价值时，员工的贡献度就会提高。

在建立良好的公司员工关系的过程中，作为业务伙伴的 HR 人员扮演了关键角色。如果没有人倾听员工心声，没有人关注员工利益，许多在公司之外另有机会的员工就会选择跳槽。如果没有人关心员工的日常需求，员工对公司的贡献就会降低；如果没有人倾听员工声音，他们可能就此沉默，而让企业付出代价。

当 HR 人员维持了高水平的员工贡献时，他们就成了业务伙伴。在过去，这意味着 HR 人员要处理员工的社交需求：野餐、派对、联合募捐活动等。而现在，这些活动的重要性已经降低，但员工的需求并未减少，成功的 HR 人员要确保员工的承诺水平，就必须认真找到替代活动。

员工的贡献和承诺并不只是 HR 人员的责任，正如惠普的 HR 副总裁所说："直线经理对自己部门的员工是负有责任的，HR 人员应该帮助他们承担起这个责任。"也就是说，直线经理在许多确保员工承诺的行动中负有首要责任。许多直线经理宁愿选择"老办法"：让 HR 部门承担起所有与人相关的事务，他们自己则只管业务。因此，HR 人员必须努力通过研讨会、沟通、员工调查等方法，引导、培训直线经理肩负起激励员工士气的责任。例如，惠普对于直线经理的绩效评估就考察了员工敬业度调查的得分趋势，以及直线经理行动计划执行质量的趋势。调查评分和行动计划也是业务评估的重要内容。

许多公司的 HR 人员把业务伙伴错误地定义为只需要参与战略事务，而忽视了提高员工贡献的重要性。

理解员工贡献的框架

要成为成功的员工支持者，需要一个概念框架，用来界定 HR 人员在员工贡献方面可以做出哪些改进。我发现，来自组织领域之外的一些理论与研究，为澄清员工支持者这一组织角色提供了最佳的框架。

□ 青少年的抑郁问题

我太太是一位认知心理学家，专业方向是将认知理论应用到家庭动力问题上，特别是青少年的抑郁问题上。通过她，我了解到近些年青少年的抑郁问题已越来越普遍。如今，37%的青少年至少有轻微的抑郁情况，自杀在青少年死亡率排名中，仅次于意外死亡。实际上，抑郁和自杀问题在各类群体中同样普遍存在。对于青少年抑郁问题的成因，最近的理论解释一般聚焦于对青少年提出的要求和提供的资源之间的不均衡。

儿童在跨入青少年阶段时，会面对许多非常真实的要求。社交上，他们要学着融入家庭以外的群体中；生理上，他们要学着应对荷尔蒙和其他性成熟带来的变化；认知上，他们必须面对学业与职业生涯期望的问题。这些要求具有一些共通的特征：第一，它们是无法规避的，它们会无视社会阶层而影响每个青少年；第二，它们都是真实存在的，不能被否认或忽视；第三，这些要求都是认知上的，青少年会认识到这些要求与他们自己及其他人对自己未来的期望有关。

看起来这些要求就是导致抑郁的原因，其实不然。青少年抑郁并不是因为这些高要求本身的难度，而是因为与难度本身相比，青少年拥有的资源太少了（见图 5-1）。资源指那些能为个人提供能量，帮助他们应对外界对自己的要求的活动。简单来说，当青少年感到自己“无法应对这么多要求”时，处理能力的不足与这些要求本身共同导致了他们的抑郁。许多资源能够提高处理高要求的能力，包括在同龄人、成年人和家人中都有朋友般的支持。

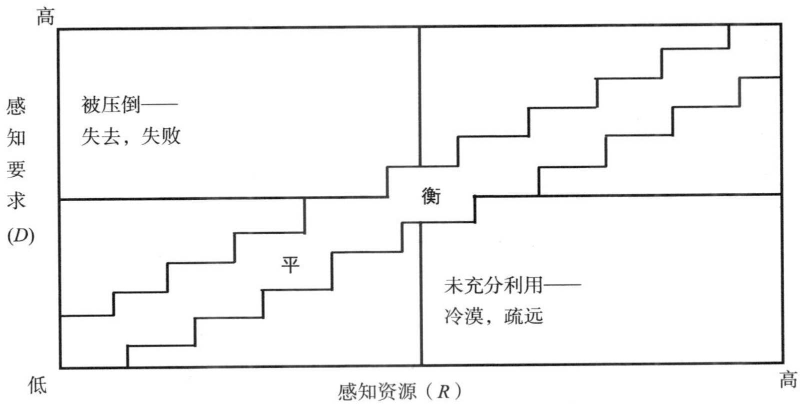

图 5-1　青少年的感知要求和感知资源

当 $D>R$，或 $R>D$ 时，就会出现抑郁。

图 5-1 展示了一个简单的有助于解释青少年抑郁问题的“要求/资源”框架。

❑ 员工的抑郁问题

用来理解青少年抑郁问题的要求/资源框架，也可用来框定在处理员工贡献时的 HR 角色。员工面对的要求越来越高：更全球化、更快响应客户、更灵活、更多学习导向、更多团队驱动、更高生产力，公司必须认识到这些要求是真实存在而且无法规避的。为了更具竞争力，公司必然会对员工提出更多的要求，这些要求造成的影响不容忽视。

随着要求越来越高，员工的抑郁问题就可能出现了。某些表现是员工出现抑郁问题的征兆，表 5-1 所示的评估中描述了其中部分表现。出现这些表现的根本原因可能是：员工觉得公司对他们的要求超出了给他们的资源。他们觉得自己接受的现有资源不足以支撑完成工作。与青少年的抑郁问题一样，员工的抑郁并不是来自高要求（因为公司的竞争需要必然导致高要求），而是来自他们缺乏足以应对这些要求的资源。

员工的抑郁并不是来自高要求（因为公司的竞争需要必然导致高要求），而是来自他们缺乏足以应对这些要求的资源。

表 5-1 员工抑郁状况评估

员工抑郁的征兆	普遍程度（1 分=低，4 分=高）
1．员工觉得他们的工作不被认可或不被欣赏。	________
2．员工觉得他们的工作和生活不均衡，太多精力花在了工作上，对个人和家庭投入的精力太少。	________
3．员工感叹、缅怀过去的工作，觉得那时很好。	________
4．员工觉得无论他们怎么努力，都不能满足公司的要求。	________
5．员工感到无法控制工作的数量和质量。	________
6．高潜力和有价值的员工不只对猎头行为做回应，而且会主动离职。	________

续表

员工抑郁的征兆	普遍程度 （1分=低，4分=高）
7. 员工与压力相关的医疗保健费用增长得比其他方面快。	________
8. 员工觉得上级不了解或不关心他们面临的实际情况。	________
9. 员工不愿意或羞于在工作场合谈论个人事务（如爱好、家庭等）。	________
10. 员工脾气急躁，常为琐事争吵。	________
11. 员工士气低下。	________
12. 员工花更多时间思考如何保障他们的职业发展，而不是如何服务客户。	________
13. 员工抱有逆反心态，消极地遵守规则，被动地执行任务。	________
14. 员工更多地在非正式场合谈论不满意和疑虑，而不在正式的沟通渠道谈论。	________
15. 员工在工作中觉得无趣，总是抱怨工作很难。	________
16. 员工觉得难以承诺完成工作。	________
17. 员工感到职业发展的机会渺茫，或无法掌控自己的职业发展。	________
18. 员工被要求做得更多，但他们认为自己没有掌握所需的资源。	________
19. 员工感到被一些例行公事束缚了。	________
20. 员工感到对按要求完成任务已经力不从心了。	________
21. 员工总是说被紧张感和新压力压迫到筋疲力尽。	________
22. 员工嘲笑公司的新举措和计划只会让他们的工作更困难。	________
23. 员工看不到更努力工作能得到什么。	________
24. 员工不知道如何庆祝他们工作上的成功。	________
25. 当一天工作结束时，员工知道他们可以做得更多更好，但他们没有要这样做的意愿和决心。	________
总分：	________

HR 人员应该在和员工的日常接触、离职面谈、员工调查及员工关系活动中，及早发现员工抑郁的征兆。作为员工支持者，HR 人员也应该努力解决这种资源、要求不均衡的问题。但这并不像看起来那么简单，因为尽管要求与资源取得某种程度上的均衡是必要的，但取得完全的均衡反而是错误的。员工的事业心（也是公司对员工要求的一种形式）应大于被提供的资源，处于低要求、少资源状态下的员工将接受现状，不再有学习或改进的机会。

当要求和资源达到适度均衡时，员工就能对公司做出贡献。他们将能够承诺改进，并具备足够的能力完成所需的改进。为确保员工贡献，HR 人员应成为推动资源与要求均衡的观察者、发起者和倡导者，为他们自己，也为他们所服务的直线经理和员工。

应对要求、资源不均衡的挑战

有 3 个方案可以用来解决要求、资源不均衡和员工贡献问题。第一，减少要求：帮助员工减轻工作负担，与现有资源达成均衡。第二，增加资源：帮助员工获取新资源，使他们能完成工作。第三，把要求化为资源：帮助员工学着把要求转化为资源。

❑ 减少要求

在青少年感受到的对他们的要求中，有一些是实际而合理的（如在学校好好表现），有一些则不合理（如每周末都得有个约会），帮助他们把重要的要求挑出来，将有助于缓解他们的压力。

同样，员工也被要求很多，其中有一部分更重要一些。帮助员工把合理的要求挑出来，并尽可能去掉没有根据的要求，将有助于他们达成均衡。HR 人员可以采取一些具体措施来减少对员工的要求。

设置优先级顺序

设置各个要求的优先级顺序将可以看出哪些要求是不必要的。大多数人在某种程度上都赞同“任何值得做的事都值得做好”。通用电气的史蒂夫·科尔认为，这个观点往往会演变为“任何值得做的事都做得再过头也值得”，这时这个观点就变得有害了。如果决策A需要一个高绩效团队来做出，那么所有决策都应由高绩效团队来做出；如果一个员工群体因为一项培训而受益，那么所有员工都应接受这项培训。这种思维方式及其结论往往使员工承担过多。通过设定优先级，就可以看出哪些工作值得做好，哪些不值得一做。

在通用电气公司，一项名为“群策群力”的文化变革聚焦于去除没有附加值的工作。其背后的假设是，工作会像橱柜和阁楼中的杂物一样不断累积，不经谨慎地思考和选择就被堆起来了。整理橱柜时需要丢掉一些不再有用的东西，清理工作系统也一样，需要去除不再创造价值的工作。例如，为完成这种清理，通用电气公司所有行政流程，包括报告、批准、流程、评价和会议等都需要经过以下问题的检测：有客户会因为这项工作而获得价值吗？如果答案是否定的，这项工作就会被去除。其他可用于评估工作价值的具体问题如下。

- **报告：**谁会用到这份报告中的信息？这份报告中的信息如何帮助改进决策？这份报告中的信息是否正确和及时？准备这份报告需要多少时间？
- **批准：**不被批准的频率有多高？如果某些请求（如培训费减免、差旅申请）总是会获得批准，那么这种批准只是走个形式，而不创造价值。批准的结果最终由谁负责？批准流程是否以此人为核心？
- **评价：**谁使用评价的结果？这个评价是否强化了所鼓励的行为？进行这个评价是因为它容易执行还是因为它很重要？进行评价的成本有多高？这个评价得到的是前导数据还是滞后数据？

- **会议：**为什么举行这个会议？不举行的后果是什么？参会人员花费时间参会，获得了什么？会议是一种沟通工具还是决策工具？
- **流程：**该流程有多少步骤？这个流程能否被简化而使工作更快完成？

通过这些问题就能找出不创造价值的工作，去除这些工作后，员工就有更多时间从事创造价值和提高贡献的工作了。

聚焦

对员工的要求过高可能因为目标不聚焦。只开展少数关键行动，工作就能更聚焦。但遗憾的是，在一个“高要求”的世界，质量、创新、授权、客户导向、团队建设、生产力等，都是必不可少的。谁愿意为提高生产力而放弃创新呢？高要求的组织正是因多维度的追求而成为赢家的。

因此，组织必须将多重活动整合进同一主题下，才能进行聚焦。某种程度上，这种包罗万象的共同主题不如单一主题来得重要。例如，柯达公司 CEO 乔治·费舍尔将“品质”作为共同主题；西尔斯的 CEO 亚瑟·马丁内兹聚焦于使西尔斯成为一个让员工工作、客户购物及投资人投资时感到激动的地方；贺曼公司的 CEO 伊夫·霍克戴则聚焦于产品领先。

不管什么主题，这些有效的活动必须整合在一起才能达成目标。史蒂夫·科尔认为，整合了的主题就像拉着许多不同车厢的火车头，单个车厢（活动）的方向可能改变，但是火车头会沿着一个轨道去拉动所有车厢。HR 人员既要帮助员工设置工作优先级，也要帮助他们聚焦工作。

流程再造

许多优秀书籍探讨了流程再造的基本原理。用来减少工作要求以加强员工贡献的流程再造方法包括：合理化、自动化和简化。简化复杂流程就减少了对员工的要求，以下两个例子展示了这种效果。

戴尔·卡内基在设计管理培训项目时发现，从概念界定到付诸实施，一个新项目大约要花 6 个月时间。但是通过细致的再造工作，包括让员工检查新项目中的决策点、资料制作的步骤、必要和不必要的活动等，卡内基能使新项目的周期减少为20天。

通用电气公司位于加拿大的家用电器业务单元Camco对其分销系统进行了再造，目的是使得客户订单能迅速变成产品。他们从按库存生产变为按订单生产，显著地降低了库存成本，减少了许多不必要的工作，并将员工注意力从不创造价值的工作转向创造高价值的工作。

HR人员可以通过理解流程再造的原则，并将其应用到工作和业务流程中，帮助员工减少工作要求。在许多情况下，即使通过周密的优先级设定、主题聚焦和流程再造，对员工的要求仍然会持续增加。毕竟，不论去除或减少多少要求，激烈的竞争仍将继续。

❑ 增加资源

不是所有的工作要求都能减少的，特别是当业务要求是在应对激烈的市场竞争中增加时。在许多情况下，远离激烈竞争的市场就等于失败。参与全球竞争的企业不可避免会增加对员工的要求。HR人员可用来响应这些要求的资源包括价值观、实践和行动，其具体的策略如下所述，这10类策略被总结为一个评估工具，如表5-2所示。

表5-2 要求、资源诊断

资源 我的工作单位在下列各方面的程度如何？	得分 很少=1分，经常=10分
控制权：由员工控制完成工作的关键决策过程	
承诺：员工必须拥有可以引领他们努力工作的愿景和方向	
挑战性工作：给员工挑战性工作，让他们有学习新技能的机会	
合作和团队协作：员工以团队协作的方式达成目标	

续表

资源 我的工作单位在下列各方面的程度如何？	得分 很少=1 分，经常=10 分
文化：工作环境提供庆祝、娱乐、兴奋和公开交流的机会	
报酬：员工可以分享工作成果达成后的收获	
沟通：员工可以经常和管理层公开坦诚地共享信息	
关心员工：每个人被有尊严地对待，尊重差异	
信息技术：员工能够使用有助于简化工作的信息技术	
能力素质：员工具备做好工作的技能	
总分	

授予控制权

在一个经典的管理科学实验中，员工被授权对组装生产线的速度予以控制。管理者原本担心员工会借机偷懒而导致生产效率下降，却惊讶地发现，在能够控制自己的工作时，员工做得更快。

许多公司已经发现了与员工分享控制权、给他们权力去决定如何应对和满足不断增加的要求的价值。一家连锁酒店希望把清洁人员每天打扫18 间客房的标准提高为每天打扫 19 间，以提高服务人员的生产力。相比只是简单地把标准提高，酒店管理层在数家连锁店中尝试建立由 5 名服务员组成的高绩效团队，每天负责清洁 95 间客房（新标准），同时赋予每个团队完全的控制权，让他们自主决定在保证质量要求的情况下如何准时完成目标。其中一个团队决定由 4 名组员进行清洁，第五名组员则负责照顾组员们的孩子。这个方法既实现了管理层“提高生产力同时维持品质”的目的，也满足了员工对“灵活和自治”的需求。

控制有多种方式，如通过工作进度表来控制。弹性工作时间已经让许多公司成功维持了员工承诺。在早期的微软公司，程序员在为新操作系统编写成千上万行代码时承受了极大的压力和要求。这些程序员可以控制自己的工作进度，他们没有考勤钟，也不被任何人监控。给员工完全的控制权让他们应对要求，这一点正是微软成功的关键因素之一。

工作场所的选择也与控制权相关。安达信国际咨询公司让员工自己选择工作场所，只要他们能出差以满足客户要求。与以前一周到客户那儿出差 4 天，第五天再到公司上班相比，安达信的咨询师现在第五天可以在家中或其他自选的地点工作。这种工作场所的自主权并不代表严格的工作标准有所放宽，而只是让员工能控制他们在哪儿完成工作。

通过授权和放弃控制权，直线经理向员工表达了他们对员工把工作做好的能力和意愿的充分信赖。分享控制权表现了对员工的信任，也提高了员工的贡献。那些寻找创造性地、灵活地运用控制权的 HR 人员，应该考虑以下问题：

- 工作在什么地方进行？
- 工作如何进行？
- 要做什么工作？
- 工作什么时间完成？
- 谁负责什么工作？

只要员工理解并致力于完成公司的目标，他们可以共同决定通过什么方式达成目标。

许多离开大企业而自行创业的员工，无论自愿还是非自愿，往往工作时间更长，但更享受工作，这并不令人惊讶。工作时间更长、工作满意度更高的原因之一是身为企业主（餐馆、咨询服务或其他行业），他们对自己的工作有控制权，是他们自己而非其他任何人来决定做多少及什么时候做。

明确表达承诺

当员工内心对一个项目或公司做出个人承诺时，他们更可能努力工作，达成目标。当要求员工回忆曾经承受的极高工作要求（如紧凑的进度或难缠的客户），并要他们清楚地表达当时努力满足要求的感觉时，他们几乎都会提到对共同愿景的承诺。员工承诺通常来自一个领导者的承诺，当领导者能够向员工描绘令人激动的、清晰的愿景时，就能为员工指明方向，提供资源，增加员工成功应对更多工作要求的决心。

高层管理者明确表达的承诺同样可以变成员工的附加资源。当乔治·费舍尔被选为柯达的CEO时，一位员工评价说，柯达多年来实施了许多质量改进计划和效率提升行动，费舍尔对此真的非常认真。这位员工感到尽管使用的语言与过去相同，但是隐藏其中的激情与热忱是新的。他还提到其他许多同事都因为新领导者的决心而感到兴奋和充满能量。

赋予有挑战性的工作

枯燥的工作会令人筋疲力尽，许多甚至是致命的。让员工做越来越多枯燥的工作完全是自找挫折。有很多方法可以让工作更有挑战性。

例如，百特医疗通过让员工直接与客户接触而创造出更多挑战性工作。评价员工效能的一个标准变成，让客户看到和使用百特内部的工作方式。举例而言，百特的人力资源副总弗兰克·拉法斯托花费很多时间在与医院客户的团队建设上，他的工作显然很有挑战性，而且能够获得直接的客户反馈。

世界领先的生物科技公司安进公司是另一个例子。它不断地寻找能够变成产品的新基因和生物技术，它要求公司的科学家在研究、应用和产品推出时间等所有方面做到卓越。大量的技术支持、最先进的实验室及极具挑战性的工作持续激励着这些科学家，他们知道自己是在做最前沿的研究，既能为科学界，也能为安进创造价值。

促进团队协作

团队往往能把平凡的个人努力变成非凡的成功。

团队往往能把平凡的个人努力变成非凡的成功。针对高绩效团队的研究清楚表明，团队常常能充分利用普通的个人才能实现卓越的集体成果。在面对高要求时，团队往往比单打独斗的个人更能找出好的解决办法。

波音公司就是一个以团队协作来满足超常要求的例子。波音777结构作为波音在20世纪的机型基础，是在罕见的高难度要求下创造出来的。它必须比过去的机型用更少的时间完成（从设计到交付）、更低的成本生产，比现有任何机型更省油，它的性能还要满足更高的客户期待，还必须使驾驶员满意。这些要求并没有明确的答案，甚至在许多情况下没有答案。然而，超过200支团队参与了波音777的整体设计、工程设计、制造和组装，结果不但重新定义了波音客机，也重新定义了飞机结构的产出流程。

团队经常被批评决策太慢，实际上，许多时候恰恰相反。在工作要求高、答案和解决方案不能轻松获取的情况下，团队作为一种资源，可以集中成员的注意力，能比个人更快地解决问题。贺曼公司已经把自己打造成了贺卡业的标准，但随着美标公司和其他品牌的竞争者逐渐涌现，贺曼的高管认识到他们必须重新思考如何完成工作。在CEO伊夫·霍克戴的领导下，贺曼高管开始着手推动产品领先战略，界定品牌区隔和产品区隔，通过多样的销售渠道分销。推动这个战略花费了大量的时间与精力，因为他们必须改变许多之前已再造过的假设和流程。最终高效执行该战略的关键之一在于，贺曼成立了一个由公司12名高级管理者组成的北美管理团队。这些主要的决策制定者定期开会，努力推进战略工作。他们互相施压，然后在霍克戴的领导下，制定了严格和强硬的策略，推动产品领先战略的实施。北美管理团队改善了贺曼的决策制定和战略执行，并作为一种资源帮助满足不断增长的业务要求。

团队可以是正式的企业实体，如贺曼的北美管理团队，也可以是任务团队，如波音777的数百支团队，还可以是非正式的支持小组，它们在高要求期间提供对员工个人情绪与智力的支持。永道国际会计公司发现，在正式层级之外，一些非正式的学院式团体帮助他们的员工寻找满足要求的方法，并提供讨论问题、寻找创造性解决方案的场所。支持小组、俱乐部、社交活动、专业协会、少数群体和其他非正式团队，都能成为个体员工解决问题的资源。

最后，合作不一定是一大群人的团队形式，也可以是正式或非正式的指导关系。在越南战争期间的美军中，许多年轻军官因为年长军官不愿分享经验而感到失望、不安。这些年轻军官发起了一个指导项目，在此项目中，曾担任某个职位的军官将留意观察其继任者在模拟或实际场景中的表现。虽然美军不允许军官对于部属予以正式的指导，但那些曾经历许多挑战和职务的军官，在即将离任时，可以为年轻军官提供非正式的、不成文的意见，帮助他们提高水平。这种导师制度由于为现任军官提供了帮他们承担职责的资源，而被认为是提高了军队的指挥质量。

创造快乐文化

想象你正参与一项竞赛，需要在很长一段时间里非常努力（如运动会、法医会议、辩论赛、音乐比赛等），假设你赢得了比赛，想象一下你的感受。现在，假设你不能庆祝胜利，只能安静地接受奖励，然后立即开始准备下一轮比赛。这听起来还有意思吗？

太多工作环境将快乐从胜利中剥离出去。然而在设定目标、为之奋斗并最终完成了挑战性目标之后，员工值得对此感到鼓舞、兴奋，并进行庆祝。

许多公司保持了快乐文化，如西南航空公司要求员工严格遵守飞行条例，但也让他们帮助乘客享受在西南航空的飞机飞行的乐趣。西南航空公司的乘务员在履行职责时曾以唱歌、跳舞、爬进行李箱及其他方式娱乐乘客。山姆·沃尔顿（沃尔玛创始人）在公司完成挑战性目标后，在华尔街跳了段草裙舞，他的表演不只娱乐了员工，也向他们显示公司将会竭尽全力激励员工达成成果。

也有其他形式的有趣文化典范，如哈雷–戴维森公司鼓励员工在生活中秀出公司风格，比起正式的工作装，他们的员工更喜欢穿哈雷 T 恤衫和李维斯牛仔裤。他们经常骑着自己的或者公司租借的哈雷摩托参加拉力赛，与客户一起体验哈雷。贺曼公司鼓励其创意部门的员工不仅要设计出创新的贺卡，也要在过程中享受乐趣。他们通过自己装饰工作地点、进行头脑风暴、与客户见面，以及其他各种方式展现他们的创意与个性。

创造一个能为成功进行庆贺的文化有助于员工应对不断增加的工作要求。

分享获得的报酬

对所有双职工家庭来说，薪酬很显然是一种资源。夫妻双方都有各自的事业，对夫妻关系的要求就会增加。额外的收入可以缓解因工作繁忙导致的问题，它可以提供更多资金，用来经常地外出吃饭、雇用家政服务员、享受更好和更多的假期；也可以提供其他资源帮助处理家庭中不断增长的要求。

工作环境也类似。在一次研讨会中，我花了 2 小时谈论该公司中正在发生的令人兴奋的事。公司高管也清楚地陈述了一个“制造令人兴奋的新产品、缩短产品推出周期、为客户服务”的愿景。在演讲结束时，一位一直安静聆听的与会者说：“这些都很不错，但是我能从中得到什么呢？”这是个好问题！在某种程度上，一个为了伟大事业努力工作的人应该得到与努力水平相符的回报。几乎没有人是完全的利他主义者，我们都想碰到、看到和感受到因我们的工作而获得的回报，对大多数人来说，薪酬已经成为成功的标志。

许多公司正学着分享经济成果，让员工保持动力，挑战越来越困难的目标。百事可乐公司提出了一个名为“分享的力量”的项目，所有（不只是高管或经挑选的小群体）每年工作达 1 500 小时且进入公司满一年以上的员工，都有资格配发股票。这个项目涵盖了百事可乐公司在全球 195 个国家的 50 万名员工。这种成果分享并非出于利他，它借此提高了员工对公司成功的承诺。百事可乐公司有许多员工为客户提供超值服务的故事，这部分归功于员工知道客户服务水平对公司股价的影响。

当 HR 人员帮助员工知晓一个特别费力的项目或工作会为他们带来怎样的经济报酬时，员工可能加倍努力工作。当工作与报酬之间有着清晰的关联时，员工就能更好地应对增加了的工作要求。

沟通永不嫌多

几乎所有对组织能力或员工态度的调查中，有关沟通的结果都显示信息分享不够。公司发布并沟通一个新战略，数周或数月之后，仍有许多员工对此不了解。尽管沟通很困难，但作为一种资源，对员工来说非常重要。

如果员工理解为何要做某项工作，就能更快速地接受公司对此的期望和要求。直线经理往往只强调做什么而不说为什么，只是陈述项目的内容，如组织重整、缩短周期、提升质量、流程再造等，员工只知道工作内容，但不了解背后的道理，结果导致他们低效和不满；相反，如果让员工了解业务的背景知识，甚至能与外部利益相关者（如客户、投资者、供应商）沟通业务目标，他们就能将这些沟通和信息视为资源，变得对变革更为投入。

> 为了引入一个新框架来提高对全体人员的工作要求与期望，贺曼公司的高管团队非常勤勉地与员工沟通变革的目的和可能的结果。他们举行了一系列全员会议，由高管阐述新框架及其目标，并回答员工的问题。此外，贺曼公司也进行了媒体发布，让员工家属了解公司正在做的事。高管的意见总结会被刊登在简报、通讯和问答专栏上，同时也鼓励有疑问的员工直接向其直线经理寻求解答。如此大规模的沟通计划，成为贺曼公司新框架的一项重要资源，所有员工不仅知道正发生着什么，也知道为什么进行变革，以及这些变革会如何影响他们的工作与职业生涯。

沟通不仅需要语言文字，也需要符号。

沟通不仅需要语言文字，也需要符号。当西尔斯公司在推动“成为一个让员工工作、客户购物、投资人投资时感到激动的地方”的愿景时，该公司的转型沟通总监芭芭拉·雷曼和她的下属为这个愿景创造出一个符号：一个包含了西尔斯的平衡计分卡三要素的三角形。这个符号的一种实物形式是镇纸，上面标识了西尔斯希望培养的共同信念：业绩领袖、人才附加值和对客户的热忱。每条边代表了一类利益相关者（客户、员工和投资者）。这个愿景首次在股东大会提出和讨论时，每位与会者都收到一个代表了西尔斯新符号的镇纸作为纪念品，以及一个能够旋转而保持平衡的陀螺仪。这些在外人看来平淡无奇的纪念品，却成为西尔斯用以沟通和加深新战略记忆的符号象征。

当 HR 人员帮助产生清晰、一致和简明的信息时，沟通就成为一种资源，帮助满足不断增加的工作要求。

真正关心员工

忙碌往往不是自愿的，而是迫于无奈。我们祖先中的一些开拓者离开舒适的家园，带着少量的财产向外迁徙；今天的开拓者遇到的挑战不是来自地理，而是来自时间的限制。他们必须学着从许多活动中踩出一条路，必须学着处理无尽的事务，成为时间的先驱者。

有些公司为员工提供资源，帮助他们及时应对工作要求，例如，3Com 公司把办公大楼的楼层空间租给银行、健身房和其他小型服务企业，包括录影带出租店、干洗店、照片冲洗店，以及其他如花店、卡片店、礼品店和化妆品店等。此外，还有星巴克、旅行社及综合商店，给员工带来了实用和便利。该公司这么做的目的是让员工在上班前、下班后及中间休息时间更有效地办理个人事务，这样他们用来满足工作要求和个人生活的时间就更充裕了。同时，这种集中式的服务也有助于让 3Com 的员工产生社群意识。

嘉吉公司在一些高级管理者的培训项目中邀请受训者的家属及其他生活伙伴参加部分培训课程，与他们沟通企业面临的挑战，帮助家属了解这些高管的工作要求，使这些家庭更投入和更好地承诺于公司的期望。联邦快递设立员工申诉渠道，员工如果和直线经理发生冲突，将有机会向高级管理者申诉。摩托罗拉保证，服务达到 10 年的员工在没有经过高管委员会成员的面谈之前，绝对不会被开除。

上述政策让员工更清楚地知道，企业愿意提供资源帮助他们应对工作要求的增加。

充分利用信息技术

新科技可能增加工作要求（员工必须学会以新方式工作），也可能增加资源供给（以不同方式做事的能力）。作为一种资源，科技可以促进信息共享、简化工作流程，从而消除工作障碍。比如，计算机就可以取代或减少固定、标准化的事务性工作。

科技资源也可用来重建工作流程，AT&T 在内部调查中发现，很大比例的工作可以以电话、传真和网络连接的方式远程完成。与应付交通和停车烦恼，每天到办公室工作相比，员工可以用公司提供的通信技术资源选择在其他地点工作。现在已经有越来越多的公司采取虚拟办公的工作方式，其限制不再是地理，而是信息。

美国国家半导体公司的 HR 部门则尝试检验了各种科技的使用方式，让员工的工作更便利，其内部开发的产品“Groupware”让员工能在任何地点、任何时候进行沟通。研究显示，目前有 4 种基本的沟通环境，在创新性的技术解决方案方面有广泛的需求。Groupware 正是响应这些研究而开发出来的。

1. **同时/同地**。在同一地点、工作时间相似的员工依靠传统方式进行沟通，如会议、小组讨论、课程、研讨会等。
2. **同时/不同地**。时区相同、工作地点不同的员工（如在不同办公楼或厂房）可以进行面对面沟通，但是会消耗时间。正因如此，电话、电话会议、视频会议和电子邮件等技术被用来简化沟通需要。
3. **不同时/同地**。工作地点相同、时间不同的员工（如不同班次的员工）主要通过公告栏、工作日志、工作时间交叉等方式进行沟通。
4. **不同时/不同地**。分布在不同地点、不同时区的员工，其沟通方式包括电子邮件、语音邮箱、网络及视频和文字资料库等。

不论是否处在相同的工作时间或地点，科技都为员工提供了有效的沟通方式，使他们在互动中产生属于同一社群的感觉。

了解技术手段（如视频会议）的 HR 人员可以将技术作为资源，节省员工时间，简化员工的信息共享（例如，使员工在家工作变为可能）。

发展员工能力素质

当对员工提出的工作要求增加时，企业必须设法使他们掌握应对工作要求的必要技能，许多企业在员工培训发展和学习上投入巨资。

总体而言，员工的培训与发展分为 4 种类型。

第一，许多企业投入开发系统化的管理课程，促进员工职业生涯每个阶段的发展。通用电气公司的克罗顿维尔发展中心为各层级（从新进员工到公司职员等）的员工准备了各种培训课程，这些课程针对员工不同的职业发展阶段来设计，确保员工拥有工作所需的技能。

第二，许多企业建立了一套经验成长体系，让员工从中获得必要的技能。其中包括工作分派、任务团队、见习学徒、轮岗等方式。这种培训发展基于人可以在工作中学习的假设，给员工新的工作挑战，就能让他们从经验中学习。

第三，员工可以从行动学习培训中获得胜任能力。行动学习指完整的工作团队参加的聚焦于某个真实业务问题的培训活动，这种成长经验不但能让员工学会一系列技能，也能学会如何应用这些技能。

第四，在团队中工作的员工可以讨论手边的业务项目，讨论团队工作的本质与机制，在这个过程中强化他们的能力素质。许多团队会通过一些本职外的活动来强化成员的团队协作能力。

HR 人员应将这 4 种培训发展方式融为一体，以确保员工具备足够能力应对工作要求的增加。

❑ 把要求化为资源

工作要求有时可以转化为资源。

工作要求有时可以转化为资源。把要求转化为资源将极大地促进本章之前涉及的技术的运用。

重视离职面谈

即将离职的员工可能是管理层了解问题真正所在的最佳信息来源。与离职员工进行面谈的 HR 人员有机会了解公司的政策或管理行为是如何变成对员工提出的要求的。收集整理离职面谈的资料，HR 人员可能找出减少对员工要求的方法。不过，不论这些面谈资料多么有价值，它仍然是员工态度的滞后指标，可能已经来不及产生有意义的影响。

帮助新经理融入

新晋升经理经常会增加对员工的工作要求。员工在向新经理汇报时，对新经理的期望、工作风格、行为方式和经验水平并不确定，这种不确定增加了员工的压力水平。

通用电气公司制定了一个系统性的新经理融入流程，帮助员工克服不确定感，使员工更顺畅地过渡到与新经理共事。员工和新经理将在半天的研讨会中消除共事时的所有障碍，研讨会中使用的方法包括：

1. 员工分组讨论，列出有关新经理的所有问题（如个人背景、工作习惯和期望等）。
2. 新经理与员工见面，并尽可能公开坦诚地回答员工的疑问。
3. 新经理与员工分享他在与员工共事时的关注点和发现的问题。
4. 员工分享对工作流程的期望，包括决策、冲突解决、目标和角色。

事先投入准备工作，将能用更少的时间和资源，把领导的变更转化为有效的工作关系。HR 人员可以帮助设计与推动这种加速融入的机会。

周全考虑员工家庭因素

工作上的要求往往会变成对家庭的要求，通过考察影响员工家庭的问题，HR 人员可以将工作要求变成资源。万豪国际酒店和嘉吉公司邀请员工的家属或伙伴参加高管发展计划，他们不是游山玩水，而是参与讨论业务战略，以及这些战略对高管及家属们的影响。

关怀员工家庭的公司会将员工家庭因素纳入政策与执行的范围，方式有很多：有些公司在面试员工时邀请其伴侣和子女一同前往，让他们对于可能出现的搬迁需要予以理解和感到舒适；有些公司设定了充分的员工假期政策，如产假与陪产假、病假、照顾父母假等，帮助员工缓解压力；还有的公司设立托儿所或公司提供育儿支持项目，帮助员工在工作与家庭间取得平衡；还有公司支持的家庭度假、郊游和业余活动（如运动联赛和社区活动）、大型活动（如父女日）等，有助于员工整合工作与家庭的要求。正进行全球化拓展的公司可以提供员工家庭的培训计划，帮助其家庭适应全球环境及任职海外的生活。

尽管这些以员工家庭为核心的活动并非适用于所有员工，但是仍有助于让某些员工的家庭更加理解与支持，帮助员工平衡工作与家庭的要求。

让员工参与关键决策

通过让员工参与与之相关的决策制定，有可能把工作要求转变为资源。让员工参与决策，通常是指与他们共享决策的背景与依据。越充分地参与决策过程，包括形成决策、收集信息、拟订备选方案、提出建议和决策执行，员工越会努力地承诺和达成成果。

将员工纳入决策全程，能减轻他们的被控制感，提高他们的承诺感。员工如果参与到自己上级人选的甄选过程中（如提出选择标准、参加面试、发表观点），可以提高他们对新任上级的承诺水平；员工如果能够对产品的推出过程发表意见，也可以提高他们对新产品的承诺水平；员工如果能对待建的新工厂或新分支机构的设立地点发表意见，会对工作地点的变动做出更多承诺；员工如果能参与到新战略的会谈中，会对新战略的推行做更多的承诺。

员工介入决策的范围包括分享信息、提供建议和备选方案、共享决策权力、共担决策的责任。他们参与的程度越高，越能感觉自己是决策的一部分，就越能把工作要求转化为资源。

理解这些概念的 HR 人员应尽力让合适的员工参与决策过程。他们必须决定谁可以接收到信息；谁应参加任务团队，收集信息供决策使用（如标杆资料）；谁可以帮助草拟和实施过程中的建议及最终的决策。通过这些要素，就可以将原本可能要对员工提出要求的决策，转化为提升员工满意度与承诺的资源。

做好人员调配

对任何企业来说，裁员都是最有压力的事情之一。人员的调配对离职员工和留岗员工都会提出要求。但是，如果能改善传统的人员调配流程，它也可以成为全体员工的一项资源。

英特尔曾在数年间用人员调配来提升员工的技能水平。英特尔在某种程度上采取了传统的人员调配方法：裁撤生产力低下的员工，要求留下来的员工提高生产力（英特尔称之为125%解决方案）。

为改善人员调配流程，同时保持员工承诺水平，英特尔的HR人员发动了一系列变革。他们建立了一个1 000万美元的调配基金，用于人才外包、员工再培训及安置被裁员工。他们尽量把员工调配到其他部门，而不是解雇；他们指导员工，提高其可雇用水平，以掌控自己的职业生涯；他们坦诚地告诉员工，公司需要持续改进、高绩效标准、更高的生产力。他们建立一个关于内部调动的基础事务流程，包括公布职位空缺、内部人才搜寻机制、跨公司的候选人名单等。他们开展人力资源规划，预估未来人才的需求数量和能力要求，协助员工评估自身技能，以满足公司目前和未来的需要。通过这些努力，一份调查显示，有92%的员工认为他们“已掌握了自己的可雇用水平”。

如上所述，英特尔将人员调配从对员工的要求变成了资源。通过这个过程，员工了解到高管面临的棘手难题，于是决定采取公司与个人双赢的行动。这使得一个潜在的压力极大的要求转变成重要的资源。

小结

成为员工支持者

作为员工支持者的HR人员，其工作重心是在对员工的工作要求与可用资源之间寻求合理的平衡。他们将企业对员工提出的工作要求合理化；他们帮助员工学习设置优先级顺序并聚焦重点工作，以应对工作要求；他们还寻找创造性的资源运用方法，让员工不会因公司对自己的期望过高而感到力不从心。

要成为员工支持者，HR人员必须向员工表现出牧师般的信心与信赖、心理学家般的敏锐、艺术家般的创造力和飞行员般的纪律性。为提高员工贡献，HR人员应与直线经理和员工一起努力，让员工满足企业的期望。他们通过倾听员工心声、尊重员工的信心，以及表现得值得信赖等方式，建立起威信。

直线经理应该关注员工的需要，并通过下列工作确保员工的贡献：

- 向企业中所有员工清楚地说明新的雇佣合同。
- 设定挑战性目标，同时提供必要的资源，使员工有可能达成目标。
- 对员工贡献进行再投资。

HR人员应该通过下列工作弥补直线经理的不足：

- 在管理层会议中为员工说话。
- 向员工保证他们的声音会被传达。
- 界定并提供资源，帮助员工应对工作要求。

这些行动能帮助员工拥有做好工作的能力，并提高他们对成果的承诺水平，从而让员工对企业做出更大的贡献。

CHAPTER6

第 6 章　成为变革推动者

俗话说："唯有变化才是永恒的不变。"今天由全球化、客户需求、技术创新及信息获取导致的变革，已经到了令人头晕目眩的地步！通用电气公司的史蒂夫·科尔形容来自变革的挑战时说："不要为你的惊讶感到惊讶。"他是指，不论赢家或输家都将面对越来越多无法充分预期的变革。赢家和输家的主要区别不是变革速度，而是响应变革的能力。赢家不会对预料之外的变革感到惊讶，他们已经发展出适应、学习和响应的能力；输家则花时间在尝试控制变革上，而不是快速响应上。

由于公司外部的变革速度越来越快，因此公司响应变革的范围也随之扩大。一般响应变革的方式可以分为 3 种：行动适应、流程适应和文化适应。行动变革聚焦于实施新方案、新项目或新程序，大多数企业每年都会开展这种行动（如实施新的组织结构、客户服务议程、质量改进或成本降低项目），通过战略规划识别出明确的、必要的行动，并作为管理改善流程的一部分予以执行。流程变革聚焦于完成工作的方法。公司首先确认核心流程，然后通过工作简化、增值评估和其他再造工程尝试改进这些流程。

文化变革则发生在那些对开展业务的基本方式重新定义的公司中。员工和客户对公司形象的认知也会同时发生转变。

上述3类变革都很重要，提升管理品质的行动变革好比人体每天所需的营养，它们为组织补充新设想、新洞察和新方法；流程变革好比维持生命的人体系统（呼吸系统、神经系统等），流程的改善会重新定义公司的基础架构；文化变革好比灵魂与精神，它会改变组织如何看待和感受自身。

HR人员作为变革推动者应培养企业处理这3类变革的能力。他们必须确保行动方案被及时定义和执行；确保流程的停止、启动和简化；确保组织的基本价值经过辩论并根据业务环境的变化被恰当地调整。然而，思想上对变革做出承诺很容易，付诸实际行动很困难。成功的HR变革推动者必须将抗拒变成决心，将计划变成结果，将对于变革的畏惧变成对成果的期盼。在HR人员的强力支持下，许多公司成功地完成了这3类变革，以下的通用电气公司和西尔斯公司两个案例，展现了HR变革推动者的工作：驱动行动，再造流程，设计文化转型。

通用电气公司

很多书籍与文章都探讨过通用电气公司自20世纪80年代初开始的转型努力。其早期的转型聚焦于业务重组，包括买入和卖出业务、大幅减少劳动力等。到了80年代末期，通用电气公司的战略已经十分强大，共有13个主要业务，每项业务都非常精简和全球化，并在市场中拥有第一或第二的占有率。

从20世纪80年代后期开始，通用电气的管理层开始聚焦于底层的文化变革，项目的一些行动让员工开始参与到消除官僚作风、加速决策、更快速地服务客户，以及删除不必要的工作中。员工和经理在员工会议中共同识别和删除了不必要的工作，借此，通用电气公司将速度、简捷和自信等价值观注入组织文化中。

当融入了这些新价值观后，工作流程就必须加以调整了。在业务团队的指导下，通用电气公司界定出6个关键流程：订单处理、新产品推出、快速的市场信息、生产力、全球化和供应商管理。通用电气公司每个主要业务都会被从以上流程角度进行诊断，找到改善之处。流程变革使得通用电气在现金流、客户服务和员工士气上都有了改进。

在这些变革中，HR人员都扮演着关键角色。当业务被转让或并购时，重组团队中的HR人员协助评估资产价值和待购待售业务的管理水平，并为每个业务建立适合它们的整合流程或分立流程。随着“群策群力”项目推广至整个组织，许多HR人员成为新文化的促进者及典范。在业务流程获得改善时，HR人员必须找出有待调整的HR流程（如人员配置、薪酬、培训和沟通），以支持执行改进后的业务流程。

当威廉·科纳蒂于1994年接任通用电气公司HR高级副总裁时，他延续了公司的变革传统。他很快发现HR部门员工需要一个新愿景来帮助他们维持对变革的承诺，于是HR部门建立了如下的愿景声明：“成为一个有信誉、看得见、能增加价值的业务伙伴。”科纳蒂也清楚地描述了通用电气公司HR人员应扮演的4个角色（见表6-1），其中最重要的一个角色就是管理变革。科纳蒂对HR的角色说明如下：“从人力资源的立场而言，我认为人力资源最关键的工作是预测业务需求，尝试定义和设计真正能为业务表现创造价值的工作。我应该进入领导层，这样我可以更好地为业务创造价值。”

表6-1　通用电气公司HR部门的愿景和角色

信誉：与其他部门保持信任关系，所有HR人员（不论层级、岗位、职能或活动）都提供可预测的、可信赖的服务。

角　色	人力资源的可见行为	人力资源实现的增值
战略性人力资源管理（战略家）	• 设计组织 • 诊断组织 • 设置HR工作优先级	• 使行动方案现实可行
基础事务流程管理	• 人力资源流程再造 • 确保人力资源效能 • 提供隐性支持	• 服务增加，服务质量提升 • 成本降低

续表

角　色	人力资源的可见行为	人力资源实现的增值
员工贡献管理	• 关心员工需求 • 成为员工的支持者 • 为员工提供资源	• 确保员工的承诺
转型与变革管理	• 变革 • 管理流程 • 实施	• 落实行动方案

西尔斯公司

在过去15年，零售业发生了翻天覆地的变化。本地的小商店被大商店取代；步行范围内的购物中心人流量显著减少；科技改变了库存管理方式；客户对时间、成本和质量改进的要求越来越高。作为新型零售商的典型代表，沃尔玛的特点是大批量、技术驱动服务的商店及低成本。而其他那些即使有着悠久历史的商店也必须转型以适应新形势，否则就会失败。

西尔斯在20世纪90年代进行了一项基础转型或者说文化变革。1993年，《商业周刊》刊登了一篇关于"组织活化石"的文章，直指那些经营理念陈旧、很可能即将灭绝的公司。这篇文章特别提到了西尔斯、IBM和通用汽车公司。尽管西尔斯的高管并不完全赞同这篇文章，但显然引起了他们的关注。

在当时担任西尔斯商品部总经理的亚瑟·马丁内兹领导下，公司启动了很多变革。公司关闭了很多不盈利的业务，包括已成为西尔斯象征的超过80年的核心业务——目录销售，同时产品组合也做了改变。一些品牌，如索尼、通用汽车、李维斯、耐克等，开始出现在西尔斯品牌中。西尔斯出售其保险事业好事达，以专注于零售业。它也开始在全球扩张，在整个北美地区开店。它的广告开始突出西尔斯以服饰和饰品为代表的更柔和的一面。最后，西尔斯公司在所有连锁店创造良好的销售环境，让客户服务成为核心主题。

通过这些行动，西尔斯公司开始明显好转。利润显著提高，公司股价因此反应相当好，西尔斯也比竞争对手的业绩表现更好。西尔斯的高管认识到，转变不等于转型，转变强调成果，转型则强调心态；转变强调影响资产负债表的短期行动，转型则聚焦那些影响公司关于如何运作的长期行为；转变强调胜利的结果，转型则指出获胜的原因；转变可能是一次性的行动，转型却必须是持续的过程。

为帮助打造西尔斯的转型，该公司行政（分管 HR）高级副总裁安东尼·鲁奇成立并亲自领导了一支由来自各商店及支持性部门（如信贷、汽车、服装和品牌中心）的高级经理人组成的团队。这支团队设计了西尔斯的转型，将工作聚焦于建立一个 3C 愿景：客户乐于购物的商店（Compelling place to shop）、员工乐于工作的公司（Compelling place to work）、股东乐于投资的企业（Compelling place to invest）。他们为实现愿景，整合了各种行动。为成为客户乐于购物的商店，采用的策略包括不断货、客户服务训练、选择知名品牌商品、有竞争力的价格和更好的广告（如强调“西尔斯柔软一面”的广告策略就是在当时设计的）。为成为员工乐于工作的公司，采用的策略包括提供更好的沟通、教育、培训、员工建议制度，让所有销售人员参与决策。为成为股东乐于投资的企业，采用的策略包括降低库存、降低管理成本、搜寻战略资源、改善成本核算、重新装修商店。

这个团队中的高级经理人对实现愿景十分投入，他们在自己的业务单元中通过组织员工大会与员工讨论该愿景，并共同找出应该被中止、启动和简化的工作。高级经理人团队将次级工作组提出的整体绩效指标整合为一体用以衡量 3C 愿景的表现，并作为追踪公司绩效的标准。整体绩效指标分数可用来评价管理效能，并将和公司的长期激励挂钩。这个团队也打造了沟通机制（如员工信件、员工回应）和沟通活动（如每年举行全员参加的董事长会议），使所有员工对于转型主题保持新鲜感。

从可见的短期成果可以看到西尔斯的转变，至于转型的成败，则要看员工和客户对公司的想法与感觉。以下的短文展示了西尔斯转型工作的精髓：

圣诞节前的周六早晨，一位购物者一醒来就希望今天能够买齐所有圣诞节礼物。他第一个想到的礼品选购地点就是西尔斯。他这么想是有道理的，因为他最近到西尔斯经历了一次愉快的购物：高质量的商品、有创意的陈列和优质的销售服务。

西尔斯的愿景显示其转型不是一次事件或活动，而是客户心中对销售人员的服务留下的印象与感觉。

成功变革的挑战

大多数关于变革成效的研究显示，变革成果通常不如预期。从下列问题的回答中就可以看出变革有多难以成功。

- 在减肥行动中，有多大比例的人能够达到目标体重？
- 有多大比例的人能够维持目标体重？
- 有多大比例的人能够成功戒烟，且永不复吸？
- 有多大比例的人在出现严重身体问题后成功戒烟，且永不复吸？
- 有多大比例的再造工程（或质量工程）可以被评为成功？

这些问题的答案通常都低于人们的预期。在减肥行动中，只有 5%的人达到目标体重，这其中又只有 1/10（0.5%）的人能够持续维持目标体重。17%的人能够成功戒烟，且永不复吸，这其中有 43%的人是在出现严重身体问题后成功戒烟，且永不复吸。很显然，个人的变革很难成功，大多数人的新年计划最终还是被旧习惯毁掉，习惯是很难改变的。如果个人的变革都很难成功，也就不难想象组织变革的成功概率了。在所有再造工程中，只有 25%可以被认为是成功的。

理解变革为何失败是跨越失败的第一个步骤，表 6-2 列举了我认为的十大变革失败原因。

表 6-2 变革失败的原因

变革失败的原因
1．没有与战略关联
2．把变革视为赶流行或赶时髦
3．目光短浅
4．组织政治阻碍变革
5．大期待与小成功
6．变革设计不灵活
7．缺乏变革领导力
8．缺乏可测量的有形成果
9．对未知感到害怕
10．没有调动起持续变革的承诺

尽管许多人和组织都认识到变革的必要性，却很少有人和组织能够持续成功地进行变革行动。许多人和组织想变，但缺乏能实现变革的人。作为变革推动者的 HR 人员必须认识到成功变革有哪些挑战，并制订计划迎接挑战，才能把变革的愿望转化为变革的能力。

HR 人员能够成为变革工作的推动者，对于行动变革和流程变革，HR 人员可以建立一个能用于任何变革行动或业务流程的变革模型，减少变革所需时间，提升变革质量。对于文化变革，HR 人员可以打造带来新文化的基本架构和行动。

行动和流程变革： 打造变革能力

从成果和时间投入来看，只有 25%的变革行动（如组织重整、质量改进、客户服务改进工程）被认定为成功的。作为变革推动者的 HR 人员如果想帮助业务尽快实现新目标，应考虑采取以下步骤：

1. 确定打造变革能力的关键成功要素。
2. 评估关键成功要素目前的管理情况。
3. 为每个成功要素确定改进方法。

4. 持续性地回顾 7 个关键要素。

❑ 步骤一：确定打造变革能力的关键成功要素

已经有许多研究界定出了成功变革的关键要素，这些要素可以根据变革对象分为个人变革（如改变个人习惯）、团队变革、组织变革和社会变革。通用电气公司的克罗顿维尔发展中心在 1992 年组成一个团队，负责检验有关变革的研究与理论，将研究内容归纳为变革成功的关键要素。这个团队研究了大量有关变革的书籍和文章，确定出变革的 7 个关键成功要素如下：

- **领导变革**：有一位发起人负责发起和领导变革行动。
- **建立共同需求**：确保每个人理解为何需要变革，以及变革的需求远大于变革的抗拒。
- **塑造愿景**：清晰描述对变革的期望成果。
- **动员承诺**：识别关键利益相关者，让他们参与变革并做出承诺。
- **改变体系和结构**：使用 HR 工具和管理工具（人员配置、发展、考核、奖励、组织设计、沟通、制度等），确保变革根植于组织的基础架构中。
- **监控进展**：定义标准、里程碑和实验，以评价和展示进展。
- **延续变革**：通过计划执行、追踪和持续承诺，确保变革落地。

变革的 7 个关键成功要素非常明显且有用。事实上，大部分管理者能通过 10 分钟的思考提炼出这些要素中的绝大部分。

既然我们对变革这么了解，关键成功要素能很快被指认出来，为什么我们进行变革的效果如此差？作为变革推动者的 HR 人员必须解开这样的变革悖论：他们必须将变革的知识变成带来变革的方法，将关键成功要素转化为实现变革所需的行动计划。

解开矛盾的第一步是建立清楚定义的变革模型。变革模型能明确关键成功要素，以及化模型为行动时必须回答的问题。表 6-3 列出了上述 7 个成功要素，并列出具体的问题，帮助诊断公司在各要素上的情况。

表 6-3　推动变革落地的七大关键成功要素

变革的关键成功要素	评价和实现变革成功要素的问题
领导变革 （谁负责）	我们有这样的领导者吗? • 他发动和捍卫变革 • 他公开承诺要使变革落地 • 他拥有使变革持续进行的资源 • 他投入了所需的个人时间和精力
建立共同需求 （为什么做）	员工是否 • 了解变革的原因? • 知道为什么变革很重要? • 知道变革是如何在短期和长期为他们及业务提供帮助的?
塑造愿景 （要做成什么样）	员工是否 • 根据行为来判断变革成果（作为变革的成果，他们的行为有哪些变化）? • 对成功实施变革的成果感到兴奋? • 理解变革是如何使消费者和其他利益相关者受益的?
动员承诺 （谁还应加入进来）	变革的倡议者是否 • 知道谁还应该对变革的落地做出承诺? • 知道如何建立一个支持变革的联盟? • 能取得组织中关键人物的支持? • 能建立起职责矩阵，推动变革落地?
改变体系和结构 （如何制度化）	变革的倡议者是否 • 知道如何将变革与其他 HR 制度（如人员配置、培训、考核、奖励、组织结构、沟通）相结合? • 认识到变革对制度的影响?
监控进展 （如何评价）	变革倡导者是否 • 有评价变革成效的方法? • 在变革成果和变革执行过程中有明确的进展衡量标准?

续表

变革的关键成功要素	评价和实现变革成功要素的问题
延续变革 （如何开始及持续）	变革倡导者是否 • 知道启动变革的第一步? • 有维持变革关注度的短期和长期计划? • 有随变革而调整的计划?

❑ 步骤二：评估关键成功要素目前的管理情况

要化解变革悖论就必须把 7 个关键成功要素从学术观点变成管理工具。人力系统开发公司总经理戴尔·雷克对于这 7 个成功要素的概念和运用有其独到的见解。雷克是一位飞行员，在飞行训练中他知道在起飞前严格完成所有检查项目的重要性，在飞行数百小时后，他已经对起飞前的检查项目非常了解。但是他知道，每次起飞前检查每个项目仍然能够提高飞行成功的概率。

变革成功要素可以比作“飞行员检查清单”，把 7 个要素视为“起飞前检查项目”，每次变革行动时都必须管理这些成功要素，通过检查每个要素，就能显著提高变革成功的概率。

就像飞行员逐一检查清单上的项目一样，系统性地运用 7 个成功要素就可以运用图 6-1 的工具描绘出一个组织的变革能力现状。表 6-4 列举了在描绘现状时要回答的相关问题。落实变革的责任人必须像飞行员起飞前检查一样专注于这些问题，才能确保组织拥有使变革落地所需的必要资源。

图 6-1 中的工具已经在超过 1 000 次的变革行动中使用过，在这些变革行动中，表 6-4 列出的问题则是用来诊断和评估变革成功概率的。通过回答这些问题，变革责任人可以了解哪些变革要素必须予以改进（如可能没有塑造共同愿景，或体系与结构需要调整等），然后就可以聚焦于改进这些要素。

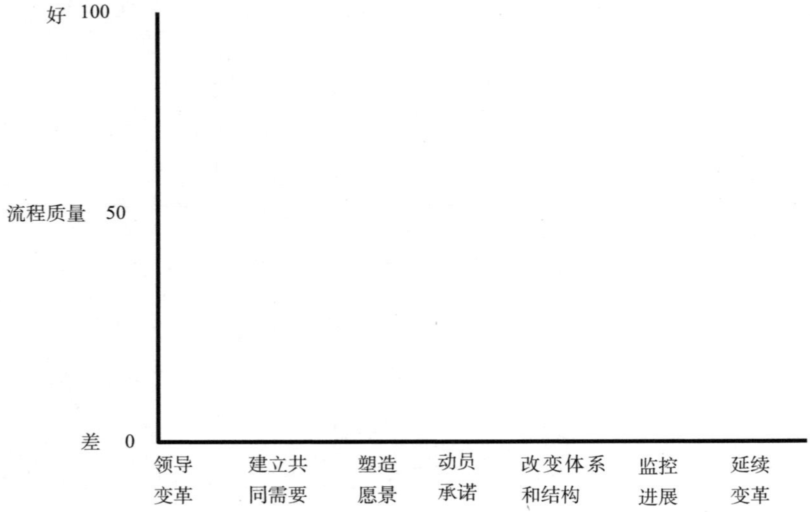

图 6-1 变革关键成功要素评估

表 6-4 评估变革能力的相关问题

变革成功 7 要素	关键问题
领导变革	变革行动是否有一位明确的倡导者或其他支持变革的领导者？到了什么程度？
建立共同需要	对变革成功起关键作用的人员是否感觉到对变革的需要超过对变革的抗拒？到了什么程度？
塑造愿景	是否知道变革的期望成果？到了什么程度？
动员承诺	变革的主要利益相关者是否愿意为变革成果做出承诺？到了什么程度？
改变体系和结构	我们是否约定好为配合变革而做相关体系和结构的调整？到了什么程度？
监控进展	我们有没有设立指标以追踪变革进展？到了什么程度？
延续变革	我们有没有行动计划推动变革持续落地？到了什么程度？

作为变革推动者，HR 人员并不直接执行变革，但是他们必须能促成变革。通过确认和评估这些成功要素，引导团队提升变革能力。举例来说，一个组织的管理团队已经声明将“重视多元化”作为其下一年的优先级事务，结果发现在业务压力下，其多元化方案并未执行，近乎一纸空文。于是这个企业的 HR 人员要求管理团队成员花 2 小时，以 7 个要素评估其多元化行动。综合所有团队成员的认识，与团队分享，将会引发一个有价值的讨论，最终推动变革往前推进。该管理团队的变革能力如图 6-2 所示。

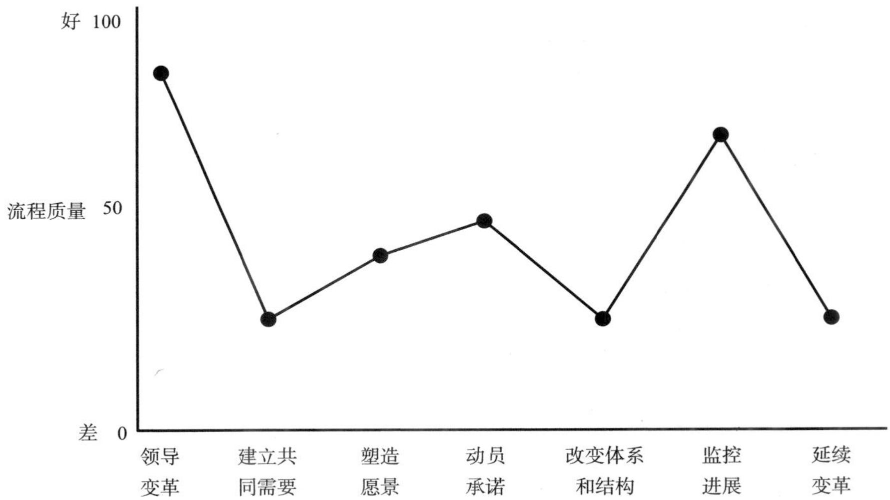

图 6-2　多元化行动关键成功要素评估

这个管理团队的讨论及其评估显示，若不加强努力，多元化行动将不可能成功。总体得分如此之低，难怪多元化行动没有进展。这个评估也告诉他们注意力应该转向哪儿，负责变革的团队在领导变革及监控进展方面得分很高，这个团队知道是谁倡导及负责多元化行动的，也清楚利用哪些指标来追踪行动进展。然而在其他 5 个要素上，团队成员意识到它们远低于所需的最低水准。这项评估工具直观呈现了需要做的工作和需要回答的问题。

- 建立对多元化的共同需求。我们为什么追求多元化？多元化能为企业和客户带来什么好处？
- 塑造多元化的愿景。多元化应该是什么样的？本公司多元化的理想形态是什么？
- 动员对多元化的承诺。哪些人需要提供支持并参与进来，使多元化行动可以落到实地？
- 改变体系和结构以支持多元化。我们该如何通过管理工作（如人员配置、招聘、培训、绩效评估、沟通）让多元化行为制度化？
- 延续多元化变革。我们该如何打造行动计划以建立和维持多元化？

一位 HR 专家花 2 小时与管理团队讨论，就能评估出该团队在变革行动上的境况如何，能找到应该加强的工作，并提供推动变革的建议方案。

针对这 7 个要素进行评估和讨论，就能显著提高任何变革行动的执行力。在评估过程中最重要的不是得分，而是得出分数的讨论过程。HR 人员应该提出问题，指出基本假设，例如："你为什么对这项要素这样评分？你的证据是什么？你的观点来自何处？"

❑ 步骤三：为每个成功要素确定改进方法

在使用评估方法判别出变革行动的成功概率并聚焦于必要的工作后，HR 人员可以帮助管理团队找出改进那些分值较低的成功要素的方法。再次声明，针对各要素进行的"讨论"要比"正确答案"来得重要。表 6-4 所列出的问题，可以用来讨论每个成功要素的行动计划。

在多元化的案例中，HR 人员运用下述讨论主题，聚焦于 4 个最需要加以注意的成功因素，并为达成多元化形成了行动计划。

- **建立对多元化的共同需求**。我们该如何为投资多元化找到业务依据？我们应收集哪些信息以显示我们的多元化行动仍须改进？我们应该拿哪些资料与关键员工沟通对变革的需求？
- **塑造多元化的愿景**。多元化行动的愿景或目的是什么？如果我们实现了多元化目标，将会有什么不同？什么时候才能说我们的多元化变革行动已经成功？

- **动员多元化行动。**谁应该参与到多元化变革行动中来？我们该如何使关键人员为多元化行动做出承诺？我们可以建立哪些支持网络以促进多元化行动？
- **改变体系和结构以支持多元化。**我们该如何把多元化纳入人员招聘、培训和考核流程中？关于多元化行动的沟通方案是什么？

HR人员通过带领高管团队讨论以上细节问题，帮助拟订一个促使变革落地的行动计划。作为变革推动者，HR人员常犯的一个错误是认为他们必须发动和控制所有行动才能让变革实现，其实不然。HR人员作为变革推动者，主要的工作是指导那些负责变革的人选择明智的行动。使用表6-4的“检查清单”，评估并审视变革现状，协助业务单元克服变革的悖论。这种评估法能够将已知的变革成功要素转化为促成变革成功的实际行动。

❑ 步骤四：持续性地回顾7个关键要素

任何变革行动都不能只在某一阶段针对这7个要素进行评估。举例来说，西尔斯公司从文化转型入手，它运用这7要素剖析自己，找出需要进行的工作。当转型工作有所进展后，它发现每个要素必须进行的工作也随之变化，如表6-5所示。刚开始时，主要的领导力议题是识别变革的发起者和倡导者；一段时间后，领导力依然重要，但让每个人肩负转型的领导责任比拥有一位领导者更重要。同样，在建立共同需求及塑造愿景方面，一段时间后的挑战变成设法让所有销售员参与到转型中。

作为变革推动者，HR人员应当定期回顾这7个要素，推动变革持续进展。

表6-5 西尔斯公司的变革

变革成功7要素	阶段一：转变	阶段二：转型
领导变革	有一位发起者和倡导者	人人都是领导者

续表

变革成功 7 要素	阶段一：转变	阶段二：转型
建立共同需要	建立尝试新事物的需要	使每个人感到变革的需要
塑造愿景	描绘未来	将愿景呈现在每个人眼前
动员承诺	让关键人物参与	获得每个人的承诺，以减少抗拒
改变体系和结构	改变管理系统	重新思考所有管理工作
监控进展	有恰当的监控手段	建立可接触每个人的监控手段
延续变革	拟订行动计划	在行动中学习

❑ 小结：打造变革能力

当组织拟订计划时，就启动了变革行动，作为变革推动者的 HR 人员应该严格而系统地将变革流程应用到业务行动和流程中。遵照上述 4 个步骤，将使变革行动更快、更成功地实施。

文化变革：改变心智

变革行动通常会从确定和尝试执行新方案、新方法或新流程，演进至更基础的转型变革。转型变革和变革行动的不同之处在于它牵涉公司的基本特征、价值观和文化。这种根本性变革常见的有再生、再发明、转型或再造等，这些方法引出了罗伯特·奎恩所谓的“深度变革”，也就是说，挑战及修改组织根深蒂固的价值观、信念和假设。在本章所举的案例中，通用电气与西尔斯都曾进行过这种转型变革，它们致力于改变公司的许多管理工作，这些变革的累积效果带来了全新的文化和企业特征。

试图改变组织文化的 HR 人员面临一项困难的挑战：成熟企业很少有完整经历过成功的文化变革的。举例来说，为使通用电气的“群策群力”项目成功，该公司欲借用一群学者和咨询顾问的专长，于是将他们分派到公司的不同业务单元，以求带来全面的文化变革。这群学者及咨询顾问在 1989 年的每个季度都会聚集一次，计划和回顾每个业务单元的文化变革进展，目的是汇集团队成员的不同经验，为企业整体文化变革奠定基础。某次开会时，他们讨论了当时大规模文化变革的概念与实践，在晚餐后的交谈中，有人问到哪些企业是在没有业务危机的情况下成功参与或完成文化变革的，可以让通用电气团队从中学习经验。参与交谈的都是有多年咨询服务经验的专家，而且多半都出书 25 本以上，发表研究论文数百篇，但是当他们试图列出成功完成文化转型的企业时，却发现名单非常短。只有少数几家公司被公认为曾创造了新文化，如耐克、苹果、英特尔和微软，而且总体来说这些公司都是以新文化为起点的，而不是由旧文化转型为新文化的。其他上榜的企业则是从危机中产生新竞争力的（如哈雷-戴维森），这些企业更多实现的是转变，而不是转型。截至当时，企业界还未能充分探索学术界在 20 世纪 80 年代提出的文化变革概念，尽管许多高管谈论文化变革，学者也撰文探讨，但是截至当时，没有人体验过真正的文化变革。

自 1989 年起，投入并经历文化变革的企业显著增加，文化变革不只是学术论文中抽象的“不可模仿的竞争优势”，它已经被许多企业高管视为主要任务。优秀的企业高管，如通用电气的杰克·韦尔奇、联合信号的劳伦斯·鲍赛迪、西尔斯的亚瑟·马丁内兹、美瑞泰克科技的威廉·威斯、田纳科（现已改名为 Pactiv）的迈克尔·沃什，他们都充分表达了文化变革对他们的公司及他们自己成功扮演 CEO 角色的重要性。不少咨询公司，如指标、Gemini、安达信、麦肯锡等，为了响应客户在文化变革上的尝试，快速扩展变革管理实践。一家咨询公司声称它需要再招聘 1.2 万名咨询顾问，以应对客户对文化变革的咨询服务需求。

在过去几年，我们对于文化变革及 HR 人员在文化变革中应如何扮演核心角色，已经有了更深入的了解。简单来说，以下 5 个步骤反映了 HR 人员在成功的文化变革角色中的核心：

- 定义和澄清文化变革的概念。
- 清楚说明为什么文化变革是业务成功的核心。
- 评估当前文化和未来文化之间的差距。
- 找出推动文化变革的替代方案。

- 整合多种方法，制订文化变革行动计划。

□ 步骤一：定义和澄清文化变革的概念

以企业文化为研究课题的作者有多少，企业文化的定义就有多少。其中一些定义认为文化是根植于公司历史中的基本价值观，无法改变。另一些则认为文化和公司员工的行为及管理工作一样，完全具有可塑性。

对企业文化的讨论一般都有一个简单的前提：组织不能动，人能动。要了解一个组织的文化，需要关注组织中人员的共享心智。共享心智是指组织中人员共同的自发思考，自发思考引领组织中的个人下意识的行动和思考，这些未经审视的行为与思维是自发且自然的，是“做事方式”的一部分。

自发思考可能常见于 4 个组织流程：工作流、决策/权限流、沟通/信息流、人力资源流（见表 6-6）。工作流指组织内工作的分配和执行；决策/权限流指组织中的决策过程及权责分工；沟通/信息流指组织内信息的产生和分享；人力资源流指组织对待人员的方式。

每个流程相关的共享心智都来自信息和行为。信息提供员工自发思考所需要的资料，员工获得的信息越多，就越可能呈现共享心智。信息的来源有很多，范围很广，从正式的人力资源制度到员工之间的非正式交流。信息越可靠、一致，就越可能产生共享心智。举例来说，当哈雷-戴维森的董事长理查德·蒂林克提到建立学习型组织的重要性时，他是可靠的，因为他是董事长；他也是一致的，因为他一再重复相同信息，还将其纳入培训与绩效管理项目中。因此，哈雷-戴维森的员工在建立学习型组织上的共享心智程度远超其他组织。

表 6-6　组成组织文化的核心组织流程

核心流程	影响流程的主要疑问与议题
工作流	• 组织鼓励个人工作方式还是团队工作方式？有些组织灌输员工独立工作的自发思考，有些则试图在部门内、部门间，甚至公司间建立团队合作 • 组织的变革能力如何？有些组织可以快速地响应变革，有些组织则试图远离变革。组织内的员工对于变革的速度会产生一系列自发思考。变革有可能发生在组织结构、报告关系、产品开发、技术或工作模式等方面，不论哪部分进行变革，重点在于组织适应变革的能力 • 组织如何处理浪费及生产力问题？有些组织的自发思考是容许浪费、接受目前的生产力标准的；有些组织则非常强调消除浪费，并不断地改善生产力 • 组织如何设定工作优先级？有些组织担心遗漏任何人或部门，总是希望做到所有人应对所有事；有些组织的工作流程则鼓励针对项目或活动公开进行优先级设定
决策/权限流	• 是基层还是高层负责组织的关键决策？了解资源分配、战略方向、人员招聘与解雇、预算及其他重要决策的责任层级，就可以看出组织完成工作的共同方式。有些组织员工的自发思考认为绝大多数的决策制定者是高层管理者，中层及员工则主要负责提出建议和执行落实；有些组织的决策与权限则较为分散，员工肩负较多决策的权力和责任。员工参与决策程度的高低可能成为员工的自发思考 • 组织的决策速度如何？有些组织的自发思考和认定的标准是，一旦发现决策点，就可以很快做出决策；有些组织则会花上数月进行讨论及深度探讨后才做出决策。员工对决策速度的自发思考反映了组织属于官僚型组织还是开放型组织 • 组织如何平衡决策的长期与短期效应？不同组织存在两极分化情况，某些只注重短期决策与成果，其他的则主要关注长期，大多数组织会在长期与短期效应之间取得某种均衡 • 组织如何确保有关决策的职责权限？在经过一段时间后，组织对个人在决策中承担的职责会形成某种期望，有些组织不让个人对决策承担责任，有些组织则相反。因此员工也可能对决策的责任归属产生自发思考

续表

核心流程	影响流程的主要疑问与议题
沟通/信息流	• 有多少信息在组织内共享？有些组织对计划、方向及流程非常公开，有些组织则只有少数人有权知道计划内容。员工对组织内信息分享的程度有自发思考 • 组织内的信息分享模式是怎样的？有些组织是自上而下的单向信息分享，有些组织则是多向的信息分享方式，包括横向、自上而下和自下而上。组织的信息分享方式会反映员工对于如何完成工作的自发思考 • 组织沟通流的方式是怎样的？有些组织主要通过面对面方式分享信息，有些则通过电子邮件、备忘录或其他工具。信息分享的方式体现了组织完成工作的方法
人力资源流	• 组织如何处理管理层或员工的失败？组织是允许员工冒险与失败，还是惩罚失败、限制冒险？有一位高级经理坚信组织对于管理者行动失败的处理方式是该组织“文化”的一项关键指标。他认为失败后完全不用承担任何后果的组织过于宽容，而那些“杀了失败者”的组织则过于严苛。他认为不管是哪种极端情况，都能清晰地反映这家公司对待变革和新想法的总体态度。与失败同等重要的议题是成功，组织如何对待员工获取的成功？组织是否对个人或团队的成功给予奖励？组织是公开表扬成功，还是只是默默地将成功视为业务活动的正常现象？ • 组织中员工能力的来源是什么？有些组织主要通过从其他公司挖人获得能力，有些组织则通过培训发展员工能力。组织获取能力的方式是该组织人力资源流的一项指标 • 组织鼓励与管理多样性的成效如何？组织如何管理多样性也是一项有关人力资源流的关键议题，多样性可以表现在种族、性别结构上，也可以是文化多样性、全球多样性、理念多样性。有些组织试图识别出存在多样性的领域，然后快速地消除；有些则鼓励多样性 • 组织如何对待员工？这是个相当一般性的流程，不过组织如何对待员工也会导致独特的自发思考，有些组织将人员视为可替代、可买卖的商品，有些组织则将人员视为关键资产加以培养与保留 • 组织和员工之间的相互承诺是什么？员工有权选择加入和留在哪家公司。员工对公司的承诺可能基于经济（薪水高）、关系（在这家公司工作很有趣，我喜欢同事们）、愿景（这家公司是个令人激动的地方）等综合因素。员工承诺的基础反映了该组织让员工做事的方式

行为可以向员工发出组织所期望的行动信号。一致的行为源自共享心智，改变行为的行动既包括正式的人力资源管理工作，也包括非正式会议。哈雷·戴维森的蒂林克成立了哈雷大学，这所大学的目标是希望通过领导力发展课程，将蒂林克的价值观转变为行动；此外，他还建立绩效有效性项目，将对学习的价值观纳入个人绩效评价中；蒂林克还致力于打造一个以共同学习凝聚员工的新组织。以上 3 方面将他对学习的承诺制度化。

共享心智可能存在于不同层次的组织中，既可能是组织整体的共享心智，也可能是某个分支机构、业务单元或部门中的共享心智。共享心智可能存在于员工之间，也可能在员工和外部客户或供应商之间。当组织内部的员工和组织外部的客户或供应商对于组织流程具有相似的自发思考时，就代表双方存在共享心智。

尽管很难做到，但共享心智是有可能通过信息及行为来形成和改变的。共享心智的效果是促使员工及其他利益相关者的思维和行动与组织的需要和价值观相符。如果要改变共享心智，企业高管必须传递新的信息信号或改变员工行为。

步骤二：清楚说明为什么文化变革是业务成功的核心

进行文化变革的理由背后有两个假设：第一，文化会影响业务单元绩效；第二，新老方式总是不同的。共享相同文化的员工更可能有一致的行动，而这种一致性会影响业务单元的绩效，它能帮助企业集中资源、打进市场、满足客户需求和完成战略目标。一般而言，企业的文化共享越彻底，业务成功的可能性就越高，然而，文化共识和绩效曲线之间的关系很复杂，不是简单的线性关系。

图 6-3 表现了文化一致性和绩效之间的关系。它显示当一家公司具有强文化（高度一致）时，绩效也可能下降（路径 B），在另一家具有强文化的公司中却能看到绩效上升（路径 A）。这种差异说明只有文化共识是不够的，还应是正确的文化。

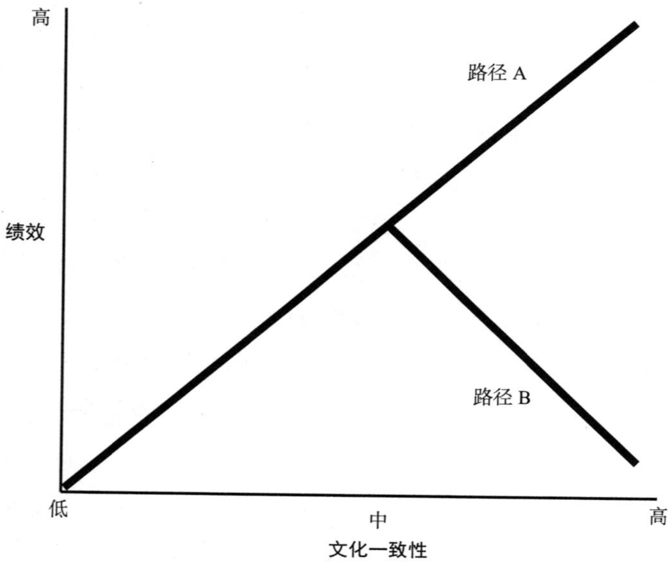

图 6-3 文化一致性与绩效

路径 B 上的公司（共识越高，绩效越差），其文化可能错误地强调传统，而不能适应新规则，它可能过度关注内部流程，并鼓励对所有客户需求采取一种方式应对。路径 A 上的公司（共识越高，绩效越好），其文化聚焦于敏捷反应、满足客户变化的需求、重视多样性、改造公司、持续不断地评估与改造公司文化。路径 B 上的公司很容易被否定，它受限于过去，不能为未来更新自我；相反，路径 A 上的公司高管有革新、变革和创造的新文化理念。例如，哈雷–戴维森的蒂林克将创造学习型组织视为他的主要职责之一，这种组织实践旧文化以不脱离哈雷–戴维森的过去，同时学习那些能够预测及开创未来的新价值观。

文化一致性会影响绩效，还因为它能促使员工专注于正确的事务上。以错误价值观为中心形成的文化一致性就好比出门参加派对却跑错地方一样。当文化符合客户期望时，员工就能专注于正确的事务，同时提升企业绩效。举例来说，Digital 设置公司几十年来的核心文化元素都是“重视差异性”，这个文化元素融入了各个管理流程，相比于按照规则和程序来做决策，管理者更多地经过辩论和探讨备选方案进行决策，确保不同意见都被重视。这种文化元素对公司有用是因为其所处的市场，但它并不适用于联邦航空管理局，因为联邦航空管理局的核心文化元素一直是稳定、精确和严格，这种追求纪律性和准确性的文化很适合联邦航空管理局的要求，就像 Digital 设备公司适合更开放的文化一样。

由于强企业文化导致的一致性，这种文化会变成公司的指纹特征，这些指纹特征成为客户、供应商、员工、投资人等辨识公司的基础，并让公司具备一定的市场认知度和接受度。在计算机产业，这些文化差异被称为品牌个性，一项研究提供示例如下：

苹果	简单、易用、友好
布尔	挑战者
富士通	日本、可靠、多功能
惠普	品质、价值
IBM	安全的选择、经过尝试的真实的
微软	有创意、易用、成功
太阳微电子	火热、强大

苹果前任 CEO 约翰·史考利曾经描述百事可乐和苹果的使命是创造“心理占有率”，而不只是“市场占有率”。换句话说，苹果和百事可乐的文化都是希望为公司在市场上与其他竞争者间定义和制造区别度。“文化指纹”带来员工对公司的认同，让他们因为公司而感到自豪。

每个公司的文化与指纹特征都是独特的。

每个公司的文化与指纹特征都是独特的。任何试图模仿或抄袭竞争者文化的公司最后基本都会因缺乏认同感而落败。在竞争激烈的市场中，企业总是在寻求差异化的方法。当企业在技术上处于同等地位，甚至可以抄袭另一企业的技术时；当企业在产品上处于同等地位，甚至可以抄袭另一企业的产品特征时；当企业在财务上处于同等地位，甚至可以平等地获取资金时，文化指纹特征便成为差异性的一个有效来源。

文化变革的另一个假设是新老方式总是不同的，这对公司的内外部关系同样有重要的指示作用。如果企业生存在一个静态世界，文化或许可以形成并定型。在现实中，企业存在于一个越发复杂和动态的世界中，符合企业过去需要的文化必须让位于符合当前市场趋势的文化。对公司文化的最大挑战不是定义及形成文化，而是持续不断地调整文化。在 Digital 设备公司重视差异性的核心文化元素非常适合动态成长阶段。20 世纪 90 年代早期，全球计算机市场进入衰退和调整期，随即对责任的关注也被纳入原本重视差异性的文化中，1992 年 Digital 设备公司的董事长罗伯特·帕尔默鼓励所有员工对客户、股东和员工肩负起责任。在不否定差异性与多样性传统的同时，帕尔默为公司注入了适应业务环境变化的新文化。

文化变革的关键之一是认识到新文化必须匹配业务需求的改变。新文化并不容易培育，员工还是感到退回到熟悉的习惯中比较舒服。旧鞋总是比新鞋好穿，同理，员工总是更习惯于旧的工作模式。文化变革的主要理由之一是必须以竞争性的新工作模式取代旧模式。旧鞋好穿，但已开始伤脚。就像橱柜与阁楼中可能堆满了怀旧的纪念品一样，组织也可能保留着一些令人感到舒适但已因为不能适应新环境而成为负担的旧文化。橱柜需要清理，阁楼可以被当成存放旧物之处，而组织必须在新文化变得必要时学会放弃过时的文化。

❑ 步骤三：评估当前文化和未来文化之间的差距

我们可以通过 4 个步骤诊断组织内心智的共享程度。第一，在被诊断的组织中，请一群员工（或只有高管，或包括跨层级员工）回答下面的问题：最希望公司或部门的哪 3 件事被客户知道？这个问题显示了心智的基本要素：客户是怎么看待我们的。第二，在收集上述问题的回答之后，整合相似的答案，每个答案的数量代表“共享”程度。根据经验法则，75%的答案应该聚集在前 3 个。但我和我的同事在多家公司进行这项测试，很少发现有达到 75%的共识程度。第三，对内外部客户问类似的问题：你希望你的供应商因为什么而被人知晓？第四，比较上述来自公司内外部的答案。

上述测试可以用来诊断共享心智水平，显示共享的心智是什么，以及员工和客户是否共享了心智。有时候，员工拥有共享心智，客户却没有。这个测试也可以评估现有文化和期望文化之间的差距，期望文化最好以客户对公司的认知为框架，当文化整合从客户的认知开始，然后转向员工对公司的认知，并与客户的认知保持一致时，文化的一致性也就因此达成了。文化差距可能存在于员工之间（当他们没有拥有共享心智时），也可能存在于员工与客户之间（当员工和客户的心智不同时）。

❑ 步骤四：找出推动文化变革的替代方案

诊断了公司的共享心智情况，现状与未来期望之间的差距也被识别出来后，就能改变共享心智了。近年来已经有越来越多的公司开始着手更多元的文化变革，文化变革已经越来越可实现，而不再稀奇。根据一些企业的经验，文化变革行动可分为 3 种（见图 6-4），想找到创造共享心智最佳方法的 HR 人员应该了解所有这 3 种方法、它们之间的互动关系，以及何时使用哪种方法。

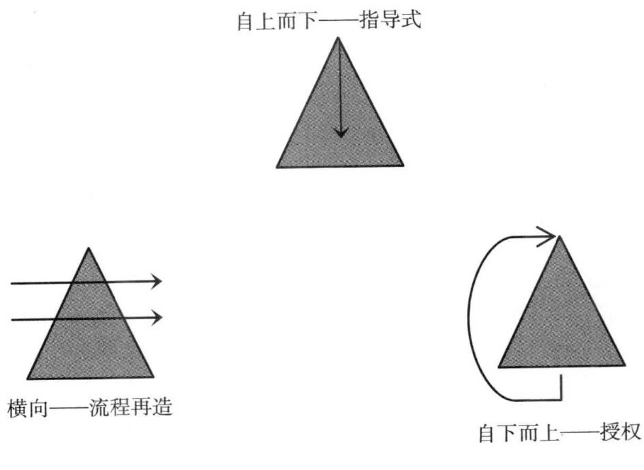

图 6-4　3 种文化变革方法

自上而下——指导式

第一种文化变革行动是在组织中自上而下的指导和驱动。这类文化变革行动通常由高层管理者倡导，并通过各种人力资源流程组合执行（如培训项目、薪酬奖励项目、全公司范围的沟通），自上而下地贯穿整个组织。

许多公司采取这种方法，推行关注质量的文化。

> 施乐公司希望在整个公司注入追求更高质量的承诺，在 CEO 大卫·科恩的指导下，全公司开始推行“质量领导力”项目。这个项目按照 LUTI（Learn，Use，Teach，Inspect）模型自上而下开展：在这个模型中，某一层级的管理者学习（Learn）质量提升的工具；在他们的业务单元中使用（Use）这些工具；教导（Teach）低层级的员工使用这些工具；最后监视（Inspect）并确保所有人运用这些工具。理论上，没有人可以先于他的上级参加质量项目，因为上级是项目中的导师。
>
> 许多公司尝试通过自上而下指导的行动促成文化变革，波音公司让数千名经理参加“一流竞争力”项目，与他们讨论航空制造业竞争规则的变化；摩托罗拉的“六西格玛”行动通过培训及绩效管理方案传递其质量导向的新文化标准；联合信号的“全面质量”行动将所有 85 000 名员工纳入质量管理架构中；百事可乐的“分享的力量”薪酬制度让员工取得公司某种形式的股权，目的是提高员工对公司的承诺与奉献。

这些行动方案的优点是能在全公司范围内宣扬关于新文化重要性的一致信息，并且通过分享信息和塑造员工行为等 HR 工作将新文化予以制度化。不过，这些命令式的行动方案面临的挑战是容易被视为孤立的事件，员工沉浸在新文化中一段时期（培训期间），最终却不能完全转向新文化，一连串孤立的事件很可能只能增加冷嘲热讽，而不能实现文化变革。在某个公司中，时常参加公司新项目的中层经理开始称这些项目为“另一个不错的项目”，他们没能理解和配合公司实现心智方面的变化。

横向——流程再造

第二种文化变革方法是流程再造，这是20世纪90年代初发展出的一个很受欢迎的文化变革方法，该方法基于审视和改造业务流程，而不再是推行自上而下的行动方案。流程再造审视原有工作执行方式，然后通过精简运营、自动化、减少冗余和减少工作流程与客户期望之间的落差等方式，系统性地改进流程。

流程再造在不少公司中产生了显著效果，百事可乐识别出组织中16个核心流程（如订单、配送等），然后大力简化这些流程。通过使用更少资源，更有效率、更快速地完成工作并取得高度的客户效益，百事可乐节省了很多成本。流程再造不只应用于业务流程，也被应用在人力资源流程上，北方电信通过流程再造将许多人力资源事务性工作整合进一个服务中心，由一套共享资源提供高水平的员工服务。这个服务中心减少了资源的重复浪费，简化了组织，在节省成本的同时确保满足员工（这些流程的客户）的需求。

这种文化变革方法基于一种假设，即流程诊断和再造出的新流程能够为公司带来新的文化或心智。这个方法的优点在于变革效果相对持久，而且新流程带来了明确的业务成果，为员工提供新信息并引导员工产生新行为。这种方法的缺点是必须花费大量时间才能完成，即使规划和改变看起来很简单的流程，也需要管理者投入相当的精力。此外，流程再造必须经过很长时间才能让员工看到和感觉到改进的成果。再造工程通常依赖于拥有技术能力的专家（可能是外部顾问）来规划和改善流程。

自下而上——授权

文化变革的第三种方法出现在将期望的文化快速转化为员工行为时。这种变革方法可以用一个简单的比喻来说明：当你在散步时，有一只蚊子停在你的手臂上，你会做什么？自上而下的方法要确保不受蚊子的叮咬，因此必须设计监管方法，训练人们避开蚊子出没之地、穿长袖、研究招来蚊子的原因。流程再造的方法会将行为导向排干沼泽、喷洒驱蚊剂、阻止蚊子叮咬等方面；而授权方法就是当蚊子停在你的手臂上时立刻打死它。

授权式的文化变革并非全新的方法，在一些公司（如通用电气）采用这种方法取得不错的成效后，引起了越来越多人的注意。通用电气的“群策群力”项目展示了公司期望达成的共享心智，董事长杰克·韦尔奇希望通用电气所有业务单元的客户和员工都对公司产生“快速、简单、自信”的认识。为促成这件事，他授权数千位员工摘除“低垂的果实”，也就是那些妨碍新文化的工作，如官僚化的报告、会议、审批程序和评估等。在员工大会中，通用电气的员工共同识别出那些可以立刻变革的项目（类似杀死蚊子），使工作与新文化更为一致。

授权式方法不只是将员工聚在一起抱怨公司哪里不对的发牢骚环节。这种方法是以“不指责、不抱怨”为基础的，也就是说，当员工发现问题时，不能归咎于他人或只是抱怨，而必须采取行动去修正。授权式变革也不只是让员工随便提提意见的建议系统，而是聚焦于将特定的心智转化为特定的员工行为。这种变革方法也不只是由一些分隔开的团体分别提出不同的工作改进意见，而是整合的一套行动，授权员工基于新文化采取行动。

❑ 步骤五：整合多种方法，制订文化变革行动计划

没有哪种文化变革方法是单一的，没有哪家公司只采纳一种方法，而排除其他两个。然而许多公司往往只关注一种方法而失去采用多重方法的好处。实施文化变革的企业高管可以从 3 种方法中的任何一种着手，但是必须快速学会使用另两种，这样采用一个整体性的方法，将期望的新心智注入组织。当同时使用这 3 种方法时，员工将能获取信息、塑造行为，进而产生持久的文化变革。

为制订实施文化变革的行动计划，应考虑以下 7 个关键成功要素：

- **领导变革**。识别文化变革行动的发起人和倡导者。
- **建立共同需要**。确保文化变革的初衷与业务成果相关，并且文化变革的理由被清楚阐明。
- **塑造愿景**。描绘文化变革的预期成果。

- **动员承诺**。识别出需要接受文化变革的关键利益相关者。
- **改变体系和结构**。重新安排 HR 工作，与期望的新文化保持一致。
- **监控进展**。跟踪和评价新文化。
- **延续变革**。采取具体行动，分配责任与时间，整合不同方向的行动（自上而下、横向、自下而上）。

当 HR 人员协助高管考虑这些成功要素时，他们将制订一个整合的文化变革行动计划。

❑ 文化变革的启示

如果前面提到的 1989 年通用电气公司会议在今天重开一次，与会者对于文化变革成功概率和本质的结论将有什么改变？从过去几年大量的企业文化变革经验中，可以综合得出一些启示。

第一，文化变革必须能为公司客户创造价值。实施文化变革，只提高员工承诺是不够的。文化变革必须根据客户需求改变企业认知，来提高公司的竞争地位。以西尔斯为例，当客户对西尔斯持有全新的印象时，当他们对在西尔斯购物有新的认识时，就代表公司已经完成文化变革了。

第二，大多数业务经验显示，不同的文化变革方法殊途同归，也就是说，实现文化变革的方法可以有许多种，除非形成有效方法的组合，否则没有人能找到什么万能药，HR 人员必须同时考虑自上而下、自下而上和横向的方法，来打造文化变革。

第三，许多关于文化变革的所谓“真理”（如企业 CEO 的承诺、培训、参与是成功的关键），如今仍是普遍存在的理想化想法。正如摩托罗拉前任人力资源高级副总裁乔伊·米拉格利亚所说的，有关文化变革的理想多过事实，不过通过对所期望的文化持续不断地投入精力，旧文化也可以被转变为期望的新文化。

第四，HR 人员可以在文化变革中扮演关键且核心的角色，他们必须培养新的能力并做出承诺，他们可以得到与付出的努力相当的回报。善用 HR 人员的企业，更有可能实现文化变革。

第五，管理文化变革已成为企业对 HR 人员提出的一个新期望。如今，传统的 HR 工作必须与确保文化变革的行动相配合。通过设计与领导文化变革，HR 人员协助公司实现转型。

第六，随着逐渐认识到文化变革是可行的，企业是时候建立起信心来了。文化变革是重要的，也是可以被定义和实现的。

作为变革推动者的人力资源专家

HR 人员要成为变革推动者，设计和管理企业的变革能力与文化变革能力，就需要掌握以下 4 种角色。

❑ 催化剂、倡导者、发起人

Frontier 通信公司发现，为了在变动的电信市场中竞争，公司必须进行文化转型。为实现这次转型，公司董事长兼总经理及 CEO 罗纳尔多·比特纳确定公司的愿景是“成为全球领先的电信公司”，聚焦于产品与客户。他对愿景的具体描述如下：

“如果没有同时拥有组织能力和勤勉的员工团队，任何愿景都不可能实现……我们对每个员工所需的技能和能力进行了全新而严格的评估。在缺乏所需专长时，我们将致力于从外部引进人才。”

为了加速文化转型，比特纳聘用了一位人力资源高管珍妮特·赛森，赛森的任务是捍卫文化变革行动，确保文化变革成为管理层的讨论主题，建立与应用文化变革模型，维持高管对文化变革的高关注度。同样，在通用电气和西尔斯，HR 高级管理人员被要求扮演变革推动者、文化变革的倡导者，进而为企业创造价值。

❑ 引导师

除倡导变革外，HR 人员还必须协助引导推动变革，这也是通用电气的 HR 人员在“群策群力”项目中扮演的主要角色。他们的引导工作分为三个阶段：外部支持、内部转型和所有权管理。

外部引导师的支持是通用电气“群策群力”项目的核心，外部团队领导者及团队成员（他们是外部聘请的学者和顾问）帮助创造了一个乐于接受“群策群力”项目的氛围，在公司 CEO 的支持下，他们在不同组织层级之间建立关系，并为每个业务单元建立“群策群力”目标。在“群策群力”项目初期，外部引导师角色是重要的催化剂。不过当此项目进入一个更为制度化的阶段时，对外部引导师的需要程度逐步降低，并被内部引导师取代。

HR 人员支持外部引导师，为他们提供技术支持，帮助他们熟悉通用电气公司的流程。他们为外部引导师提供政治视角，帮助他们了解通用电气公司各业务单元之间的关系与权力分配。此外，HR 人员也提供文化视角，帮助外部引导师了解公司的历史元素，找出公司现行文化中已做好变革准备的部分。

内部的转型引导师的工作是帮助通用电气员工承担审视、管理和执行新工作流程的责任。内部引导师识别并改进需要变革的工作流程，帮助任务小组缩短时间周期、改进工程行为、缩短工程设计时间和检查采购周期。他们以流程观察员的身份参与定期的团队会议，并作为流程技术专家服务于任务团队。

一段时间之后，当内部引导师取代外部引导师后，文化变革工作便渐渐移交给通用电气公司的员工。HR 人员在内部推动工作上扮演两个角色：第一，具备商业敏锐度、流程技巧并和管理团队合作愉快的 HR 人员，有时候会加入训练有素的内部引导师团队中，而内部引导师团队成员包括来自各部门（如财务、工程、营销、研发部门）的优秀员工。第二，HR 人员参与内部引导师的培训发展，这项工作主要由通用电气公司在克罗顿维尔发展中心的 HR 人员负责协调与设计，然后由其他各地业务单元的 HR 人员负责执行。在这两种情况下，HR 人员都是设计与执行打造内部引导师队伍的培训项目专家。

最后阶段的引导工作将是属于管理层的引导，在这一阶段每位通用电气的管理者都变成他们自己的引导师，他们能够诊断问题、检查问题，在工作流程评估、简化及改进中展现能力，建立团队成员的承诺。当管理者本身成为引导师时，“群策群力”项目将被极大地发扬。这时候外部及内部引导师的支持都可以退出，管理者成为“群策群力”行动的主人，负责执行“群策群力”行动，而“群策群力”行动也变成业务自身持续例行的工作。

HR 人员帮助管理层发展自我引导的能力。他们集中在克罗顿维尔发展中心或各业务单元内部培训管理者；帮助评估管理者目前在引导变革方面的能力，挑选未来有引导能力的管理者，并提供改进建议和意见。

❑ 设计者

在通用电气和西尔斯的案例中，HR 人员重新设计 HR 体系，因此在公司级文化转型中扮演主要角色。人员配置、发展、考核、奖励、组织设计和沟通方法被重新设计，以使管理者了解和切实参与文化转型。设计新体系需要 HR 人员设计和实施创新的、令人期待的 HR 工作，推进文化变革曲线向前移动。

❑ 示范者

最后是在支持文化变革上 HR 人员最关键的角色，那就是在他们本部门内示范变革。例如，当西尔斯进行大规模文化变革时，行政执行副总裁鲁奇努力使 HR 部门成为再造工程与变革的典范，他花了大量个人时间来确保 HR 高级人员投入 HR 部门的再造工程中。由于树立了良好典范，人力资源部被其他直线经理称赞为“井然有序的部门”。

HR 人员不能只是鼓吹文化变革，他们必须成为变革的一部分。他们需要亲自感受并切身体验文化变革。

小结

成为变革推动者

变革一直在发生并将持续下去，唯一不同的是现在变革发生的速度比过去快得多。为了帮助组织响应行动变革、流程变革和文化变革，直线经理和HR人员必须掌握变革理论与实务，尤其是作为变革倡导者的直线经理，应该负责实现下列目标：

- 使内部文化期望与市场形象相一致。
- 了解创建共享心智的流程。
- 建立适用于业务整体的变革模型。
- 即使在制定新战略时，也持续向业务单元施压使其响应变革。

身为变革推动者的HR人员必须做好下列工作：

- 先在HR部门内展开变革以树立典范，领导整个组织的转型。
- 扮演变革催化者、变革引导师和变革体系设计者的角色。
- 和直线经理共同使用有关变革的“飞行员检查清单”。

通过了解变革理论和应用变革工具，HR人员和直线经理就能视变革为朋友，而非仇敌；视变革为机会，而非威胁；视变革为竞争优势，而非阻碍；视变革为价值来源，而非障碍。

CHAPTER 7

第 7 章　人力资源部门的人力资源管理

本书前几章探讨了人力资源的 4 种角色：战略性人力资源管理、基础事务流程管理、员工贡献管理、转型与变革管理，这 4 种角色都要求我们以新的思维和方式去对待。但是我们常看到 HR 人员本身像“光脚的小补鞋匠”，他们制定制度、提出建议、协助其他人员和部门，却未能把人力资源管理的原则和方法运用于自身。如果 HR 人员要成为业务伙伴并扮演上述 4 种角色，则必须首先在本部门倡导并推行人力资源管理的原则，即为 HR 部门制定战略规划，并设计一个人力资源管理组织体系以完成此战略规划，也就是韦恩·布洛班克所说的“为 HR 部门进行人力资源管理”。为 HR 部门进行人力资源管理，必须了解 3 个相关的工作：战略性人力资源（strategic HR）、人力资源策略（HR strategy）和人力资源组织（HR organization）。

战略性人力资源是指将 HR 工作与业务战略相结合。直线经理可直接了解、指导并应用战略性人力资源，进而执行公司的人力资源策略，即直线经理通过战略性人力资源来参与 HR 工作。战略性人力资源协助企业建立从业务战略到组织能力，再到人力资源管理工作的流程。人力资源规划则描述了业务战略指导人力资源活动的过程。战略性人力资源的服务对象是那些期望企业成功的利益相关者（投资者、客户和员工）。

人力资源策略是指为 HR 工作制订计划、设立目标和明确工作重点。人力资源策略服务于那些期望能为公司创造价值的 HR 人员，并为 HR 职能设立了使命、愿景和核心工作。

人力资源组织是指诊断及优化人力资源职能，从而提升人力资源服务的流程。人力资源组织必须通过制定流程来执行人力资源策略，从而服务于那些期望能为公司创造价值的 HR 人员。HR 高级管理者必须负责人力资源组织的设计与优化。

战略性人力资源、人力资源策略和人力资源组织之所以相关，是因为它们的目标都是协助公司变得更成功，表 7-1 列出了三者的定义与差异。一方面，HR 人员偶尔会混淆这三者，如在构建执行业务战略的组织能力时，会忘记 HR 组织应同时受到关注；另一方面，当 HR 人员过度关注人力资源组织效率的提高时，会忽略业务战略成功所需要制定的组织与人力资源流程（战略性人力资源管理）。

表 7-1　战略性人力资源、人力资源策略和人力资源组织三者间的差异

维　度	战略性人力资源	人力资源策略	人力资源组织
目的	将业务战略转化为组织能力，再转化为人力资源管理工作	建立相关战略、组织体系和行动计划，提高 HR 部门的工作效率	设计与改进 HR 部门职能，以提升人力资源服务
负责人	直线经理	HR 高级管理者	HR 高级管理者
措施	通过人力资源管理工作达成运营成果	提升 HR 工作的效益与效率	保障 HR 职能的效益与效率

续表

维　　度	战略性人力资源	人力资源策略	人力资源组织
服务对象	• 为达成经营成果而推行人力资源管理工作的直线经理 • 受人力资源管理工作影响的员工 • 因高效组织而获益的客户 • 因组织能力提高而获利的投资者	• 设计与实施人力资源管理工作的 HR 人员 • 运用人力资源管理工作的直线经理	• 在 HR 部门工作的 HR 人员
角色	• 直线经理作为责任人 • HR 人员作为引导者	• 直线经理作为投资人 • HR 人员作为制定者	• 直线经理作为投资人 • HR 高级管理者作为领导者

本章将提出战略性人力资源、人力资源策略和人力资源组织（为 HR 部门进行人力资源管理的三要素）的相关工具和例子，目的是让 HR 人员了解如何将战略转化为成果，建立人力资源职能以符合业务规划要求，即为 HR 部门进行人力资源管理。

战略性人力资源：将业务战略列为人力资源的优先工作

在第 3 章中，我们探讨了通过组织诊断将业务战略转化为人力资源优先工作的目的与流程，本章将展示从业务战略到人力资源规划的流程，许多 HR 高级管理者认为这是他们面临的主要战略性挑战。辉瑞制药的 HR 副总裁布鲁斯·艾利格表示，辉瑞制药的人力资源规划是 HR 部门为帮助实现公司业务规划而制定的。西尔斯公司的行政执行副总裁安东尼·鲁奇表示，他上任的第一年从未想过要制定什么样的人力资源规划，而是关注制定有效的业务规划，实现业务规划则必须开展一些人力资源管理工作。在这两个例子中，两位 HR 高级管理者都在致力于战略性人力资源，都是通过具体的人力资源管理工作来实现业务战略的。通常，战略规划可分为两个阶段：战略制定和战略执行。

❑ 制定战略却未实施：空头承诺

制定战略的目的有 3 个：

第一，为企业阐明未来发展的方向。企业未来发展方向可以称为愿景、意图、目的、使命或展望，不论是什么名称，都是描述对企业未来的看法，这个看法代表企业在更广泛的商业环境（包括客户、政策、技术创新或投资者）中的定位。

第二，帮助企业有效配置资源。企业的不同资源可能聚焦于不同的目的，如降低成本、服务客户、改善质量等。因为组织很难有足够的资源处处顾及，所以必须有效地配置资源。战略声明反映了经讨论后确定的工作优先级和资源配置。

第三，对企业的多个利益相关者做出承诺。对员工的承诺是关于工作机遇、管理方式或企业制度的；对客户的承诺是关于产品、服务市场或价值创造的；对投资人的承诺则是关于盈利能力、公司绩效或股东价值的。

企业管理者通过战略制定来建立愿景，通过资源配置来实现愿景，并对利益相关者做出实现愿景的承诺。

制定战略之后便是执行战略，当经营活动和企业战略相符时即可执行战略。然而多数战略只是被制定出来，而没有得到实施。领导者在极力宣传愿景或使命后却未能改变组织经营活动或员工个人行为，愿景所描绘的那个更光明、更具竞争力的未来蓝图也从未实现。许多组织对所倡导的行动方案畏缩不前，未能充分配置资源，从而无法履行经讨论后达成的承诺。

❑ 战略性人力资源和战略承诺的实现：定义组织能力

战略性 HR 工作的主要目的之一，是通过制订明确的行动计划来完成战略，从而克服战略被束之高阁的窘境。除制定战略和执行战略外，我们还要增加建立组织能力这一重要步骤。正如第 3 章所述，企业的组织能力包括实施战略所需要的流程和方法。许多研究战略的学者认为，组织能力是制定战略和执行战略之间脱节的重要原因。

战略性人力资源明确了组织成功的关键是有效地结合业务战略和人力资源活动，柯达公司的案例展示了企业是如何通过建立组织能力将战略转化为行动的。

战略性人力资源：柯达公司

当乔治·费舍尔担任柯达公司的执行总裁时，他不仅提高了公司绩效，更致力于改变公司的基本文化。费舍尔通过出售非核心业务进行资产重组，并调整企业文化来整合柯达的核心价值：尊重个人、诚实正直、相互信任、信誉至上、持续改进、个人成长。

在柯达的企业文化变革中，一部分工作聚焦于界定人才战略，即所有柯达管理者必须承诺并承担起这项战略。在 HR 高级副总裁迈克尔·莫利的指导下，柯达通过关注下列 6 项内容制定了公司的人力资源策略。

- **绩效导向**。建立衡量员工行为的绩效标准，并且以员工的行为表现决定绩效结果。
- **市场竞争力**。不仅要成为产品与服务的领导者，而且在吸引人才、留住人才、薪酬与激励方面同样要领先于同行。
- **重视差异**。将多元化视为企业的竞争力，所有员工都应欣赏并重视在性别、种族、文化和其他方面的差异性，并将其转化为竞争优势。尤其员工构成的差异性必须能支持企业经营的全球市场及其运营所在地的社群。（例如，柯达产品在美国的消费群 70%为女性。）

- **持续的学习与成长**。每年至少给每位员工提供40小时的培训机会，员工也必须珍惜公司所提供的这一机会。
- **世界级领导力**。在不断变化的全球市场竞争浪潮中成为引领者。
- **环境**。持续提供安全、健康的工作环境。

由所有高级管理者商讨确定的这 6 项内容组成了柯达所有层级战略性 HR 工作的基础，而乔治·费舍尔在这 6 个领域中分别设定了个人目标，从而开始执行战略性 HR 工作。

在以上制定的企业人力资源策略下，迈克尔·莫利还协助每个业务单元建立了战略性人力资源规划流程，此流程可解答以下 3 个基本问题。

- **业务问题**：我们面临的主要业务问题是什么？
- **组织能力**：我们需要哪些组织能力来达成业务目标？
- **人力资源管理**：我们该如何利用人力资源方法，建立、加强和维持这些必要的能力？

由这 3 个基本问题导出了柯达公司每个业务单元特有的三步骤战略流程。例如，若将此模型应用到柯达公司的健康科学事业部，将会呈现如表 7-2 所示的情况。柯达的经验显示，在制定战略及执行人力资源策略这两个阶段间，应该清楚地定义、改进和评估所有可将战略转化为行动的组织能力，这些能力是实现战略性人力资源的关键要素，正如莫利所言："我们在所有 7 个业务单元都派驻了 HR 业务伙伴，他们就像参与该团队的财务人员、市场销售人员或生产部门人员一样，是业务单元管理团队中的一员。当业务战略有所变动时，人力资源策略也会随之修正，而非独立发展。"

表 7-2 柯达公司业务单元的人力资源策略

业务问题	组织能力	人力资源管理
基本问题		
我们面临的主要业务问题是什么?	我们需要哪些组织能力来达成业务目标?	我们该如何利用人力资源方法，建立、加强和维持这些必要的能力?
以上 3 个基本问题在健康科学事业部的情况		
• 医疗业务盈利下降 • 科技替代传统产品 • 健康医疗政策急剧变化 • 欠发达国家显著的增长潜力 • 客户决策者和标准的变化 • 客户需求解决方案	• 比其他竞争对手更快、更优秀的应变能力 • 快速响应的员工、流程、结构和系统	• 人员配置和选择 • 评价 • 奖励 • 培训发展 • 沟通 • 组织设计

人力资源策略：塑造人力资源职能

战略性人力资源的目的是保障公司具备达成业务目标所需的资源，人力资源策略则是定义人力资源职能所应创造的价值。人力资源策略阐明了对于人力资源职能的观点，定义了 HR 人员的工作如何为业务创造价值。人力资源策略通过以下 3 点来塑造人力资源职能，它们分别是：定义 HR 部门的产出，给出 HR 部门所需资源的合理说明，为 HR 部门的各项工作设置优先级。已经有不少企业在人力资源策略上有所创新。

高乐士公司的 HR 副总裁珍妮特·布雷迪致力于建立人力资源愿景，在由 HR 负责人和直线经理组成的任务小组，以及来自公司各一线部门 HR 人员的共同讨论下，拟定了以下人力资源愿景：

"我们帮助直线经理建立招聘、培养和管理员工的能力，从而提升他们的业务绩效和竞争优势。我们（HR 人员）是一线 HR 工作的直接参与者，因为我们值得信赖、快速响应，我们提供的产品与服务能创造价值、建立组织能力，进而促成战略目标的达成。"

这个愿景陈述中包含了 HR 部门的目标和达成这些目标所要承担的责任，也包含了 HR 部门应得到的认同和达成成果的承诺。

TRINOVA 公司的人力资源总监黛比·舍费尔和一支由 HR 负责人组成的团队共同拟定了人力资源策略框架。这一人力资源策略框架的建立具有以下作用：建立 HR 部门的愿景，定义 HR 部门该如何为业务创造价值，反映所有现状与目标之间的差距，通过设定各项 HR 工作的优先级来有效分配 HR 部门的资源。表 7-3 列出了 TRINOVA 公司的人力资源架构。

TRINOVA 公司的 HR 部门根据各个业务单元之前建立的战略框架，建立了本部门的人力资源策略框架，向直线经理展示了 HR 部门能够有效支持业务战略的实现。此外，HR 人员从人力资源策略框架中可以知道他们的工作重心：管理者能力、员工承诺、组织效能和人事效率，这 4 个重心是 HR 部门工作的努力方向，同时也帮助他们排列工作的优先级顺序以达成工作成果。

贺曼公司也设立了类似的流程，通过这一流程由 CEO 制定公司的人力资源规划，并由 HR 副总裁制订 HR 部门的工作计划。人力资源规划的目的是根据公司及业务单元的业务战略设定 HR 工作的优先级。HR 部门工作计划的目的是为 HR 部门设定工作优先级及方向，以确保该部门不但能为整个企业创造价值，而且能够在各业务单元之间创造杠杆效益，使 HR 部门成为一个能创造价值的部门。贺曼公司的 HR 副总裁拉尔夫·克里斯腾森认为这两项计划都有其必要性，因为它们的目的不同。表 7-4 列出了克里斯腾森的想法，包括这两项计划的不同目的和相关人。业务单元的负责人必须负责落实贺曼公司的业务战略及人力资源策略，他们是各业务单元人力资源计划的投资受益者。贺曼公司比较重视提出正确的问题，而非提供答案。

高乐士、TRINOVA、贺曼 3 家公司展示了各自不同的人力资源策略。有些人力资源策略偏重于愿景和方向，如高乐士；有些则偏重于循序渐进的计划，如 TRINOVA；也有些偏重于流程使用者，如贺曼。无论偏重哪方面，一家公司的人力资源策略都反映了它对 HR 职能的内在认知，而这些认知或多或少都包含了表 7-5 描述的人力资源策略的 8 项要素。

只有少数 HR 高级管理者制定的人力资源策略会包含上述所有 8 项要素，但大部分人力资源策略都会囊括其中绝大部分要素。许多企业要求我提供人力资源策略设计的完整准则，人人都期望只需要稍加修改就得出自己公司的人力资源策略，但我认为这样做并不能让他们得到满意的方案。最为有效的做法应该是，首先识别人力资源策略的潜在要素，并由 HR 高级管理者评估这些要素，然后再考虑怎样的人力资源策略最适合该公司特有的商业环境。人力资源策略和业务战略的匹配度越高，就越能得到业务单元的认可。例如，因为 TRINOVA 公司的业务战略架构被广为接受，所以黛比·舍费尔和她的同事们在制定其人力资源策略时更能够依托业务战略框架。在贺曼，建立人力资源策略和 HR 部门计划所采用的步骤是相同的。

先确认创建人力资源策略所需的要素，再分析人力资源策略的产出。表 7-6 列出了 13 家公司的人力资源策略，内容取自这 13 家公司内部流传的公开资料。如表 7-6 所示，许多公司致力于定义 HR 部门的愿景、使命和价值观。毫无疑问，许多人力资源策略也面临了战略性 HR 工作所遭遇的问题：思考未来所花费的时间与精力远超过制定运营规划以达成预期目标所花费的时间与精力。因此，为了确保实现人力资源规划，我们需要为 HR 部门进行人力资源管理的第三项工作——组织诊断。

表 7-3　TRINOVA 公司的人力资源策略框架

愿景：与一线部门形成业务伙伴关系，帮助他们吸引、激励、培养和留住能完成公司使命的优秀人才			
目　标			
管理能力	**员工承诺**	**组织效能**	**人事效率**
经理人： ● 以客户为重心 ● 战略和成果导向 ● 变革推动者 ● 有智慧的冒险者 ● 拥有全球化经营的智慧 ● 培养人才 ● 团队精神 ● 持续学习 ● 受人尊敬	● 员工有渠道获取工作所需的资源 ● 员工对组织成果做出贡献 ● 员工积极主动 ● 员工的贡献受到认可与分享 ● 个人差异性与才能得以重视和发挥 ● 提供员工反馈、交流和坦诚沟通的机会 ● 提供优厚的薪酬与福利 ● 提供安全的工作环境	● 组织达成使命、战略和目标 ● 流程支持策略与绩效 ● 流程具有弹性及适应性 ● 组织具有变革能力 ● 跨组织运用资源 ● 有效运行工作团队 ● 薪酬制度有弹性 ● 互动式的人力资源信息系统	● 百分之百达成承诺 ● 高效、及时地提供人力资源服务 ● 消除任何无价值或重复的服务 ● 持续改善流程并减少变动 ● 遵循政策、法规和制度

续表

战略指导			
指导原则 ● TRINOVA 战略和核心价值观 ● 和业务单元建立合作伙伴关系，以支持战略举措和业务目标 ● 人力资源流程必须能创造价值 ● 提出快速、灵活、经济的方案与服务 ● 依照优先级顺序开展工作 ● 提供持续学习的机会	**人员** ● 安排合适的人做合适的事 ● 根据战略安排人员 ● 沟通 ● 为达成成果进行团队合作 ● 多元化员工队伍 **持续学习** ● 教育、培训、发展 **薪酬、福利、认同** ● 与成果和战略相关 ● 具有竞争力	**绩效管理流程** ● 结果导向 ● 基于事实和记录 ● 基础建设 ● 360 度反馈 **基础建设** ● 人力资源信息系统 ● 共享服务中心 **专家中心**	**外部影响** ● 全球化 ● 科技快速变化 ● 客户需求越来越高 ● 创新 ● 快速变革 ● 与供应商建立合作伙伴关系 ● 竞争日益激烈 ● 资本市场 ● 搜寻人才 ● 劳资关系的改变 ● 政府规章制度和政策

续表

现状			
管理能力 经理人： ● 以内部为重心 ● 动力驱动 ● 偏重短期 ● 致力于全球化 ● 人才发展不足	**员工承诺** ● 关于员工安全感的工作优先级上升 ● 员工有机会接受培训 ● 员工投入就业培训课程 ● 缺乏对员工承诺的评估 ● 以薪酬奖励为主 ● 奖励与实际业绩相关性不高 ● 绩效管理缺乏一致性，且效果不明显	**组织效能** ● 转变对流程的理解 ● 从层级制度转变为扁平化组织 ● 以公司、业务单元、部门为重心 ● 只是填补职位空缺，而没有建立人才梯队 ● 薪酬制度陈旧僵化，没有与战略相匹配 ● 人力资源信息系统未能广泛应用	**人事效率** ● 通过资源整合降低成本，提供人力资源共享服务 ● 建立人力资源协同服务流程 ● 评估和改善人力资源服务的有效性和时效性，并减少不稳定性 ● 遵循政策和法律 ● 人力资源资料不完整，而且不够公开

表 7-4　贺曼公司的人力资源策略和 HR 部门计划

维　　度	贺曼的组织和人才战略	贺曼的 HR 部门计划
目的	• 跨组织运行人力资源管理 • 整合单个业务单元的人力资源工作 • 将公司战略转化为行动	• 为 HR 部门设定工作优先级 • 阐明 HR 部门的使命、愿景
相关人	• 业务单元主导，人力资源设计	• 业务单元参与，HR 部门主导
成果	• 业务单元 HR 工作优先级	• 更优秀的 HR 部门
步骤 1： 商业环境	• 竞争者 • 客户/消费者 • 贺曼员工守则 • 贺曼员工合同的重点：个人尊重、绩效、反馈、发展、一致性	• 劳动市场 • 内外部环境 • 业务规划 • 贺曼企业文化
步骤 2： 战略	运营事务优先级：资源配置	• HR 部门的使命、愿景、抱负
步骤 3： 组织能力	为了符合战略要求，我们的组织所能做到的关键事情是什么？ • 变革能力 • 创新和创造力 • 共同愿景 • 绩效导向	• HR 部门必须执行哪些重要工作才能有所贡献？

续表

维　　度	贺曼的组织和人才战略	贺曼的 HR 部门计划
步骤 4： 个人专业能力	● 公司员工必须具备哪些知识、技能与专业能力才能胜任工作？	● HR 人员必须具备哪些能力要求以执行工作、达成成果？
步骤 5： 人力资源管理基础	● 工作场所：工作流、关系、流程、组织、效益、变革 ● 工作人员：人员配置、发展、职业生涯规划、多元化 ● 工作流程：绩效管理、人力资源信息系统、薪酬、福利	● 在 HR 部门内部实行工作场所、工作人员、工作流程的管理
步骤 6： 事务优先级	● 为实现战略，我们的首要工作是哪些？	● HR 部门的事务优先级是什么？

表 7-5　人力资源策略的 8 项要素

要　素	定　义	重要问题	成　果
愿景	清晰地阐明 HR 部门存在的理由	HR 部门希望达到怎样的目标?	标语（如“HR 部门：解决方案的提供者”“HR 部门：值得信赖的业务伙伴”）
使命	说明 HR 部门应完成哪些工作才能为企业创造价值	HR 部门应做哪些工作来为客户创造价值及保证服务?	HR 部门能达到的成果（如竞争优势、战略执行、人力资源效率、员工承诺、变革能力）
价值观	说明 HR 部门的信念	HR 部门的信念是什么?	HR 部门的基本原则（如正直）
利益相关者	说明 HR 部门的服务对象	HR 部门的主要服务对象是谁?	客户及他们的期望（如直线经理、员工、公司股东、客户）
举措	说明 HR 部门可以提供哪些方案与服务	HR 部门可以设计与实施哪些活动或制度以创造价值?	组织诊断（如第 3 章提到的组织诊断模型、7S 组织架构、星形组织模型）
工作优先级（目标和目的）	说明 HR 部门支持和提倡的最重要的 2~4 项任务	HR 部门应该设计与实施哪些活动或制度以创造价值?	工作优先级，以作为资源配置的依据
行动	说明 HR 部门将采取的行动	HR 部门应该设计与实施哪些活动或制度以创造价值?	行动计划（如第 6 章提到的关键成功七要素）
评估	说明 HR 部门的责任	HR 部门采取哪些评估方法来考核其成功与否?	标杆，指标跟踪

表 7-6　制定人力资源策略的要素使用范例

公　司	愿　景	使　命	价值观	举　措	工作优先级	行　动	评　估
百威英博	使各级员工更了解企业，以及他们在企业成功中所扮演的角色	我们的目标： ● 维持最高品质产品与服务的声誉 ● 积极、成功、负责地销售我们的产品 ● 以高品质的产品提高我们在全球饮料市场的占有率		我们的产品与员工： ● 以品质为基础 ● 保持企业和个人的诚信正直 ● 为各层级的业务而自豪 我们的工作方法： ● 紧迫感 ● 团队合作 ● 长期规划 ● 创新 ● 学习 ● 讨论分享 我们的工作环境： ● 鼓励员工 ● 激发员工			

续表

公　司	愿　景	使　命	价值观	举　措	工作优先级	行　动	评　估
百威英博				● 关心员工 ● 让员工诚实表达意见			
AT&T	我们努力通过创新、持续学习和授权等方法达成目标，赢得客户的满意。我们期望受到全球客户的推崇，并以此为竞争优势。我们要使 AT&T 成为一个特别且优秀的公司	我们致力于成为全世界最善于吸引人才的公司，提供员工方便沟通交流的渠道，使他们随时随地取得所需的信息与服务	共同约定： ● 尊重个人 ● 帮助客户 ● 遵循最高标准的正直诚信 ● 创新和合作	● 领导力、教育和培训 ● 未来的工作场所及工作队伍 ● 全球化 ● 创造新型的人力资源管理	● 领导力、工作场所、工作队伍和人才全球化的转型 ● 人力资源制度和方法的转型： —人才奖励 —人才教育 —人员配置 —人才储备 —人才多元化 —健康医疗 —人文精神		

续表

公　司	愿　景	使　命	价值观	举　措	工作优先级	行　动	评　估
第一银行	全美领导地位，业务导向，追求卓越，提供高品质的客户服务	HR 部门服务客户的目的是达成业务和战略目标	人力资源服务必须履行： ● 公平公正 ● 高度一致性 ● 高绩效与灵活性 ● 降低事务性成本 ● 为企业的全国战略提供支持服务 ● 倡导和推行第一银行新的企业文化	● 职能重组 ● 福利计划 ● 薪资表的整合 ● 人员配置、员工再造工程 ● 员工发展计划 ● 薪酬标准化		● 未来的高级管理人员必须是人才发展的责任人 ● 未来的员工必须和第一银行建立明确的、动态的、弹性的关系 ● 未来的人力资源团队必须由技能娴熟的专家组成，成为管理者的战略合作伙伴，与一线经理共同开展人力资源管理	

续表

公　司	愿　景	使　命	价值观	举　措	工作优先级	行　动	评　估
第一银行						● 未来的人力资源信息系统必须为使用者提供便利、整合的服务	
德尔科底盘公司	企业成为动态的学习型组织，员工成为致力于达成组织目标的热心伙伴	人力资源为达成企业目标提供支持。为员工提供一个平衡的工作环境，并将他们个人的成功转化为客户的忠诚与组织的成功	我们的信念： ● 客户的忠诚 ● 追求卓越 ● 充分支持的工作环境 ● 持续成长 ● 员工参与	要成为赢家，我们必须建立： ● 客户导向的部门、流程和行动 ● 反馈流程 ● 有效的人才甄选、职业生涯规划、合作关系、多元化和全球化经验 ● 有效的培训与参与文化			● 客户反馈流程 ● 减少监督的范围 ● 多角度评估 ● 减少旷工 ● 员工问卷调查结果 ● 生产力的提高

续表

公　司	愿　景	使　命	价值观	举　措	工作优先级	行　动	评　估
德尔科底盘公司				● 领导力 ● 适用组织各层级的人力资源流程 ● 标杆学习 ● 目标的一致			
美国第一公司	建立、推行人力资源政策和方案，响应并支持公司的战略方向，通过美国第一公司员工所具备的最优资源创造竞争优势		为实现我们的愿景，必须建立能够吸引、激励和留住最优秀人才的制度，这些人才可以为我们的股东创造丰厚的回报				
富通银行	提高富通银行所有员工的绩效	我们将和所有员工共同努力，使富通银行成为金融服务与保险业的领导者，以此提高员工绩效		● 选择并留住最优秀的人才 ● 创造一个持续学习与改进的环境 ● 培养目前及未来的领导者		我们竭尽所能地工作、创造价值，并从中获得乐趣	

续表

公　司	愿　景	使　命	价值观	举　措	工作优先级	行　动	评　估
富通银行				● 提升员工健康与福利 ● 通过坦诚沟通以促进了解			
Frontier 通信公司	坚信公司愿景：成为电信行业的领导者	提供令客户满意的产品、服务和方法；成为为公司愿景尽职尽责的优秀员工；为股东创造丰厚的投资回报		● 建立行为管理的核心能力模型 ● 依据业务结果制定标准、评估和奖励（绩效决定收入） ● 延续公司的领导地位 ● 统一公司的人员配置 ● 建立企业沟通渠道 ● 提供驱使企业变革的工具			● 业务单元评估 ● 员工调查问卷结果 ● 评估高潜力人才 ● 合理配置人员以降低成本 ● 新并购部分的整合效率

续表

公司	愿景	使命	价值观	举措	工作优先级	行动	评估
Frontier通信公司				● 利用并促进沟通，推动公司变革			
拉法基公司	HR部门的目标是培养人员、制定流程和组织架构，以引领公司度过当前及未来的变革。人力资源角色强化了企业目标达成和相关人员、组织之间的纽带			● 灵活而权责分明的组织框架 ● 建立竞争力 ● 高度共识的愿景和安全可行的方案 ● 快速提供信息			

续表

公　司	愿　景	使　命	价值观	举　措	工作优先级	行　动	评　估
电力天然气公共服务公司	HR 部门的使命是打造一个支持公司愿景实现的组织，为公司在能源服务行业中创造竞争优势		人力资源的目标是与客户形成伙伴关系，建立有责任感和紧迫感的工作团队	● 适应变革并利用变革 ● 认可、鼓励和激励所有人员的贡献 ● 执行商业决策 ● 对公司有高度承诺与期待，对业务结果负责任	● 建立共享心智 ● 吸引多元化的专业人才 ● 改善绩效管理制度 ● 改善劳动环境 ● 设计新的组织体系		
昆腾公司	提升组织和员工突破业绩的能力	作为重要的业务伙伴，HR 部门应该： ● 提供帮助组织和员工提升能力的制度、工具和项目		人力资源的主要流程是： ● 沟通 ● 聚焦流程 ● 人员配置、多元化 ● 培训、发展 ● 绩效管理			● 建立产品开发团队 ● 搜寻并招聘人才 ● 通力合作 ● 追求卓越 ● 发展领导力

续表

公　司	愿　景	使　命	价值观	举　措	工作优先级	行　动	评　估
昆腾公司		● 支持业务战略的需要 ● 帮助直线经理营造学习环境 ● 有效执行相关工作		● 组织、团队发展 ● 全面薪酬和奖励制度			● 提升核心人力资源流程 ● 强化文化 ● 教育
瑞侃公司	合理配置和充分发挥员工能力，以创造竞争优势	和公司各业务单元形成伙伴关系，设计及保持最先进的人力资源制度与方案，以达成组织的整体成效	满足客户需求，提升瑞侃的价值	策略： ● 和管理团队形成伙伴关系 ● 指导变革流程 ● 促进领导力发展 ● 分享与奖励成功	发展：创造一个持续学习的组织 管理：使管理层肩负起激励与培养员工的责任	制定下列政策： ● 人员发展 ● 薪酬 ● 机会公平 ● 伦理 ● 安全和环境 ● 沟通交流	
索尼公司	使索尼成为能够识别、获得、培养及留住人才的最佳	我们希望索尼的员工感觉受到尊重，享受公平待遇，意见被采纳，	索尼公司的 HR 人员必须展示： ● 严谨与纪律 ● 自豪				

续表

公　司	愿　景	使　命	价值观	举　措	工作优先级	行　动	评　估
索尼公司	企业，从而为索尼创造竞争优势并满足客户需求	有参与感。我们必须创造并维持员工有机会贡献、学习和成长的环境，营造帮助个人财富不断增长的企业文化	● 主动及团队合作的精神 ● 诚实、信任和公平				
森科尔能源公司	我们应该在加拿大石油及相关产业中持续获得杰出成就		理想的工作环境必须具有挑战性，能鼓舞人心且是公平公正的，使员工有成长和创造成就的机会，员工能充分奉献，有超越竞争者的强烈意愿	● 把握机会 ● 评估现有核心资产价值 ● 确保所有业务绩效卓越 ● 所有关系忠诚可靠 ● 设定并达成高标准 ● 激励个人和集体做贡献		行业关系：工会、安全、健康等议题。在各分支机构通过人力资源发展建立人才梯队 人事服务：事务管理（如员工福利） 沟通：分享信息 贡献：使员工投入、积极参与	

人力资源组织：通过组织诊断建立人力资源管理框架

人力资源策略设定了 HR 部门的目标，人力资源组织则提供了达成这一目标的路径图。使用第 3 章提出的组织诊断流程可以强化人力资源组织，使其成为战略合作伙伴。

❑ 步骤一：定义组织模型

表 3-4 中提出的 6 个要素可用来创造一个更强大的人力资源组织。

- **共享心智**：HR 部门是否具有共享心智或相同的认同感？
- **胜任力**：HR 部门中的员工是否具备执行目前及未来工作所需的知识、技能和专业能力？
- **绩效**：HR 部门采用的绩效管理制度能否激励和强化组织正确的行为和结果？
- **治理**：HR 部门是否具备有效的报告关系、沟通方式、决策机制和制度政策？
- **变革能力**：HR 部门能否学习和适应，从而了解并改善流程？
- **领导力**：HR 部门是否具备有效的领导力？

这 6 个要素代表了建立人力资源组织的基础。

❑ 步骤二：建立评估流程

人力资源组织诊断将人力资源组织架构转化为评估工具，人力资源组织架构中的 6 个要素所提出的评估或诊断问题，可以协助企业分析人力资源组织的优势与劣势。表 7-7 展示了如何将这 6 个组织架构要素转化为评估工具，进而检验 HR 部门的成果。在表 7-7 中，最左侧的 6 个要素已转化为评估问题，以评价每个要素对实现人力资源策略的帮助程度。这一评估采取了简单的评分方式（1 分=低，10 分=高），评估过程中的讨论比每个要素的实际得分更为重要。表 7-7 中最右边的最佳实践空白栏用于记录组织在实践过程中的改进目标。

表 7-7 人力资源组织能力诊断

评估方法：下列管理行为是实现人力资源组织策略所必需的，在既定的策略和预期能力下，我们该如何评估 HR 部门自身在执行下列管理行为时的表现？

要　素	问　　题	评分（1～10 分）	最佳实践
共享心智	人力资源组织是否具备正确的共享心智（文化）？		
胜任力	人力资源组织是否具备达成未来目标所需的能力（知识、技巧和专业技能）？		
绩效	人力资源组织是否具备有效的绩效管理制度（措施、反馈和奖励）来达成未来的目标?		
治理	人力资源组织是否具备适当的组织结构、沟通渠道和制度政策来达成未来的目标?		
变革能力	人力资源组织是否具备改进工作流程、变革和学习的能力来达成未来的目标?		
领导力	人力资源组织是否具备达成未来目标所需的领导力?		

与第 3 章中的组织能力评估类似，这个评估流程可以以正式或非正式的方式进行，在非正式情况下，HR 高级管理者可以在制定人力资源策略时使用表 7-7 的评估工具。较正式的方法是，使用这个评估工具来收集 HR 人员、直线经理、客户、员工和其他利益相关者对 HR 部门在实现战略中的绩效评价。执行这项评估的可以是公司内部的 HR 人员，也可以是公司外聘的顾问，还可以是 HR 在公司内部的服务对象。

❑ 步骤三：引领改进管理的实践

要达到优化人力资源组织的目的，就必须改正在组织诊断中所暴露出的管理工作的问题。HR部门可以根据以下行为将HR最佳实践应用于自身，从而使得这些最佳实践成为建立人力资源组织的基础。

共享心智

人力资源组织的共享心智可以从对下面这个问题回答的一致性中看出："我们HR部门希望客户如何看待我们？"HR组织应该尽力达成75%的内部共享心智，而HR部门员工和他们的客户应该都具有这一共享心智。

在和许多HR人员共事的经历中发现，企业共享心智程度在调查前都是可预期的。我们要求每位HR人员针对以下问题给出3个答案："你希望你的客户如何看待你？"在收集答案并经过分类后，选出3个最常见的答案并计算其百分比，这些百分比就代表回答者的共享心智。我经常发现，即使那些已经有了明确愿景与使命的HR团队，他们的共享心智也只有35%～60%。这些HR人员一致希望客户尊重他们，认可他们的良好素质，比如，他们认为自己态度主动、积极、创新、冒险、可靠，但是客户不这么认为，因此在这一点上他们缺乏共享心智（缺乏一致性）。

在调查完共享心智后，紧接着讨论HR团队具有共享心智或认同感的重要性，我鼓励HR人员把自己当成HR部门的利益相关者：你能确定客户真的知道如何使用人力资源服务吗？你希望客户对你留下什么样的印象？你如何向HR部门新进的同事表达你对公司的认同感？你希望公司高层如何向董事会介绍HR部门的形象？这些问题通常能引导参与者对自己希望创建的HR部门具有共享心智，并达成共识。

胜任力

研究显示，HR专业能力分4类：业务知识、人力资源服务、变革管理和个人信誉。在对一个组织进行能力评估后，并确定出其目前的能力和所需能力之间的差距后，就得选择以下3种方法之一来改善：购入人力资源能力，培养人力资源能力或借用人力资源能力。

购入人力资源能力是指从组织外部聘请顾问。某些人力资源组织已积极地采用了这一方法，如联合信号公司的 HR 高级副总裁唐·德林杰，用外部聘请的 HR 专家取代公司内部大量的高级 HR 员工，这些外聘的 HR 专家引进了许多新观念。组织还可以采取目标聚焦的方式购买组织需要的紧缺人才。经验丰富的 HR 顾问沃伦·威廉提出的一个方法是，聘请优秀的外部专家担任企业要职，使他们能够影响人力资源组织的整体发展方向。当安东尼·鲁奇被派任西尔斯高级副总裁时，他虽然并未从外部大批引进 HR 人员，不过他的确外聘了少数关键的 HR 高级管理者，为整个 HR 部门制定新的方向。

培养人力资源能力是指通过培训与发展，使公司现有的 HR 人员提升技能与知识。技能的改进可通过正式培训、分配工作、岗位轮换与晋升、项目组工作等方式来实现。不少公司已在积极地培训和发展它们的 HR 人员，以建立人力资源人才库。

借用人力资源能力是指 HR 部门和外部团体之间形成共同投资、伙伴关系或联盟。一种常见的伙伴关系是 HR 部门和咨询公司之间签订合同，由咨询公司给 HR 部门及公司提供人力资源服务，这种外包方式既可使公司不必承担相应义务，又能同时获得人力资源能力。

绩效

绩效评价可以反映出 HR 人员所要达到的标准，绩效评价的关键在于，对 HR 人员的绩效管理制度能否激发 HR 人员更多地表现出符合业务成果所需要的行为。

谈到绩效管理，HR 人员自身往往是最大的敌人，尽管他们设计并提倡公司的绩效管理流程，却未能应用于本部门。HR 人员要在本部门成功地推行绩效管理必须做到以下 3 点。

- 由 HR 人员自己来设定目标标准。这些标准可以是行为规范（HR 人员应该做哪些工作），也可以是成果标准（HR 人员应该达成哪些结果），这些标准必须易于理解、可控制、有意义，能获得 HR

人员的共同支持。

- 根据标准达成程度给予奖励。奖励对 HR 人员的激励作用和对任何员工的作用一样，企业应该依据 HR 人员的绩效给予报酬，此外，就像企业其他部门一样，HR 部门也应该采用非经济性奖励，如表扬、提供有趣的工作机会等。
- 收集与分享绩效成果的反馈意见。HR 部门可以采取各种方法收集关于 HR 人员是否达到绩效标准的反馈信息，HR 人员通过自己掌握的数据信息来自我监督也是不错的反馈方法。及时有效地对绩效进行反馈，才能帮助 HR 人员有效地设定和达成目标。

有效的绩效管理制度能显示 HR 人员行为的优缺点，找出能力更优异的 HR 人员，从而真正提升人力资源绩效水准。

治理

治理是指提供人力资源服务的组织结构（见第 4 章）和与其相关的基础事务流程建设。沟通传达是一个非常重要却常被忽视的基础事务流程，许多 HR 人员完成了很有价值的工作，而公司无人知晓，有效地宣传人力资源计划、目标、活动和成果不应该被看作自吹自擂。对人力资源活动与政策的有效宣传包括：介绍创新的人力资源方法、HR 人员如何为业务创造价值、HR 部门如何帮助公司达成业务目标等。对 HR 部门进行人力资源管理是指 HR 人员花费部分时间来传递他们的工作成果，向外沟通他们完成的工作，从而使全公司的直线经理及员工对人力资源成果有所了解。

治理也代表着公平、公正地实施政策。在企业对待员工的方式上，HR 人员必须成为榜样。应该在 HR 部门内部实行创新的企业人力资源政策，包括实施关于歧视、性骚扰、子女照顾、旷工、离职、远程办公等方面的正式规章制度，以及实施有关关怀员工、重视差异性、弹性工作制等非正式规定。

改善 HR 部门内部治理的内容包括工作重组、理念的沟通和宣传、政策在 HR 部门内部的公平实施。

变革能力

HR 部门通过设计一系列的流程来厘清自身的工作，进而帮助企业成功（见第 4 章例子）。HR 部门常被认为缺乏创新性、灵活性和变革性，是传统政策及流程的维护者，而非创新的先导者。

为改进 HR 部门的反应速度、灵活性和反应能力，HR 人员必须勇于冒险、尝试新方案、寻找新构想与方法，并快速地把构想转化为实际行动。可以通过以下问题简单地诊断 HR 部门的工作，从而评价其对市场、业务和人力资源策略变化的反应速度。

（1）你们公司所属行业的变革速度如何？

一般而言，若使用 1～10 分的评分方式，这个问题的得分大多很高，也就是说，绝大多数 HR 人员都认为其所属行业的客户、技术、政策、全球化和其他环境因素的变化速度很快。

（2）你们公司的业务战略变化速度如何？

同样，这个问题的得分同样也会很高，因为公司提出新的业务战略的速度和外在环境变化的速度不相上下。

（3）你们公司对应业务战略的人力资源管理变革速度如何？

这个问题的得分通常很低，人力资源管理变革的速度往往赶不上环境与战略的变化速度，当环境与战略已经明显变化时，HR 部门的反应速度常常相对落后。

HR 部门为改进其反应速度、灵活性和反应能力，必须勇于变革，并了解快速变革的方法（见第 6 章）。

领导力

建立 HR 部门的领导力不是件容易的事情，一些企业往往花费了好几个月的时间依然找不到合适的人来担任人力资源的高级职位，并非这些公司没有努力搜寻人才，而是合适的人才确实难寻。这类人员的待遇远超过其他岗位的高级管理者，担任这些职务的人直接向公司 CEO 或总裁报告，他们所面对的挑战是如何建立和变革组织文化。由于这一工作极具挑战性，因此符合这种任职资格的人才也非常稀缺。

HR 部门的领导者必须是能同时胜任多项角色的优秀 HR 专家，身为高管团队成员，他们充分参与业务决策，以确保企业成功；身为 HR 部门的领导者与管理者，他们同时兼有梦想家和现实主义者的特质。

□ 步骤四：设定工作优先级

组织诊断的第四个步骤是设定工作优先级，使 HR 部门的精力集中于一些重要事项。HR 部门可以根据第 3 章中提到的两个准则：影响力和可执行性，设定工作优先级来提升 HR 工作效率。这些实践可为 HR 部门建立基础事务流程，以有效地确定人力资源策略，并实施战略性人力资源。

案例分析：阿莫科公司的人力资源管理

阿莫科是一家多元化经营的大型石油公司，经营领域主要有产业链上游（石油与天然气的开采与生产）、产业链下游（提炼、配送、营销）、化学品（石油相关产品）。阿莫科是全世界最大的综合型石油公司之一，业务遍及全球。

阿莫科公司的 HR 部门传统上分为 3 部分：总公司人力资源、运营公司人力资源、业务单元人力资源。总公司 HR 负责制定政策、确定总公司人力资源计划、把握全公司管理的理念和实践方向、提供集中化服务；运营公司 HR 负责运营公司的人力资源计划的制订，并监督企业整体人力资源活动的执行；业务单元 HR 则负责执行政策、支援业务单元的业务战略和为业务单元提供人力资源服务。

20 世纪 80 年代末期，在公司总裁拉里·富勒及 HR 高级副总裁韦恩·安德森的指导下，阿莫科的高层管理者认为公司必须改变其传统文化和共享心智，才能提升竞争力，他们和其他业务单元负责人决定在全公司中推行新流程。这个流程在 1988 年的一个高级管理会议上首次被提出。在会议中，高层管理者花费了 4 天时间来讨论与人事相关的议题。与会者一致同意，提升阿莫科员工的生产力与创造力对组织的长期竞争力和成功极为重要，这次会议成功制订了多项新的人力资源方案，包括：

- 在现有绩效考核制度的基础上重新设计阿莫科绩效管理制度，这是一个全方位的流程设计，包括绩效标准的设定、绩效活动的推动、绩效结果的反馈和基于绩效的奖励分配。
- 建立表扬与奖励流程，激励所有绩效杰出的员工与团队。
- 重新制定人才招聘流程，依据新的技能和行为标准来甄选人才。
- 设置员工调查问卷，分析及评价员工对组织价值观、绩效和效能的态度。

这些方案的目的是让阿莫科成为能够积极应对商业环境变化的组织，能在市场竞争中胜出。

阿莫科在 1990 年制定了企业的愿景、使命、价值观、战略和目标，其中愿景、使命和价值观旨在将各个业务单元和整个公司的行动融为一个整体，从而促成企业变革，而变革的目标是建立整个阿莫科公司的组织能力，这一目标正是安德森在董事会中所提出的。

除与全体人员沟通愿景、使命和价值观以外，阿莫科在 20 世纪 90 年代初期便在多元化、学习与发展、职业生涯规划和薪酬制度上投入大量精力。阿莫科公司成立了多元化委员会，鼓励所有人事决策的多元化，从而强化了多元化意识；为了配合阿莫科的战略方向及变革流程，管理者必须参加新设立的阿莫科学习中心所规划的课程，以学习最新的管理理念与方法；职业生涯规划流程则强调每位员工必须担负起自我职业生涯规划的责任；公司将激励性的薪资方案和股权激励计划纳入了新制定的薪酬制度，后来又引入了基于市场的薪酬理念，让阿莫科的员工获得了不低于同行业的薪资报酬。

在 1993 年的全球高层管理会议上，讨论聚焦于让阿莫科成为战略性管理的公司，他们希望企业整体的业务能相互促进。会议结论是对“公司中心（corporate center）”的可行性进行研究，公司中心将使阿莫科在

1994 年进行大规模的组织重组。阿莫科的 3 个运营公司整合成了单一组织，而新成立的组织又将责任分散给 17 个事业部。该公司成立了一个共享服务中心，聚集了来自 3 个运营公司及 14 个业务单元的 HR 人员，与业务单元形成伙伴关系，为业务单元提供其所需的专业指导。这样不仅可以精简公司的规模，而且共享服务中心的责任也转为制定企业整体战略与政策，而不是给事业部提供支持服务。此外，阿莫科成立了 3 个小型的部门机构，负责事业部和公司高层之间的联系工作。

以上结构的转变还伴随有：阿莫科的文化从集权和控制变为分权，行为重心从公司转移到事业部，这些都是在共享服务中心的支持下完成的。

为确保变革的成功，阿莫科推行了一种新的领导理念，强化责任、改进和指导。之后，阿莫科继续推进授权、信任、团队、合作和灵活的领导风格，而且在新的领导风格下，每位员工都需要成为领导者。

在研究设置公司中心的同时，阿莫科成立了一支由 HR 专家和直线经理组成的任务小组，开发一个整体的人力资源策略。1993 年年末，阿莫科公司的战略计划委员会与董事会确定了公司人力资源策略的行动步骤：

- 将组织能力评估纳入所有业务单元的战略计划中。
- 拟订一个提升组织能力和个人专业能力的行动计划。
- 推行人力资源策略。
- 重新检查人力资源制度，为业务单元提供更多的自主性，使单位成本的价值产出达到最大。
- 建立和宣传阿莫科的全球性愿景，评估和发展阿莫科全球化所需的组织能力。
- 建立和宣传阿莫科的用人理念。

更明确地说，阿莫科所建立的人力资源策略是对经营战略和财务战略的有效补充。基本上，阿莫科的传统人力资源管理理念是：制定一致性的人事管理政策，将员工看作成本而非投资，实行终身雇佣制，薪酬、福利和雇佣政策位于石油行业的中等水准。新的阿莫科人力资源管理理念则是：鼓励更大的灵活性，重视员工所创造的价值，建立全球化流程，倡导战略导向的人力资源管理，促成更积极主动的 HR 部门。

新的人力资源策略的一个主要成果是帮助每个业务单元明确所需的组织能力，表 7-8 描绘了阿莫科所有业务的战略管理流程步骤，这也是该公司组织能力评估的步骤。阿莫科成立了一支 HR 组织能力团队，协助业务单元定义和评价相关的组织能力，并且拟订了组织能力的提升计划。公司高管首先实践，通过使用这些步骤来识别业务战略所需的关键组织能力。表 7-9 展示了阿莫科公司人力资源策略框架的应用情况。

表 7-8　阿莫科的战略管理流程

<table>
<tr><td rowspan="3">制定战略</td><td>愿景展望</td><td>创建未来图景</td></tr>
<tr><td>现状分析</td><td>评估优势、劣势、机会、威胁</td></tr>
<tr><td>战略开发</td><td>决定每项业务的方向（如战略联盟 / 合资企业、市场响应、成本领先、买进 / 出售资产、客户导向、全球扩张）</td></tr>
<tr><td rowspan="2">组织能力评估</td><td>识别能力需求</td><td>定义组织能力（结构、工作流程、个人能力、报酬/评估制度）</td></tr>
<tr><td>差距分析</td><td>评估现状和目标之间的差距</td></tr>
<tr><td>实施战略</td><td>执行规划</td><td>• 指明战略执行的步骤并开发必要的能力
• 指派责任
• 开发评价标准</td></tr>
<tr><td>评估与反馈</td><td>评估进展并加以改进</td><td>评估达成战略目标的进展和必要能力的发展、调整以求改进</td></tr>
</table>

表 7-9　阿莫科公司人力资源策略的制定步骤

步　　骤	内　　容
分析外部与内部环境	• 新竞争者（外国的国营石油企业、基础雄厚的私人石油业者） • 市场需求降低 • 寡头垄断控制减弱 • “好的机会”减少 • 决策更快、更接近原材料来源地

续表

步　骤	内　容
分析外部与内部环境	• 近来财务业绩下滑 • 再投资资金有限 • 生产力降低 • 业务偏重国内市场 • 集权化的决策机制 • 优秀的技术能力
制定业务战略	• 建立更良好的客户关系 • 更有效地管理供需周期循环 • 通过降低成本及再造工程以管控成本 • 增加对北美以外地区的投资 • 采取合资企业的模式，在有限投资下增加资产 • 通过收购和资产剥离来改善运营效率
明确组织能力	• 快速建立共识和决策 • 有效的谈判和签单 • 辨识投资、撤资机会 • 快速部署资源 • 快速开发适当的产品与服务 • 严格管控成本 • 了解成本与价值之间的关系 • 建立、维护关系 • 整合、管理多元化文化 • 了解并预见客户需求
形成人力资源策略	• 策略 1：提升阿莫科果断决策和快速行动的组织能力 • 策略 2：提升重要的专业能力和完善关键职能 • 策略 3：提高人力资源投资回报率

组织能力评估流程可以依据公司战略来设定 HR 工作优先级。此外，主席富勒还阐明对 HR 部门的 4 项能力要求：

- HR 人员必须具备业务知识。
- HR 人员必须具备人力资源知识。
- HR 人员必须具备主导变革流程的能力。

- HR 人员必须具备影响组织的领导力。

为具备这些能力，HR 部门要重新审视自己的使命和愿景，并明确与使命和愿景相匹配的新的职责。HR 部门的新职责包括制定人力资源策略，以及支持人力资源策略相关的政策、方案和活动。如果一项人力资源活动不能与阿莫科的价值观与业务战略相匹配，就应终止或不实行。因此，阿莫科的高层管理者只需制定和审批人力资源策略、政策、方案和方法；HR 部门则负责提供必需的工具，协助直线经理有效地执行阿莫科人力资源策略。

安德森和HR高级管理者共同为阿莫科的HR人员定义了4个角色：战略性人力规划，人才招聘与培养，组织设计与发展，人力资源政策、项目和实践的管理。此外，他们同时制定了 3 个策略，将 HR 工作重心由事务性工作转型为咨询和发展性工作（见图 7-1）。

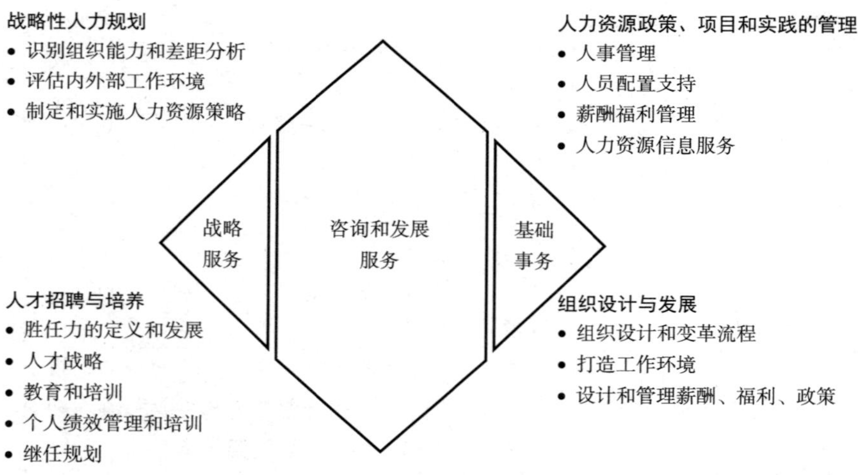

图 7-1　阿莫科公司 HR 人员的 4 个角色

为成功完成 HR 的角色转型，阿莫科的 HR 部门首先改变自己。许多 HR 人员和 HR 工作被转移到共享服务中心，明确制定高绩效标准，并赋予 HR 人员更大的职责以达成这些标准，改进人力资源流程，将部分 HR 工作外包（如医疗计划的管理、储蓄计划的管理、薪资给付及其他调查工作、长期伤残补助、牙科医疗计划的管理、迁徙安置、退休金计算、福利服务）。这些外包工作为阿莫科创造了可观的价值，节省成本超过 1 100 万美元。此外，由于扩大运用首选供应商组织和健康服务机构，共同分担保健医疗成本，因此阿莫科公司的健康医疗成本比石油行业平均低了 3 600 万美元。

阿莫科的 HR 部门还采纳了一系列操作原则，促进人力资源管理工作的开发和执行：

- 提供适用的制度。
- 重视人力资源的成本价值产出比。
- 发展全球观。
- 重点发展互惠共赢的劳动关系。
- 根据业务战略制定人力资源策略、项目和实践。

阿莫科的人力资源日常事务运作遵循以下目标：

- 了解所属业务单元及阿莫科的战略与目标。
- 根据业务目标与战略设定人力资源年度目标。
- 将每项人力资源政策、项目和实践的价值与业务战略相关联。
- 推广人力资源专业知识。
- 成为问题解决者，而非政策把控者。
- 比内部客户要求的做得更多。
- 加快决策和提出建议的速度，减少 HR 服务的等待时间。
- 经常为内部客户提供反馈，不管是好的反馈还是坏的反馈。

阿莫科 HR 部门对本身的投资还包括两种提升 HR 人员能力的研讨会。第一种是组织能力研讨会。从 1990 年到 1993 年共举办了 11 次研讨会，有 330 位 HR 部门员工参加。人力资源研讨会强调 HR 部门在发展组织能力、创造具有竞争力的组织时所应扮演的角色，研讨主题包括：

- 共享心智。
- 变革管理。
- 团队合作。

- 客户服务最佳实践研讨。
- 多元化。
- 人力资源实践。
- 领导力。

第二种研讨会是人力资源策略研讨会。从 1993 年到 1995 年，有超过 300 位 HR 人员参加，其主要目标是让阿莫科的每位 HR 人员获得以下能力或知识：

- 了解 HR 工作如何匹配业务战略。
- 了解阿莫科的人力资源策略架构。
- 应用组织能力评估流程。
- 了解人力资源策略的财务意义。
- 促使 HR 工作支持业务。
- 学习处理现有和新兴的人力资源议题（如组织设计、报酬、变革等）的最佳实践。
- 拟订一个个人行动计划，将人力资源策略应用于自己所支持的组织中。

总结而言，阿莫科的 HR 部门在帮助企业发展战略管理能力方面有不可或缺的作用。现在，阿莫科的每项业务战略均包含了组织能力评估情况及提升需求；每项 HR 工作都依据业务战略的要求设定优先级；HR 部门的角色、专业能力、结构和流程都经过评估与改进，期望能提供更有效的支持。这一切努力的结果是发展出能为业务创造价值的 HR 部门。

小结

HR部门的人力资源管理

HR人员往往乐于帮助他人，而忽略了自己。如果HR人员将帮助其他部门的人力资源原则与方法应用到HR部门本身，将可以有效地改进HR部门的工作。在HR部门进行人力资源管理时，HR人员必须管理以下3项活动。

第一，HR人员必须实施战略性人力资源管理，将业务战略转化为组织能力，然后再将组织能力转化为行动。战略性人力资源有助于实现战略性决策的承诺，进而协助组织改进与员工、客户和投资人之间的关系。

第二，HR人员必须制定人力资源策略，为HR部门塑造特有视角。该视角可以通过愿景、使命、共享心智或其他描述加以定义。这个定义等于为HR部门设定了方向，帮助部门内部人员或外界了解HR部门的目标。

第三，HR人员必须优化人力资源组织，运用人力资源策略强化HR部门的功能。这个流程包括为HR部门进行组织诊断，接着针对人员招聘、培训、薪酬、组织体系、提供人力资源服务，采取必要的改进措施。

当HR人员能够以身作则，率先践行他们所倡导的原则和方法时，就更能赢得其他人对其能力的信赖，成为成功的业务伙伴的概率也相应提高。

CHAPTER 8

第 8 章　人力资源的未来

没有人能预知企业的未来和人力资源理论在未来的发展，也没有人能预知人力资源管理在未来会如何变革。然而，思考未来能帮助我们提前准备，思考未来能带来创新性的洞见，同样，思考人力资源的未来可以引导变革。

最后一章，我将从以下 3 个问题探讨人力资源的未来："为何如此？""应该如何？""接下来又该如何？"这 3 个问题引自史蒂夫·科尔在通用电气公司使用的学习框架，对这些问题的解答将有助于预测未来人力资源实践的发展及人力资源理论的方向。

人力资源管理为何如此

人力资源将是企业能否创造价值和达成成果的关键。管理学家已经提出确保持续竞争力的关键点，包括制造、业务战略、营销与服务、财务管理、技术、再造工程和质量。虽然这些都是有效的管理方法，但企业仍应继续寻求提升竞争力的新观点和新方法。

近年来，越来越多的人注意到与竞争力相关的组织要素。我们可以从以下几项要素来解释将组织视为竞争力来源的论点：组织本身、组织的核心竞争力、组织的人员、组织文化或共同价值观、知识或学习。我相信，这些组织要素已经成为追求竞争力的关键，背后的原因如第1章所述：全球化、价值链、成长、能力导向、变革、技术、智力资本和转型，这些挑战促使企业重新关注如何创造竞争力。第1章中对这些挑战的性质进行了探讨，价值创造已不再仅仅是刚性的财务成果问题，以往被视为软性的管理和组织议题，现在已经成了多数企业高管重视而棘手的工作。已经有越来越多的企业高管和学者肯定了组织的重要性。

创造高竞争力组织的唯一方法就是重新定义和提升人力资源管理。

我认为人力资源管理是创造价值和达成成果的关键，但是这一观点并未被广为接受。事实上，有许多人力资源顾问和理论家都怯于使用“人力资源”这个词，因为它令人想起一个仅仅负责制定制度、维护制度和执行制度的迂腐部门。在我看来，这一形象已不合时宜。有人认为创造高竞争力组织的关键在于如何对待员工，如何管理组织流程，以及如何协调组织工作，而我认为，创造高竞争力组织的唯一方法就是重新定义和提升人力资源管理。

必须改进人力资源管理（包括人员配置、培训、发展、绩效管理、薪酬福利、沟通、组织设计、文化变革），才能配合业务战略。HR部门必须在完成必要的事务性工作（如薪资发放）的同时，积极专注于执行战略、提升员工贡献、带领组织转型方面的工作。HR 人员能够、应该、必须和其他高层管理者形成伙伴关系，为企业创造价值、达成成果。

如果在建立高竞争力组织时忽略人力资源现状和未来的发展方向，就好比一位建筑师忽略了现代住宅所需的基础系统一样。一栋住宅，不论设计有多优雅，外观与装潢有多豪华，如果缺少合适的暖气、照明和管线系统，就不能发挥功效。暖气款式及设备的创新（如新型调温器、仪表、效率标准）、照明设备的创新（如隐藏于壁龛、计算机控制等），管线配置的创新（如水电效率、瞬间热水供应等），这些都应该被仔细考虑，在预算与设计之间取得适当的平衡，尽可能地整合好这些系统，让住宅达到最舒适的标准，如果忽略这些系统，那么住宅将空有外观却不实用。

同样，在创造未来的全球化组织时，如果忽视人力资源，则可能创造出一个设计精良却缺乏必要基础事务流程的组织。人力资源体系可为组织提供必要的工具，以确保对人员、流程的管理能够为企业创造价值和达成成果。人力资源体系必须予以保留，并持续升级与变革：招聘与培训人才、创建与改进流程、建设与改善企业文化。

有些公司将 HR 部门与其他负责知识传递、质量、再造工程和组织效能的部门隔离开来，假设 HR 人员的确无法在这些领域创造价值，我们可以理解这种做法。但是，人力资源管理工作对创造高竞争力组织已经非常重要了，如果不能对人力资源管理工作进行有效整合、重新设计，使其与经营理念一致，那么公司将犯下严重的错误。

人力资源管理工作应该帮助创造一个更具竞争力的组织，它更有能力执行战略（第 3 章），运作更有效率（第 4 章），更能提高员工的投入和参与（第 5 章），变革更为成功（第 6 章），这些都是高竞争力组织不可或缺的要素。这一过程需要能够创造价值、达成成果的精通人力资源管理的高手，他们可以是直线经理，也可以是 HR 人员。重要的不是企业中谁应该是人力资源管理高手，重要的是企业应该拥有真正优秀的人力资源高级人才。

为何如此？这个问题的答案很简单：因为人力资源很重要。人力资源管理可以塑造组织能力以提高竞争力，而人力资源管理高手们精通这些方法，并利用这些方法为员工、客户和投资人创造价值。

人力资源管理应该如何发挥价值

如果人力资源对于提升竞争力的重要性比过去任何时候都要大，那么直线经理和 HR 人员就必须成为人力资源管理高手，他们不只要重视人力资源议题，更要精通如何利用人力资源管理来创造价值。

❑ 新兴的人力资源管理团体

人力资源管理已经不再只是 HR 部门的责任，而是由存在于公司中的人力资源管理团体来承担，人力资源管理团体的成员存在于整个组织中，致力于运用人力资源管理来建立整合的组织能力，进而支持创造价值、达成成果的所有人。

每个组织中人力资源管理团体的成员组成都有所不同。有些人力资源管理团体的主导者是一群深谙人力资源理论知识并能设计一流人力资源实践的 HR 专家，而有些人力资源管理团体的主导者是负责达成业务目标的直线经理。人力资源管理团体可参与到其他员工团体（如人力资源实践可应用于营销、财务、信息技术领域）中去，因为这些员工团体需要利用人力资源管理来实现其目标。此外，人力资源管理团体也可从咨询公司或其他人力资源服务人员那里获得新观念和技术。综合上述多种角色，便可组成一个能创造价值、达成成果的人力资源管理团体。然而，要建立这样一个人力资源管理团体，HR 人员和直线经理必须成为人力资源管理高手。

❑ HR 人员成为人力资源管理高手的价值

显而易见，未来 HR 人员将与过去的 HR 工作者大为不同。“成为业务伙伴”要求 HR 人员更多地考虑结果而非计划。HR 人员将致力于制定新的人力资源实践为组织创造价值，从而优化组织架构，并通过优化的组织架构将战略转化为行动。HR 人员负责进行组织诊断，通过组织模型来设定组织的工作重点。HR 人员将通过技术、流程再造和品质优化来重新设计 HR 工作。HR 人员将在高层会议上转述员工心声，确保员工的意见得到关注。他们对文化变革进行设计，并促进、催化变革能力的提升，从而建立符合客户与 HR 人员预期的部门愿景。

人力资源观念涵盖不同的角色定位，且未来依然适用。有些 HR 人员作为统筹者负责建立与客户之间的纽带，协助将战略转化成行动；其他的HR人员要精通理论知识，熟知创新发展。当这些人成为所属领域中的专家时，他们的合作便可确保HR部门为公司、客户创造价值。

❑ 直线经理成为人力资源管理高手的价值

直线经理也必须成为人力资源管理高手。我在讲授“以人力资源作为竞争优势”的MBA课程时，曾经在期末考试中提出以下问题：

公司中人力资源管理由谁来负主要责任？

A．直线经理

B．HR人员

C．直线经理和HR人员共同的伙伴关系

D．咨询顾问

E．没有人，是自然产生的

直线经理才是人力资源管理的主要负责人。

大多数学生选择C，但是我的标准答案是A，直线经理才是人力资源管理的主要负责人。因为直线经理对成果及流程负有最终责任，对股东负有获利的责任，对顾客负有创造产品与服务的责任，对员工负有营造工作环境的责任。为达成这些目标，直线经理必须成为人力资源管理高手。

成为人力资源管理高手的直线经理必须了解，组织能力是竞争力的一个重要来源，并完成一系列必需的工作：确保每项业务计划都具有对应的行动计划，并且可以实施；确保对客户、员工和投资者所做的战略承诺能够实现；为员工的日常工作建立员工分享服务平台，实施多种传递机制；为所有员工解释新的劳动合同，包括面临的挑战性目标和为达成目标所需的资源；学习如何创建共享心智，从而建立合适的内部文化以达成众望所归的市场认同感；要求HR部门设定高目标（使命、价值、战略），并监督HR部门负责达成这些目标。

❑ 直线经理和 HR 人员形成伙伴关系的价值

如果直线经理或 HR 人员单独行动，那么他们都不可能成为人力资源管理高手，他们必须形成伙伴关系。

如果直线经理或 HR 人员单独行动，那么他们都不可能成为人力资源管理高手，他们必须形成伙伴关系。一些传统上的障碍使得业务部门和职能部门之间存在隔阂，而伙伴关系就是要打破这些障碍。如果双方在同一任务中共同合作，那么双方能力的整合必然会产生“1+1>2”的效果。伙伴关系代表相互尊重，在融入不同观点的过程中相互合作以达成共同目标。伙伴关系鼓励辩论与差异，但最终会达成共识，以共同的承诺取代冲突。当他们都专注于业务成果，以至于旁观者在员工会议中无法明确区分出谁是 HR 负责人，谁是直线经理时，他们之间就形成了真正的伙伴关系。

新的人力资源管理团体以多种伙伴关系为基础（见图 8-1），直线经理在人力资源管理团体中作为富有权威和权力的主导者，对人力资源管理团体负完全责任，HR 人员贡献 HR 专业技能，员工贡献他们工作领域的技能专长，咨询顾问提供建议或执行例行的标准化工作。在这些人的共同努力下，人力资源管理团体就能够真正地创造和传递价值。

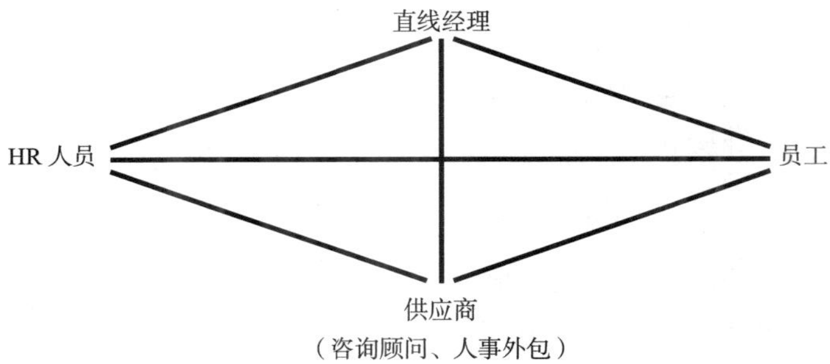

图 8-1　人力资源管理团体——各种伙伴关系

人力资源管理未来面临的挑战

现在人力资源管理团体的确已经存在了，其中有些是正式定义的团体，有些则是非正式定义的，其内部关系并不明确。不论是何种人力资源管理团体，未来要面对的 7 个挑战将推动人力资源管理团体的发展。

❑ 挑战一：人力资源理论

人力资源理论的提出有两个目的：第一，解释事情发生的理论基础；第二，解释事情发生的环境条件。

理论基础

享誉全球的企业战略教授普拉哈拉德经常和 HR 高层团队会面。在会面中，他提出人力资源之所以无法成为企业的职能中枢，原因之一是人力资源缺乏理论基础。如果存在人力资源理论，那么就可以将单个事件纳入常规模型中，逻辑性地分析多个事件之间的关系，从而提供通盘的解释。但普拉哈拉德认为人力资源缺乏这样一个系统的理论。

为避免人力资源管理成为孤立的行动，直线经理和 HR 人员必须精通 HR 工作的理论基础；他们必须从理论上能解释人力资源管理如何帮助达成成果，又为何能够达成成果。HR 工作是以通用的理论体系为基础的，如学习理论是开展培训、发展和教育工作的先决条件，动机理论是从事薪酬福利工作的基础，而组织变革理论是致力于组织成效工作的基础。相关理论为人力资源管理提供了稳固的基础，促使 HR 人员更为深思熟虑，从而避免令人产生“赶时髦”的不良印象。

现在，以各领域的学术研究为基础的人力资源理论已经开始陆续出现，从不同角度说明人力资源管理对业务成果的影响，包括：

- **资源依赖（源自政治科学）**：人力资源管理能帮助企业持续地获得稀有资源（知识与人力资本）的供给，进而提升企业的竞争力。
- **交易成本（源自制度经济学）**：人力资源管理有助于降低执行成本

和管理成本。

- **权变理论（源自企业战略理论）**：人力资源管理能配合企业战略，提供适当的支援以达成成果。
- **制度理论（源自社会学）**：人力资源管理将理论知识与行动方案从一家公司移植到另一家公司，促使最佳实践成为行业惯例。
- **认知心理学（源自心理学）**：人力资源管理有助于在公司内创造共享心智或文化，以降低管理成本，提高员工承诺与贡献。

不论偏好哪种理论，直线经理和 HR 人员都应该从理论中更好地解释日常工作，从而能更合理地解释为何他们的工作能达成目标。

环境条件

理论能使 HR 人员以权变的角度思考一系列“如果……那么……”问题，帮助 HR 人员避开冒险行为。

举例而言，人力资源标杆学习的目的是寻求人力资源最佳实践的构成要素。为了寻找最佳实践，HR 人员拜访优秀企业以了解它们的人力资源实践，然后在自己的公司中仿效执行。在与通用电气公司合作期间，我见过众多公司不远千里拜访通用电气公司，学习通用电气的岗位继任计划、文化变革、员工参与和人才发展。许多拜访者迷恋通用电气的实践方法，回去后却发现这些方法根本无法在本公司的环境中予以实施。

这类标杆学习所遗漏的步骤就是权变性思考，不但要思考结果（“如果……那么……”中的“那么……”），还要注意实施方案的环境条件（“如果……那么……”中的“如果……”）。通用电气公司在创新文化上的成功是众多权变性思考的结果，包括优秀的 CEO 领导、管理层能力、组织的历史、创新氛围、充分开放的交流平台、HR 人员的威信、提供稳定支持的人力资源管理体系（如沟通、薪酬、培训、岗位继任规划等）。

人力资源管理高手必须学习并进行权变性思考，他们必须了解，重要的不是人力资源方法，而是方法的环境条件。权变性思考是要不断地问为什么，为什么这个人力资源方法可以产生效用？

挑战二：人力资源新课题

HR 部门的起源和演变

最早的时候，人力资源的传统核心工作——招聘与解雇员工是由公司的采购部门负责的，因为采购部门负责取得土地、设备、原料，所以自然包括了人员的聘用。由于采购部门不人性化，造成工会的兴起，代表劳方发言。为了和工会谈判，公司需要有资方代表，因而有了 HR 部门，主要负责劳工关系。

HR 部门的其他专业模块也陆续形成，人员配置模块是因为通过测试与评估可以更妥善地安排员工岗位、提升绩效；培训模块是因为开展相应的培训，员工可以提高工作上所需的技能；薪酬模块是因为通过设计适当的薪酬制度可以激励员工产生更好的绩效；考核模块是因为对于员工来说，需要明确所期望的行为成果，从而使管理层目标转化为员工目标。

20 世纪 70 年代末之前，有关人力资源的绝大多数论述都是关于 4 项核心 HR 工作的：人员配置、培训、考核与薪酬福利。HR 人员只要能在战略和运营层面上熟练地执行这些工作，便能证明他们的价值。

20 世纪 80 年代末的人力资源管理是在这些技能之外，另行加上组织设计与沟通能力。在合并、整合和收购之风盛行的情况下，学习建立新的组织与流程成了 HR 人员的核心工作。此外，沟通成为与员工分享信息的重要工具，因此，沟通工作也变成 HR 工作的重要内容。

在未来，人力资源管理的许多核心技术必须持续改进，包括高层人员的发展、招聘与人员配置、培训与教育、薪酬与激励、绩效管理、员工关系、劳工关系和多样化。接下来将讨论的 5 个人力资源工具，代表着人力资源管理的新课题，也为 HR 人员带来了新的问题。

人力资源全球化

人力资源全球化有两层含义。

第一，直线经理和 HR 人员必须了解全球化业务战略中的人力资源部分。全球化业务战略的重点是公司如何进入某个国家，开始经营。例如，许多公司看到在中国或印度的市场机会，于是拟定了进入这些市场的战略。但是，要成功执行这些战略，首先得处理许多基本的人力资源问题：我们该如何聘用当地的员工？我们该如何确保当地员工遵循本公司的文化？我们该如何建立激励因素以强化当地员工的行为？我们该如何建立与当地公司之间及公司内部的沟通渠道？以上问题及其他人力资源问题对全球化业务战略能否有效实施至关重要，做好人力资源管理应该了解这些问题的不同答案及其可能造成的结果。

第二，直线经理和 HR 人员应该提前了解各国独特的环境，一旦进入某国市场后，就知道该如何完成工作。举例来说，当地政府对于裁员的相关法规可能影响公司雇用员工的数量及对待员工的方式，应该详细研读当地的政策，包括人员招聘（许多法国公司以笔迹或手写分析作为筛选人才的方法）、薪酬（许多国家的税法强制规定薪酬中的一部分是生活津贴，不得计入薪资）、福利（每个国家对员工健康与福利的相关法规都有所不同）或培训（学徒式的培训计划在德国企业非常普遍）。试想一个大型矩阵，纵列代表公司设有运营点的国家，横列代表人力资源行为，每一格均代表在某个国家、某项人力资源行为的独特要求，HR 人员必须设计出这个矩阵，才能完整地讨论人力资源全球化的挑战。

人力资源全球化的重要性日益突出，它会影响业务战略在不同国家的操作实践，以及知识的转移。

培养未来领导者

公司对未来领导者的要求将不同于现在，定义及发展未来领导者将是 HR 人员所面临的一项重要挑战。弗朗西斯·赫塞尔本、马歇尔·戈德史密斯和理查德·贝克哈德合写了一本书《未来的领导》（*The Leader of the Future*），整理了许多在领导领域享有盛名的理论学家的观点。从这些讨论中可以看出，未来的领导者和现在的领导者有以下区别：

- 未来的领导力将不再集中于高层，而是遍及整个组织。
- 领导者所制定的制度流程将比领导者的个人魅力更重要。

- 个人领导将被团体领导所取代。
- 未来的领导者将提出问题，而非解答问题。
- 未来的领导者不再仅仅寻求和接受简单的解决方案，而是倾向于识别并接受矛盾现象。
- 未来的领导者不再偏好分析型工具，而是偏好兼具分析型及感性的工具。
- 未来领导者将以全球化思维与行为取代局部性思维与行为。
- 对问题和学习的兴趣比解决方法或答案更为重要。

直线经理和 HR 人员必须建立能够培养或发现这种未来领导者的制度，这些制度可能包括设计与运用专业素质模型、追踪目前的领导力品质、找出培养领导力的方法、培养高级经理的领导力等。直线经理和 HR 人员的价值与绩效评估项目还应包括他们在培养未来领导者方面的成效。

知识转移

学习型组织有两个主要特征：创新和推广。多数大型公司都会定期提出新想法，有创新才能追求卓越。一直以来，在管理、科技、制造、分销和人力资源管理等领域的创新从未间断。

学习的最大挑战显然是如何跨越时间、空间、地域、业务或部门障碍，推广、普及知识，从而创建一个可在整个组织中进行知识分享的知识转移系统，显然，这也将是人力资源管理的重要工具之一。知识转移使得知识的共享不再受地点的限制，从而加快知识的周转速度，积累经验以提高创新概率，收集不同来源的信息以便做出更好的决策。知识转移的优点与学习型组织一致：比竞争者更快速地学习，更快速地响应市场情况，更快速地从失败与成功中学习经验，建立智力与人力资本。

为建立知识转移的基础框架，直线经理和 HR 人员必须和信息技术人员共同建立分享信息的电脑网络。为建立有效的信息分享系统，必须回答以下问题：

- 我们需要知道哪些未知的知识？
- 我们该如何获得这些知识？

- 我们如何与其他人分享这些知识？

知识转移不只是在信息技术方面投资，而是要在所有员工之间创造重视创新的共享心智。

要建立有效的知识转移流程，首先必须定义员工的招聘标准（员工能够且愿意发展和分享创意），思考如何促进发展（与全球各地的组织及人员分享创意）、如何创造激励因素（必须能鼓励知识转移）、如何沟通（必须容易取得信息并分享信息），以及如何设计组织（减少层级、增加信息分享）。现在，有些公司的 HR 负责人已经被视为首席学习官，这表明知识转移的重要性已日益提高。

文化变革

在人力资源规划学会关于“最先进的人力资源知识与技巧”的第二轮研讨中，鲍勃·艾辛格和我发现了一个令人吃惊的结果：当我们要求众多优秀思想家从 10 项挑战中选出一项当今高竞争力组织所面临的最重要挑战时，多数人选择的是文化变革。但是，当要求他们评估大多数组织在这 10 项挑战中的表现时，文化变革的得分最低。

文化变革的重心不是执行新的行动方案，而是改变企业的基本心智。

在几年前，“文化变革”被视为深奥的、学术性的术语。而如今，文化变革已成为企业评定员工是否适应环境变化的基本假设、价值观、心智和思维模式的准则。文化变革的重心不是执行新的行动方案，而是改变企业的基本心智。它的内容涉及信息分享、对待员工的方式、工作分配和决策。文化变革不只对公司内部的员工有影响，也会影响公司外部的供应商和客户。

为达成文化变革，直线经理和 HR 人员必须学习激励并组织全体人员参与一系列行动，其工作包括：

- **对文化变革的承诺。**直线经理和 HR 人员必须学习将文化变革转变为企业议题，文化变革必须成为为股东和客户提高价值的方法之一。

- **定义当前的文化。**直线经理和 HR 人员需要一个模型或框架来描述公司文化，在众多模型中选择哪个并不重要，重要的是必须有能力使用被认可的理论，清楚而正确地阐明所选择的文化框架。
- **定义期望的文化。**期望的文化反映了员工及客户对公司的共同认知。在众多被肯定与接受的流程中挑选一个，使用此流程定义期望的文化，这将有助于阐明文化变革的成果或方向。
- **衡量当前文化与期望文化之间的差距。**当前文化与所期望文化之间的差距必须被明显地指出，才能为文化变革指明方向，让文化变革据此发展。
- **准备及执行文化变革。**文化变革的行动计划包括涉及全公司的项目（如质量培训活动、能力导向的人员招聘实践）、流程再造工程（如采购流程、客户接口、接单后汇款）、员工敬业度活动（如举办员工大会，在会上让员工扮演在新文化中的角色）。HR 人员必须有创意地将文化构想转化为实际行动。
- **协调文化变革。**在文化变革中有许多琐碎的工作，解决这一问题的方法是让 HR 人员负责成立、支持或领导一支转型团队，其工作是处理所有关于文化变革的平行活动。
- **评估成果。**许多文化变革雷声大、雨点小，轰轰烈烈地开头，几个月后却在埋怨声中结束。HR 人员应该评估及记录文化变革的进展，及其对人员、流程和利润的影响。

这些步骤也许不是每个文化变革所必需的，但是，它们代表未来 HR 人员必须面对的问题。

客户导向

当人力资源成功的标准从内部因素（如降低成本和提高员工承诺）转移为外部因素（如提高营业收入和顾客满意度）时，人力资源管理应同时关注员工和外部客户，这种重心的转移导致了与外部供应商和客户相关的人力资源实践的重新规划。客户不但参与培训课程、人员配置决策和员工测评，而且将加入高绩效团队，帮助拟订沟通计划。在这当中，他们既是信息的接收者，也是信息的提供者。以上所述只不过是众多的侧重于客户和员工的人力资源新工具中的一些例子。

对直线经理和 HR 人员而言，客户导向的人力资源管理有着重要的含义，也引发了许多迫切需要解决的问题：当今的直线经理和 HR 人员应该把时间花在哪些事务上？公司中哪些人应该参与拟定人力资源议程？应该邀请几位外部客户参与人力资源管理的设计与实施？为建立这些外部桥梁，公司内团队之间的关系应该是什么样的？

在未来几年，如果 HR 人员花更多的时间在外部客户身上，让他们参与人员配置、培训、薪酬、组织、沟通和其他人力资源管理的设计，那么以上问题的答案将有所改变。客户在人力资源管理的设计与实施上的参与度不会低于内部员工；HR 人员可能和市场、销售、运营、信息管理系统等部门的专业人员共同组成客户服务团队，以努力满足客户的需求。

当人力资源管理从员工导向转变成客户导向时，员工和客户都将是赢家。员工可以看到他们的工作为客户提高了价值，为了响应客户需求，他们将更有能力、更快速地调整工作，进而更努力地满足客户的期望。而客户可以直接和员工接触，共同为自身的需求努力，并缩短工作流程改变所需的周期。

❑ 挑战三：人力资源的新能力

每个组织都具备某些能力，在运作良好的流程中体现得尤为明显。一个组织的人力资源能力高低或成功与否都是可以评价的。传统上，正确性、可靠性、效率是评估组织的人力资源管理成效的标准。

而现在，除传统能力外，还须再加上新的人力资源能力，包括：

- **速度：**在保证质量的情况下，HR 工作的完成速度可以多快？
- **执行：**新创意是否转化为行动了？从员工行为或企业效益中能否看到成果？
- **创新：**在解决老问题时，人力资源管理团体是否有所创新，找到过去未曾使用过的解决方法？

- **整合**：HR工作能否有效整合战略计划、客户目标、员工需求，以及其他部门的计划？

为完成这些工作，组织中的直线经理和 HR 人员必须具有新能力。为了具有这些新能力，则需要组建善用技术、勇于冒险的人力资源管理团体，他们对 HR 工作对业务的影响方面有着共同的目标，他们深刻了解并采用最佳人力资源实践，同时，他们也愿意冒险和创新。

❑ 挑战四：人力资源价值主张

所有商业活动都能归结于一个基本的业务主张：用经济有效的方式为顾客创造价值。HR 人员必须制定人力资源价值主张，促使人力资源管理能配合企业的现实需要：服务顾客、按期完成任务、获得收益、善用科技、令投资人满意。HR 人员应该投入更多的时间来了解他们的工作是如何影响业务的，这并非新的需求，在过去，这个需求已经被一再宣扬，目前该是 HR 人员摆脱光说不练的时候了。每位 HR 人员都应该能圆满地回答：你的工作是否能为企业提高经济价值？

未来的人力资源投资必须着重考虑价值创造，并为人力资源产品与服务建立价值公式。人力资源价值主张同时引出了一个简单问题和一个复杂问题。简单的问题是，在人力资源管理与以下 3 类利益相关者之间建立具体的联系：

- **员工**：士气、承诺、胜任力、人才保留。
- **客户**：留住客户、满意度、贡献。
- **投资人**：收益、成本、成长、现金流、利润。

很显然，人力资源实践会直接影响这 3 方面的实践，如图 8-2 所示。

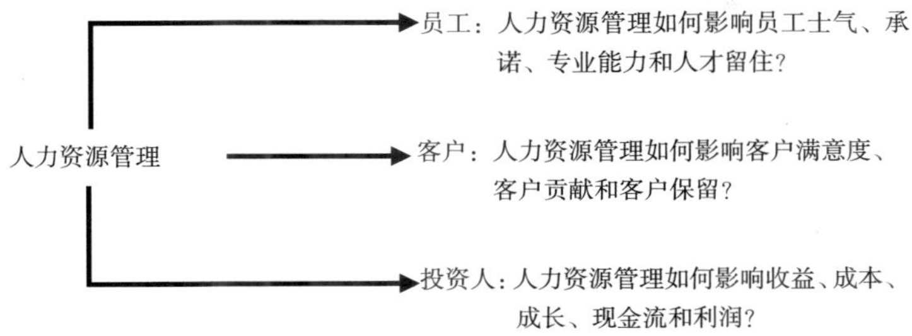

图 8-2 评估人力资源管理对员工、客户、投资人的影响

价值创造的复杂问题是，探讨人力资源管理、员工、客户和投资人 4 个要素之间的相互关联，因为任何一方的行动都会直接或间接地影响其他三者。举例而言，若某组织扩大使用团队协作方式（这是一种人力资源管理方法），不只会影响员工士气与承诺，也会影响客户满意度及组织的盈利，而客户满意度及组织盈利的改变又会再度影响员工士气。厘清这种复杂关系是建立完整的人力资源价值主张过程中所面临的长期挑战。

如果缺乏人力资源价值主张，组织对人力资源价值的判断只能依靠轶事传闻、感知、声誉或高管的直觉。因此，HR 人员必须开始思考如何建立一个更复杂的人力资源价值主张。其中一个方法是，在一张纸的左边列出公司的人力资源管理方法，右边列出公司衡量成功最重要的经济指标（如资本权益报酬率、净资产报酬率、每股盈余），人力资源价值主张则介于其中，连接左边的人力资源管理方法和右边的经济指标。

连接人力资源管理方法和公司经济指标的路径没有固定的形式，本书的视角是人力资源管理提高组织能力，组织能力（组织的持久属性）为企业的客户创造价值，而客户价值的创造则可带来公司的经济价值。因此，人力资源的价值主张是先有人力资源管理提高组织能力，而后组织能力创造客户价值，最终客户价值创造公司经济价值。

我用来连接人力资源管理和业务绩效的路径不必然也不应该适合所有的企业，但是每个企业都应该建立并遵循一条符合其人力资源价值主张的路径。

❑ 挑战五：人力资源组织的治理

治理是指如何协调工作。所有的工作必须在企业规定的边界之内，但是在未来，治理可能存在很多种形式。现在的组织已经被定义为网络或群体，而且被形容为虚拟与无边界，在这样的组织中，通过关系及信息来治理的情况多过以政策和组织层级来治理的情况。举例来说，20 世纪 90 年代的美国，最大的雇主是中介服务公司万宝盛华，许多公司都普遍雇用合同制员工，而这只是外包模式改变工作方式的一个例子。

从金字塔式组织走向新的网络式组织形态，需要对组织流程进行全新的思考。在网络式组织中，员工的职业生涯可能以水平方式发展，而不再是过去的垂直方式；薪酬制度和职位的关联性可能降低，与能力的关联性则会提高；文化将不再局限于业务单元内部；学习团队协作已经成为职业生涯成功与否的要素，就像过去在某个领域具有权力或掌控权是决定职业生涯发展的要素一样。

在未来，公司可能不再依托于法律及地理区域，而由知识及价值来界定。人力资源管理团体也需要治理，在未来，由人员配置、培训、评估、薪酬、福利、沟通、组织设计等领域专业人员构成的 HR 人员将变成一个虚拟组织，其主要的工作是制定政策和管理人力资源活动。举例而言，某公司可能不再设置大型的内部人员培训部门，转而将这些工作外包，由外部咨询公司提供所有培训相关服务，包括培训课程的设计、培训、培训结果的评估，类似的模式也可应用在人员配置、沟通、组织设计、团队建设、政策制定和其他人力资源活动上。这种转型的相关问题包括：

- 人力资源组织如何创造价值？
- 由谁开展 HR 工作（是 HR 人员、直线经理，还是外部咨询公司）？
- HR 部门的工作职责如何划分？
- 如何建立公司人力资源管理团体的架构？

通过回答这些问题，公司便能创造一个截然不同的 HR 部门，这个组织可能变得很小，是一个人力资源服务的中介者；这个部门也可能会区分为不同角色，如专家中心、共享服务中心、统筹者，这些角色相互配合以创造价值；或者在集权的中央体系下设置一个 HR 部门，其责任是确保公司可以有效而快速地响应区域单位的需求。

❑ 挑战六：HR 人员的职业生涯规划

即使本书中探讨的未来挑战可能只有一部分会真正发生，也足以使 HR 工作产生显著的变化。传统的人力资源职业生涯模式可以比喻为阶梯，HR 人员必须像爬阶梯一样规划他们的职业生涯，从学徒到能够独立工作，再晋升为指导者，然后更上一层楼成为战略师。在未来，HR 人员的职业生涯模式或许可以比喻为马赛克。

在马赛克式的职业生涯发展模式下，一位 HR 人员的知识和能力比他在组织中的职位更重要。HR 人员从事的工作越来越多元化，从而越来越多的人放弃循序渐进的职业生涯规划，而是寻求多方向发展，即抓住各方面的职业发展机会。因此，HR 人员的职业生涯发展途径已经不再是线形的。我们可以从 3 个层面来描述马赛克形的职业生涯发展模式（见图 8-3）：第一，HR 人员可能的工作地点有 4 种，包括一线现场（如工厂）、业务单元（如某条产品线、某个国家分公司）、总公司 HR 部门或非 HR 部门；第二，在每个可能的工作地点，HR 人员可能是 HR 职能专才（专注于某项人力资源职能），或是 HR 业务伙伴（HRBP，负责协调人力资源与其他部门的工作）；第三，某个职位可能具有下列 3 种属性之一：贡献者（独立工作）、整合者（协调其他人的工作）和规划者（指导政策和流程）。

图 8-3 展示了 HR 人员的职业生涯发展的多种途径。例如，一位在某个工厂的 HR 人员，很可能整个职业生涯发展都是在这家工厂里（见图 8-3 的左上格），从专才到通才，历经许多角色与职位，但都是在相同的工厂里。另一条途径可能是让 HR 人员在非 HR 部门做支持服务（见图 8-3 的左下格），然后再回到 HR 部门内。一条越来越常见的职业生涯发展路径是穿越整个马赛克。例如，一位 HR 人员一开始可能是销售某项产品的业务代

表，然后再成为某个生产一线的人力资源业务伙伴，也可能再成为某业务单元的 HR 人员，接着变成了该业务单元的人力资源业务伙伴，最后成为总公司的人力资源业务伙伴。

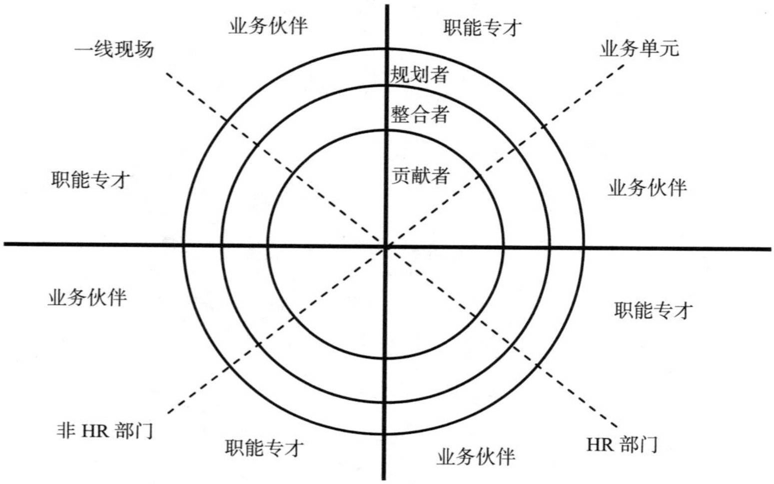

图 8-3 HR 人员职业生涯马赛克

从马赛克式的职业生涯发展模式思考，其用处在于认识到职业生涯发展途径有很多种，人力资源管理团体中的许多工作都有其重要性，而个人的能力远比所处的职位更重要。

❑ 挑战七：HR 人员的能力

HR 人员的能力可以利用一个倒三角框架来说明：业务知识、人力资源管理知识和变革管理（见图 8-4）。在图 8-4 中，每个领域的职能各自以不同的方式提升整体绩效，业务知识对 HR 人员的绩效影响达到 18.8%，人力资源管理知识达到 23.3%，变革管理达到 41.2%。这个框架所代表的意义是：业务知识让 HR 人员有资格成为人力资源管理团体的成员，人力资源管理知识帮助 HR 人员开展工作，管理变革帮助 HR 人员达成成果。

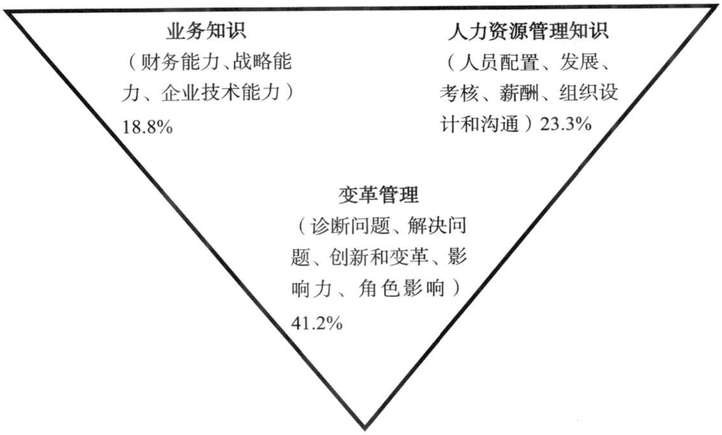

图 8-4 使 HR 人员成为业务伙伴的相关能力

业务知识

当 HR 人员了解业务的运营模式后，便能为业务创造价值，因为对业务的了解可以帮助 HR 人员在业务条件变化时及时调整人力资源管理。只有充分了解该组织在财务、战略、技术、组织方面的能力，才能参与战略讨论。那些仅在行业、员工或人力资源关系方面具有丰富知识的 HR 人员也许在专业领域可以完全胜任，却无法了解公司在竞争中的运营精髓。有些 HR 人员熟练掌握人力资源技能，却不懂得调整技能以适应业务环境。了解业务的方法要么是亲身经历，要么就是熟知各部门的专业知识，如营销、财务、战略、技术、销售和人力资源，HR 人员在业务知识上所具备的能力并非指做这些工作的能力，而是了解它们的能力。

人力资源管理知识

就像任何部门的专业人员一样，HR 部门的专业人员必须成为 HR 专业领域的专家，他们若有能力提供最先进、创新的人力资源管理方法，就可以赢得他人的信赖与尊敬。人力资源管理可分为六大模块——人员配置、发展、考核、薪酬、组织设计和沟通，那些被认为在这些模块上是具有能力的 HR 人员，也会被视为值得信赖的 HR 制度设计者与执行者。人力资源管理能力不仅是具有专业知识，更重要的是将人力资源管理知识传递给组织其他成员。

变革管理

之所以将变革和流程管理纳入 HR 人员应具备的能力中，是因为企业的外部环境变化速度加快（全球化、信息流、客户期望、科技等），导致企业必须进行内部变革，才能持续拥有竞争力。变革能力强的企业，其竞争力也较强。如果个人对变革持抗拒态度，往往会使组织无法响应需求与期望而进行快速调整。培养 HR 人员的变革管理能力，可以帮助组织管理变革，进而建立整个组织的变革能力。具有管理变革能力的 HR 人员会展现卓越的变革管理者特性：他们能够诊断问题，和客户建立关系，清楚说明愿景，设定领导议程，解决问题，达成目标。变革管理的相关能力包括变革流程的知识、担任变革推动者的技能和促成变革的能力。

信誉

除上述 3 个领域外，成功的 HR 人员还需要另一种品质——信誉。图 8-5 展示了人力资源能力的延伸模型。在与 HR 人员进行访谈的过程中，我们逐渐了解 HR 人员该如何取得他人的信赖。可以提升 HR 人员信誉的行为包括：

- **准确**：所有 HR 工作应该正确。
- **一致**：可预测。
- **兑现承诺**：言行一致，在预算之内准时做到承诺的事。
- **同事关系**：能和同事、下属、上级舒服地相处好。
- **恰当地面对**：愿意在适当时候、适当场合、以适当态度提出反对与质疑。
- **正直**：行为合乎道德标准。
- **思维不受限制**：提出不同见解，有自我观点，且愿意表达出来。
- **严守秘密**：严格保守所有个人隐私信息。
- **倾听及专注于管理问题**：理解领导层或业务所需要的一切人力资源服务。

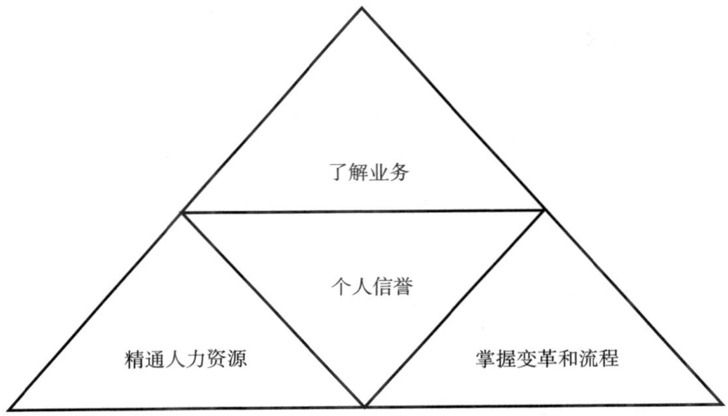

图 8-5 未来的 HR 能力模型

这些提高信誉的行为并非只适用于 HR 人员，许多也可应用于领导者信誉。在未来，HR 部门的发展不在于攀爬职业生涯阶梯，而是建立关键的组织能力。

□ 总结

本书的内容有多重价值，它能协助 HR 人员评估他们的组织在多大程度上运用人力资源管理创造竞争优势；提供诊断工具以考核和优化人力资源实践及 HR 部门；帮助直线经理成为人力资源管理高手，进一步了解和提升公司的人力与智力资本；帮助 HR 工作者更重视达成成果而非执行工作，以此提升他们的专业水准。

最后，在创造价值、达成成果方面，企业的人力资源管理团体承担着最重大的责任。

译后跋

巨变环境下的中国人力资源转型

南京德锐企业管理咨询董事长

李祖滨

2015 年 5 月 30 日，戴维・尤里奇来到中国，在上海国际会展中心近 700 名中国人力资源管理者参与的盛会上，为我翻译的《人力资源转型》（*Human Resource Champions*）中文版首发揭幕并演讲。此后，这本现代人力资源管理转型的奠基之作在全国掀起了学习的热潮。据不完全统计，自出版以来，销售量达到 8 万册，针对《人力资源转型》的读书分享会多达上千场，读书会小组不下 100 个，与人力资源转型相关的书籍出版超过 30 种。

自此之后，尤里奇来中国的频率越来越高，几乎每年都会来中国，并在多个不同场合介绍他的理念。

❑ 转型热潮中把握真谛

在此书翻译出版后的一年多时间里，有许多企业和机构邀请我去讲人力资源转型。但我很快发现，中国人力资源转型方面的讨论和实践存在的问题是“关注形式，忽略实质”，需要澄清一些误区。

1．问题不是“专业深井”，而是“专业匮乏”

所谓“专业深井”，是指迷恋专业、固守专业、以专业为中心，而不以服务业务经营为中心。很多中国的管理学者苦口婆心地劝说人力资源管理者要规避“专业深井”，但大多数中国企业的人力资源管理所面临的不是走出“专业深井”的问题，而是解决“专业匮乏”的问题。尽管也会出现一些服务意识不足的问题，但是中国企业人力资源管理面临的更多的是专业性不足、专业水平落后、专业匮乏的问题。多数企业都存在以下问题：

- 人力资源规划缺失，人力资源管理工作更多的是随机完成。
- 没有建立作为人才标准的素质模型，即便建立了也不会使用，人才盘点工作缺失，对人才现状不清晰。
- 招聘中的人才画像不清晰，面试过程单凭经验直觉，还不会用测评工具提升选人准确率，造成选人随意，用人粗放，人效偏低。
- 低固定高浮动的薪酬结构，降低了激励效果，造成薪酬的浪费。
- 绩效考核过度，影响了公司整体绩效的达成，破坏企业文化。
- 员工培养体系普遍偏弱，没有继任者计划，核心团队搭建迟缓。
- 缺少企业文化培育的有效方法。

这种现状不仅出现在小规模企业，在很多亿级、十亿级，甚至百亿级规模的企业中也很普遍。总而言之，**90%的中国企业目前还处在从人事管理向人力资源管理转型的阶段，相比于“专业深井”，“专业匮乏”仍是主要问题。**

2. 关键不在“HR 三支柱”，而是“创造价值”

不少人把人力资源转型等同于“HR 三支柱”，认为转型就是把人力资源部的招聘、培训、薪酬、绩效这样的职能分工结构转变为 COE(专家中心)、SSC（共享服务中心）和 BP（业务伙伴）的“三支柱”分工结构，这样的认识过于简单而肤浅，这是过分求新求异，只重形式、不重实质的做法。

根据我对“HR 三支柱”的理解，结合对众多企业实践的观察，总结出采用“HR 三支柱”结构要具备的三个条件：

- 人数规模大：人数至少在 2 000 人以上。
- 业务单元多：有多个相对独立运营的分/子公司或事业部。

- 异地分支机构多：分/子公司或事业部跨多个城市、省份、国家分布，并且每个机构人数在50~100人及以上。

符合这些标准的，在中国实施“HR 三支柱”人力资源组织转型的企业，大致分为三种类型：

- 沃尔玛（中国）、博世（中国）这样的跨国企业，规模巨大且已经在人力资源管理上打下了深厚的基础。
- 华为、腾讯、阿里等大型中国企业，规模已可与大型外企匹敌，在全国甚至全球开始组建大量分支机构。
- 孩子王、绿城物业等跨城市运营且人数较多的中型企业，人力资源管理基础良好，且在快速增长中需要有配套的人力资源支撑。

按照上述三个标准，对照三类代表性企业，中国大多数企业在规模、发展阶段、业务特性等方面，都还没到“HR 三支柱”转型的临界点。事实上，**只有不到1%的中国企业用得上“三支柱”的人力资源组织结构。**

但是戴维·尤里奇在人力资源管理方面提出的重要观点和理念是值得中国大多数企业学习的：

- 人力资源工作关注的不应该是“做了什么”，而应该是“达成什么”，聚焦于达成战略执行、组织变革、效率提升、员工贡献四大成果。
- 人力资源管理需要向四大角色转型：战略合作伙伴、变革推动者、效率专家、员工支持者。
- 企业领导者、HR 工作者和直线经理要合力打造企业的组织能力。
- 为企业人力资源管理负主要责任的不是HR部门，而是所有的直线经理。

不论是民营企业还是国有企业，不论是大中型企业还是小型企业，不论是成熟企业还是初创企业，不论企业的人力资源水平处在人事管理阶段还是人力资源管理阶段，都值得深入学习和领会戴维·尤里奇在《人力资源转型》中提到的众多重要理念。

3. 岗位不需改称“HRBP”，而是要真正成为“业务合作伙伴”

“HRBP”是英文“Human Resource Business Partner”(人力资源业务伙伴)的缩写，其字面含义很简单，就是强调人力资源管理者要贴近业务、理解业务、支持业务，但用四个字母显示，似乎将本已让很多一线业务人员摸不着头脑的 HR 工作蒙上了一层神秘色彩。

在很多人力资源管理“专业匮乏”的企业里，很多一线业务、生产、技术人员对于 HR 两个字母都还没弄明白，HRBP 让人力资源管理工作显得更加“高大上”了，却让其离一线更远了。很多企业为了追求 HR 工作的转型，在条件不成熟的情况下，三支柱无法建立，就先建立 HRBP 这个支柱。其出发点是，希望能够真正支持一线，在实际操作中却出现了很大的偏差，或者没有真正深入了解业务，成了“业务监控者”，或者只是帮助一线处理杂务，HR 没有成为“业务伙伴”，却成了“业务伙计”。其实，转型的重点从来不是名称的改变，即便没有将名称改为 HRBP，HR 人员就不该成为“业务合作伙伴”吗？就不该全力支持业务一线的目标达成吗？正是因为这样的伙伴关系不够牢固，支持不够充分，才需要转型，才会出现改变名称的做法，但转型首先应该从定位和角色清晰化开始，是从梳理 HR 与业务的协同关系开始。

过于看重名称的改变，让我担心这与成为业务合作伙伴这一宗旨背道而驰。企业所有岗位名称都是中文，唯独人力资源部用“HRBP”这样一个英文名称，恐怕很难拉近与一线管理者、一线员工的距离。除了 HRBP，近年来有些企业的人力资源部门的名称都在学习某些互联网企业，追求名字的新颖、亮眼，这舍本逐末的做法不是人力资源转型的价值所在，值得大家警惕。

❑ 巨变环境下中国企业人力资源转型的五大特点

以美国为代表的西方国家人力资源管理转型对中国人力资源管理有着重要的借鉴价值，但是中国企业所处的背景与欧美企业所处的背景有很多不同。中国经历了改革开放高速增长的 40 年，企业所处的环境也发生了巨大变化：

变化一：从商品紧缺到商品过剩。

变化二：企业对人才的需求不断提升而劳动力供给在下降。

变化三：从粗放的高速度增长转向精细的高质量增长。

变化四：企业的管理机制从人情化、低规范向市场化、高规范迈进。

这些环境的快速变化要求中国企业管理快速调整，让当今中国的人力资源管理转型体现出更多独特性。

我把中国企业人力资源转型的特征归纳为五个方面。

1. 管理重心从激励转向选人

改革开放初期，中国大多数企业从计划经济转向市场经济，主要通过薪酬和绩效拉开差距、克服平均主义，管理的重心在激励员工、提升积极性。

30 多年过去了，多数企业都学会了用奖金、提成拉开差距，体现激励性。近 10 年，越来越多的企业发现，仅仅拉开差距的激励不太好用了，原因是，真正业绩的高低在选人的时候就已经决定了，比激励更重要的是选人，领先的中国企业已经把管理的重心转向了精准选人。这一观点详见我的著作《精准选人：提升企业利润的关键》。

2. 人才获取从外部争夺转向内部培养

中国经济的快速增长，让许多企业充满焦虑，许多企业在人才获取上急功近利，没有耐心去培养，总想用现成人才，企业间的人才争夺之激烈和人员流动之频繁都堪称世界第一。这也导致了中国企业用人方面的巨大浪费。

随着企业转向高质量的内生性增长，企业更多地依赖内部培养获取人才，领先的企业都已经用实际行动证明，内部培养是最经济的人才获取方式。优秀企业人才获取越来越多地依赖校园招聘和自身培养。在国家层面上，某些发达国家对中国发展的警惕态度，让中国从发达国家获取优秀人才的难度增加，建立自身人才培养机制，也将成为中国人才获取的主要途径。

3. 竞争焦点从市场能力转向组织能力

在中国经济需求拉动的早期 30 年，大多数企业都在追求规模、跑马圈地，企业间的竞争焦点是“市场能力”。

戴维・尤里奇在《人力资源转型》中做出过预言，21 世纪的关键竞争属性是组织能力。近 10 年，中国规模过亿元的企业数量剧增，规模小于 1 亿元的企业还可以依赖创始人个人的努力和影响力，但规模超过 1 亿元后就要通过打造组织能力获得持续的发展。组织能力指的是一个团队所发挥的整体战斗力，是一个团队在某些方面能够明显超越竞争对手、为客户创造价值的能力。真正的组织能力深植于组织内部，不依赖个人、有可持续性，企业能够借助组织能力持续为客户创造价值，帮助企业超越竞争对手。许多企业在 1 亿~10 亿元规模就开始停滞，无法取得更大的突破，其根本原因是没有掌握打造组织能力的方法。

4. 绩效管理从个人绩效转向团队绩效

中国众多企业过度依赖个人绩效考核，助长了个人主义、本位主义，形成只关注数量不关注质量的风气，没有人愿意承担与考核利益不相关的知识分享、知识沉淀、人才培养和企业文化建设，阻碍了企业组织能力打造的进度。

企业要打造组织能力，就要先弱化个人绩效考核，从个人绩效转向团队绩效。团队绩效就是公司全体员工把公司目标、团队目标（而不是个人目标）的实现作为首要任务，公司对个人的激励要以公司目标和团队目标（而不是个人目标）的实现作为首要依据，从而帮助公司持续做大利润。这个观点我在《重构绩效：用团队绩效塑造组织能力》一书中有详细的阐述。

5. 人力资源管理从边缘地位走向领导地位

我经常向企业提这样一个问题：“你们的人力资源负责人在公司的地位排名是多少位？”不少企业人力资源负责人的地位排名在 10 名以外，有些甚至排到了 20 名以外。显然，人力资源管理处于边缘地位。

从我的经验来看，一个公司的人力资源负责人在企业内的排名如果在5名以外，这个公司的人力资源管理能力就会偏弱，其人力资源管理能力将无法推动公司发展，反而会成为拖累公司发展的因素。随着组织能力越来越成为企业竞争的关键因素，让优秀的公司高层负责或分管人力资源工作，才更能打造企业组织能力。把人力资源从边缘地位提升到领导地位，是中国大多数企业提升持续发展能力的关键。

❑ 中国企业如何践行尤里奇的人力资源四角色

中国只有不到1%的企业需要三支柱结构，但100%的中国企业需要人力资源转型的理念。

人力资源的转型不能停留在改名上，要真正转型为“业务合作伙伴”，真正领悟尤里奇的人力资源四角色的转型理念，真正能从业务的角度思考和开展人力资源工作，真正为企业创造价值、达成成果，这才是人力资源转型的宗旨（见下表）。

表　中国企业有效践行尤里奇人力资源四角色的方法

角色一	如何成为HR效率专家
成功做法	**方法1：引进HR效率专家。**引进优秀企业，特别是优秀外资企业的人力资源专业人才。比如，过去的30年中，大量的中国民营企业从外资企业引进人力资源管理者，取得了好的成效。 **方法2：引进专业咨询机构。**与专业的人力资源管理咨询机构进行项目合作。比如，华为30年投入200多亿元引进外部管理咨询机构，其中投入人力资源管理咨询的金额不少于20亿元，打造了华为领先的人力资源管理体系，培养了大量人力资源效率专家。 **方法3：把内部高忠诚度的人才培养成HR效率专家。**通过不断引进外资企业的人力资源经理、总监，引进人力资源管理咨询机构，将认同公司文化、具备人力资源素质潜力的人才培养为HR效率专家。

续表

角色二	如何成为员工支持者
成功做法	**方法一：转向“高严格、高关怀”的双高企业文化。**民营企业的企业文化多数是追求效率的严苛企业文化，有国企、校企、事业单位、科研机构渊源或背景的企业多数是追求人文关怀的温情文化，这两种文化风格都需要转向“高严格、高关怀”的双高企业文化，对员工做到：业绩能力上高严格，成长发展上高关怀。 **方法二：实施绩效面谈。**从单纯追求目标完成的业绩考核转向关心员工绩效改进和员工个人发展的绩效面谈。克服中国企业“只谈事不谈心，只谈业绩不谈成长”的工作交流方式，在面谈中给员工赋能。 方法三：实施“一对一导师制”的培养方式。对新员工、储备管理人员、高管的培养都采用“一对一导师制”，是帮助员工心智成长、专业学习、管理能力提升的最有效方法。
角色三	**如何成为变革推动者**
成功做法	方法一：让精通业务的 HR 主导组织变革。HR 再有同理心，再能换位思考，如果没有业务岗位的工作经历，能推动组织有效变革的人极少。因此，让精通业务的公司高管负责人力资源，是 HR 成为变革推动者的关键。 **方法二：组织管理咨询机构推动组织变革。**优秀的管理咨询机构掌握了组织变革的方法论和实践经验，选择实战能力强的管理咨询机构，通过管理诊断、方案设计和变革实施的变革流程，与企业内部中高层经营团队协同推进，是组织变革高效的方法。同时 因为大部分的变革最终都是“人”的变革和调整，因此，HR 负责人通常又是企业协同管理咨询机构和内部中高层共同推动变革的关键。
角色四	**如何成为战略合作伙伴**
成功做法	方法一：HR 从业务中来。从销售、研发、生产、物流、质量、事业部/分公司业务等单元中选拔、提拔优秀的管理者转岗到人力资源管理岗位，从业务需求的角度开展人力资源管理工作。例如，华为已经实现人力资源高层管理人员均来自有业务岗位经历的管理者，都能从业务需求的角度开展人力资源管理工作。

续表

角色四	如何成为战略合作伙伴
成功做法	**方法二：HR 到业务中去。**人力资源管理人员到销售管理、研发管理、生产管理、物流管理、质量管理、事业部/分公司管理的岗位上轮岗，提升业务能力和思维。比如，许多国有企业也具有内部轮岗的人才培养计划，许多人力资源管理负责人来自业务一线，同时人力资源管理负责人也经常到一线轮岗。 **方法三：让有战略高度的高管负责或分管人力资源。**不是让 HR 多参加公司经营分析会和战略研讨会就能具备战略高度和战略思维，而在公司内选择具备战略高度的高管负责人力资源，选择有业务思维或业务经营战功的高管担任人力资源负责人，就直接可以做到一个公司的 HR 成为战略合作伙伴。具体做法是：让公司排名前 5 的高层管理者负责或分管人力资源管理工作。

根据管理大师吉姆·柯林斯"先人后事"的理念，中国人力资源转型必须在人的方面首先进行突破，才能真正提升人力资源管理水平。我的具体建议：

- 董事长和 CEO 要成为人力资源高手。
- 让人力资源高手成为企业二把手。
- 人力资源管理经理轮岗到业务岗位。
- 选择优秀的业务管理者做人力资源管理。

我们期待能看到更多中国企业实现真正的人力资源转型，让人力资源管理成为打造企业组织能力、推动企业持续发展的强大力量，而不只是在外在的形式上打转。

写于 2019 年 6 月 17 日南京仙林

反侵权盗版声明

举报电话：（010）88254396；（010）88258888
传　　真：（010）88254397
E-mail：　dbqq@phei.com.cn
通信地址：北京市万寿路 173 信箱
　　　　　电子工业出版社总编办公室
邮　　编：100036